高校思想政治理论课**教学案例**丛书

丛书主编 徐进功 石红梅

思想道德与法治

教学案例

主　编◎曾炜琴
副主编◎苗瑞丹　吕微平

厦门大学出版社 国家一级出版社
XIAMEN UNIVERSITY PRESS 全国百佳图书出版单位

图书在版编目（CIP）数据

思想道德与法治教学案例 / 曾炜琴主编 ；苗瑞丹，吕微平副主编. -- 厦门 ：厦门大学出版社，2025. 3. （高校思想政治理论课教学案例丛书 / 徐进功，石红梅主编）. -- ISBN 978-7-5615-9464-3

Ⅰ．G641

中国国家版本馆 CIP 数据核字第 2024DG7902 号

责任编辑　高　健
美术编辑　李夏凌
技术编辑　朱　楷

出版发行　厦门大学出版社
社　　址　厦门市软件园二期望海路 39 号
邮政编码　361008
总　　机　0592-2181111　0592-2181406（传真）
营销中心　0592-2184458　0592-2181365
网　　址　http://www.xmupress.com
邮　　箱　xmup@xmupress.com
印　　刷　厦门市竞成印刷有限公司

开本　720 mm×1 020 mm　1/16
印张　15.25
插页　1
字数　265 千字
版次　2025 年 3 月第 1 版
印次　2025 年 3 月第 1 次印刷
定价　68.00 元

本书如有印装质量问题请直接寄承印厂调换

厦门大学出版社
微信二维码

厦门大学出版社
微博二维码

本丛书出版获以下项目资助：
2025年厦门大学本科教材立项建设项目
中共福建省委教育工委2024年学校思想政治工作委托课题"思政课案例教学研究"
厦门大学马克思主义理论学科"双一流"建设项目

丛书主编

徐进功　石红梅

编委会

（按姓氏笔画排序）

王亚群　石红梅　吕微平　刘皓琰　张有奎　吴　茜
林　密　苗瑞丹　周雪香　徐进功　原宗丽　黄佳佳
　　　　傅丽芬　曾炜琴　蒋昭阳

序　言

思想政治理论课是落实立德树人根本任务的关键课程,办好思政课意义重大。党的十八大以来,以习近平同志为核心的党中央高度重视思政课建设,始终把学校思政课建设放在世界百年未有之大变局中来审视,置于以中国式现代化全面推进强国建设、民族复兴伟业的全局来考量,立足于培养德智体美劳全面发展的社会主义建设者和接班人的基础来谋划,作出了一系列重大决策部署。党对思政课建设的领导全面加强,思政课教师乐教善教、潜心育人的信心底气更足,广大青少年学生"四个自信"明显增强、精神面貌奋发昂扬,思政课发展环境和整体生态发生全局性、根本性转变。

厦门大学一贯重视思政课建设、重视思政课堂教学质量。特别是近年来,厦门大学党委坚持以习近平新时代中国特色社会主义思想为指导,深入贯彻落实习近平总书记在学校思想政治理论课教师座谈会上的重要讲话精神和对学校思政课建设的重要指示精神,成立由书记、校长任双组长的思想政治理论课领导小组,加大力度高位推进思政课高质量发展。我也深入课堂听思政课、带头上讲台讲思政课、参加集体备课会交流研讨,及时了解和解决思政课建设的重点难点问题。马克思主义学院在思政课程群建设、教研改革、队伍建设、大思政课建设、大中小学思政课一体化等方面持续下功夫,深化"专题教学＋网络教学＋实践教学""三位一体"教学模式改革,进一步巩固课堂教学主阵地、提升专题教学吸引力,丰富网络教学资源、以数字赋能思政课堂,拓展研学实践大课堂、增强实践教学影响力,多措并举探索思政课改革创新。

古今中外,每个国家都是按照自己的政治要求来培养人的。思政课是学校进行思想政治教育的主渠道、主阵地。如何建好建强这一主渠道、主阵地，同步推进思政课建设和党的创新理论武装，用习近平新时代中国特色社会主义思想武装青年、教育青年、引导青年，用身边鲜活的新时代小故事、蕴含红色基因的好故事讲好思政课大道理，提高思政课思想性、理论性的同时提升针对性和吸引力，是当前高校思政课建设面临的核心问题。

针对上述问题，厦门大学马克思主义学院组织学院教师，结合科研优势和教学实践，以案例教学为突破口，编写了《高校思想政治理论课教学案例丛书》，为高校思政课教师在课堂上讲好中国故事、传播好中国声音、教育好广大青年学生提供教学参考。丛书具有较强的系统性，涵盖"习近平新时代中国特色社会主义思想概论""马克思主义基本原理""毛泽东思想和中国特色社会主义理论体系概论""中国近现代史纲要""思想道德与法治"等五门本科思政必修课，采用统一体例，构建"案例呈现、案例指向、案例解析"的完整框架。丛书具有较强的针对性，在精细研读教材的基础上，瞄准教材各章节中的重点难点问题设计问题链，引入《流浪地球》与群众史观"等社会热点案例激发学生理论学习的求知欲；引入"孟晚舟和法国阿尔斯通公司前高管皮耶鲁齐的遭遇对比"等对比案例引导学生正确认识中国特色和国际比较。丛书具有较强的时代性，引入"新时代的中国北斗"等富有中国化时代化特点的教学素材，充分体现党的十八大以来中国特色社会主义取得的举世瞩目成就；引入"大山的女儿——黄文秀"等耳熟能详又贴近青年的教学素材，引导学生正确处理"小我"和"大我"的关系。丛书具有较强的地域性，引入具有福建特色的教学素材，讲好福建的革命故事、红色故事和改革实践，特别是，丛书深度挖掘"鹭岛潮涌帆正满——美丽中国厦门实践"等习近平同志在福建工作期间的实例，引领师生感悟习近平新时代中国特色社会主义思想的萌发、孕育和发展历程，探寻习近平新时代中国特色社会主义思想的历史原点和生动注脚。

"新时代新征程上，思政课建设面临新形势新任务，必须有新气象新作为。"组织编写思想政治理论课案例教学辅导用书,是厦门大学全体思政课教师就思政课案例教学进行的一次有益探索,是学校在守正创新推动思政课建设内涵式发展上的经验积淀。丛书遵循高校思政课教学因事而化、因时而进、因势而新的规律,运用清晰的逻辑、学术的理论、时代的语言、优美的文字对案例进行解读阐述,实现政治性、思想性、时代性、可读性相结合。衷心希望这套丛书能帮助广大思政课教师不断提升教学素养和教学水平,把思政课讲深、讲透、讲活,让学生爱听爱学、入脑入心,引导青年学生切实感悟"中国之理"、解读"中国之治"、走好"中国之路",为培养更多让党放心、爱国奉献、担当民族复兴重任的时代新人作出积极贡献。

厦门大学党委书记
中国科学院院士　　张　荣
2025 年 1 月

目 录

导论　担当复兴大任，成就时代新人 …………………………… 001
- 一、教学主要目标 …………………………………………………… 001
- 二、教学重难点 ……………………………………………………… 001
- 三、教学案例 ………………………………………………………… 002
  - （一）10组数据看新时代中国发展之变 ……………………… 002
  - （二）"相似的遭遇，不同的结局"——孟晚舟和法国阿尔斯通公司前高管皮耶鲁齐的遭遇对比 ………………… 007
  - （三）青年人的担当与使命 ……………………………………… 010
  - （四）林森浩投毒案 ……………………………………………… 014
- 四、延伸阅读 ………………………………………………………… 017
- 五、拓展研学 ………………………………………………………… 018

第一章　领悟人生真谛，把握人生方向 ……………………………… 019
- 一、教学主要目标 …………………………………………………… 019
- 二、教学重难点 ……………………………………………………… 019
- 三、教学案例 ………………………………………………………… 020
  - （一）林占熺：四十年守望"责任田" …………………………… 020
  - （二）陆鸿："我收获过光，也想成为光" ……………………… 024
  - （三）"时代楷模"钱海军：爱是一盏灯，照亮别人温暖自己 …… 028
  - （四）黄旭华：终生奉献不言悔 ………………………………… 031
- 四、延伸阅读 ………………………………………………………… 034
- 五、拓展研学 ………………………………………………………… 035

第二章　追求远大理想，坚定崇高信念 ……………………………… 036
- 一、教学主要目标 …………………………………………………… 036
- 二、教学重难点 ……………………………………………………… 036
- 三、教学案例 ………………………………………………………… 037

I

（一）大山的女儿——黄文秀 ………………………………………… 037
　　（二）理想很丰满，现实很骨感 …………………………………………… 041
　　（三）个人理想、社会理想，哪个为先 …………………………………… 045
　　（四）长征是一次理想信念的伟大远征——长征零公里 ……………… 049
　四、延伸阅读 ……………………………………………………………… 053
　五、拓展研学 ……………………………………………………………… 053

第三章　继承优良传统，弘扬中国精神 …………………………………… 054
　一、教学主要目标 ………………………………………………………… 054
　二、教学重难点 …………………………………………………………… 054
　三、教学案例 ……………………………………………………………… 055
　　（一）陈延年：光明磊落、视死如归 ……………………………………… 055
　　（二）华侨旗帜、民族光辉 ………………………………………………… 057
　　（三）叙利亚男童伏尸海岸照片震撼全球 ……………………………… 060
　　（四）统计局报告：70年来中国人均预期寿命从35岁提高
　　　　　到77岁 …………………………………………………………… 062
　　（五）天河漫漫，北斗璀璨——北斗导航卫星背后的研发故事 ……… 065
　四、延伸阅读 ……………………………………………………………… 070
　五、拓展研学 ……………………………………………………………… 071

第四章　明确价值要求，践行价值准则 …………………………………… 072
　一、教学主要目标 ………………………………………………………… 072
　二、教学重难点 …………………………………………………………… 072
　三、教学案例 ……………………………………………………………… 073
　　（一）人民至上、生命至上——众志成城抗震救灾 …………………… 073
　　（二）他，何以感动中国？——"2022年度感动中国十大人物"
　　　　　中国工程院院士陈清泉 ………………………………………… 076
　　（三）春梅绽放，留得清气满乾坤——"全国模范法官"周春梅 ……… 080
　　（四）美国入侵伊拉克之罪二十年难消 ………………………………… 083
　　（五）10年，青春在"一带一路"沿线绽放 ……………………………… 087
　四、延伸阅读 ……………………………………………………………… 091
　五、拓展研学 ……………………………………………………………… 091

第五章　培育道德观念,传承中华美德 …… 092
一、教学主要目标 …… 092
二、教学重难点 …… 092
三、教学案例 …… 093
(一)三十四年后的追寻——"四有"书记谷文昌 …… 093
(二)"两弹一星"元勋 …… 097
(三)王阳明道德文章穿越时空的价值 …… 103
(四)周恩来:大贤秉高鉴,公烛无私光 …… 106
四、延伸阅读 …… 110
五、拓展研学 …… 111

第六章　投身道德实践,锤炼道德品格 …… 112
一、教学主要目标 …… 112
二、教学重难点 …… 113
三、教学案例 …… 113
(一)"她刚失去孩子,又遭网暴":武汉小学生母亲自杀案 …… 113
(二)著名教育家潘懋元先生的事迹 …… 118
(三)家风、家教的正面与反面案例 …… 122
(四)无血缘关系的"准女婿"为"老父亲"索赔案 …… 126
四、延伸阅读 …… 129
五、拓展研学 …… 130

第七章　学习法律基础,领会法律之本 …… 131
一、教学主要目标 …… 131
二、教学重难点 …… 131
三、教学案例 …… 132
(一)商鞅变法 …… 132
(二)网约车立法保障社会主义经济健康发展 …… 135
(三)昆山正当防卫案 …… 138
(四)基因编辑犯罪行为的法律应对 …… 140
(五)交警教科书式执法被赞"警界李云龙" …… 143
(六)厦门生态文明建设的法治实践 …… 144
四、延伸阅读 …… 148

五、拓展研学 …………………………………………………………… 148

第八章　全面依法治国，建设法治中国 …………………………………… 149
　　一、教学主要目标 ……………………………………………………… 149
　　二、教学重难点 ………………………………………………………… 149
　　三、教学案例 …………………………………………………………… 150
　　　（一）郑某等买卖公民个人信息案和全国首例"人脸识别"
　　　　　　民事公益诉讼案 …………………………………………… 150
　　　（二）仇某侵害英雄烈士名誉、荣誉暨附带民事公益诉讼案 …… 153
　　　（三）于欢故意伤害案 ………………………………………………… 157
　　　（四）《中华人民共和国民法典》的诞生 …………………………… 162
　　　（五）于某因学位撤销诉北京大学案 ……………………………… 166
　　四、延伸阅读 …………………………………………………………… 171
　　五、拓展研学 …………………………………………………………… 171

第九章　学习宪法知识，维护宪法权威 ……………………………………… 173
　　一、教学主要目标 ……………………………………………………… 173
　　二、教学重难点 ………………………………………………………… 173
　　三、教学案例 …………………………………………………………… 174
　　　（一）我国"国家宪法日"的确立 …………………………………… 174
　　　（二）我国"宪法宣誓制度"的确立 ………………………………… 179
　　　（三）山东齐玉苓、陈春秀受教育权、姓名权被侵害案 ………… 184
　　　（四）涉诈重点人员亲属"连坐"案 ………………………………… 187
　　　（五）孙志刚被收容遣送案 ………………………………………… 190
　　四、延伸阅读 …………………………………………………………… 195
　　五、拓展研学 …………………………………………………………… 195

第十章　自觉守法用法，培养法治思维 …………………………………… 196
　　一、教学主要目标 ……………………………………………………… 196
　　二、教学重难点 ………………………………………………………… 196
　　三、教学案例 …………………………………………………………… 197
　　　（一）醉酒骑行共享电动车时意外身亡，保险公司
　　　　　　该不该赔偿 ………………………………………………… 197

(二)牟林翰犯虐待罪,被判刑并赔偿受害人的家人 …………… 198
(三)员工不能胜任工作但拒绝调岗,公司解雇是否合法 ……… 202
(四)著名歌手未经授权翻唱他人歌曲,被判侵权成立,
　　应赔偿对方损失………………………………………………… 204
(五)"北雁云依"诉济南市公安局历下区分局燕山派出所
　　公安行政登记案………………………………………………… 208
(六)电影《我不是药神》("陆勇案")……………………………… 212
(七)乘客进站"被刷脸"引发诉讼…………………………………… 215
(八)西安奔驰女车主坐引擎盖维权………………………………… 219
(九)王洁莹诉上海迪士尼乐园案…………………………………… 222
(十)二次入伍后拒服兵役被处罚…………………………………… 225
四、延伸阅读……………………………………………………………… 228
五、拓展研学……………………………………………………………… 228

后　记……………………………………………………………………… 230

V

导论　担当复兴大任,成就时代新人

一、教学主要目标

本章对应教材绪论部分,介绍了我们所处的中国特色社会主义新时代的内涵和重要意义。当代大学生要成为担当民族复兴大任的时代新人,必须有理想、敢担当、能吃苦、肯奋斗,不断提升思想道德素质和法治素养。

本章教学目标:(1)知识层面。深入领会中国特色社会主义进入新时代的丰富内涵和重要意义,了解新时代对担当民族复兴大任的时代新人的要求,了解思想道德和法律的关系,理解思想道德素质和法治素养的概念,掌握"思想道德与法治"课程的性质、学习意义及学习方法。(2)能力层面。引导大学生对所处的新时代有深入了解和真切感悟,认清肩负的历史使命,提升思想道德素质与法治素养,提升担当民族复兴大任的本领和能力。(3)价值层面。引导大学生珍惜历史机遇,培养家国情怀,勇担时代大任,立志为新时代贡献青春力量。

二、教学重难点

本章教学重点:引导学生认清中国特色社会主义新时代的内涵和意义,明确个人成长与新时代奋斗目标的紧密关系,引导学生做立大志、明大德、成大才、担大任的时代新人,提升思想道德素质与法治素养。

本章教学难点:如何引导学生认识青年与时代的内在关联,如何激发学生担当历史使命,争做有理想、敢担当、能吃苦、肯奋斗的时代新人。

三、教学案例

(一)10 组数据看新时代中国发展之变

1.案例呈现

从 10 组数据看非凡 10 年发展图景,记录经济社会前进步伐。

121 万亿元:经济总量跃上新台阶,交出高质量发展答卷

经济大盘——"稳"。10 年来,中国经济年均增长 6% 以上,国内生产总值(GDP)从 53.9 万亿元增长到 121 万亿元,稳居世界第二位。中国经济对世界经济增长的平均贡献率超过 30%,居于首位。

发展质量——"升"。10 年来,我国从制造大国加快转向制造强国,服务业稳居国民经济第一大产业,绿色成为经济发展鲜亮底色,消费成为拉动经济第一大引擎,区域协调发展战略扎实推进,粮食安全、能源安全和人民生活得到有效保障……

9899 万:消除绝对贫困,迈向共同富裕新征程

这是彪炳史册的人间奇迹。10 年间,我们打赢脱贫攻坚战,现行标准下 9899 万农村贫困人口全部脱贫,832 个贫困县全部摘帽。

10 年间,我们历史性地解决了绝对贫困问题,如期全面建成小康社会,提前 10 年实现联合国《2030 年可持续发展议程》中的减贫目标,赢得国际社会广泛赞誉。

超 4 亿:中等收入群体稳步增长,市场潜力持续释放

10 年间,中国形成了世界上规模最大、最具成长性的中等收入群体(超过 4 亿人)。

当前,中等收入群体正引领中国消费市场实现"增量创新"。在住房、新能源汽车、养老服务等各个领域,新消费需求不断涌现,市场活力持续增强。

3 万亿元:科研经费创新高,创新驱动显成效

我国全社会研发经费从 2012 年的 1 万亿元增加到 2022 年的 3.09 万亿元,研发人员总量稳居世界首位。

10 年间,我国科技创新实力从量的积累迈向质的飞跃,从点的突破迈向系统能力提升。基础研究和原始创新不断加强,一些关键核心技术实现突破,战略性新兴产业发展壮大,载人航天、探月探火、深海深地探测、超级计算机、卫星导航、量子信息、核电技术、新能源技术、大飞机制造、生物医药等取得重大成果,我国进入创新型国家行列。

151个:"一带一路"朋友圈越来越大,持续推进高水平对外开放

2023年,是共建"一带一路"倡议提出10周年。这10年,中国与151个国家、32个国际组织签署200余份共建"一带一路"合作文件,我国同沿线国家进出口总额与双向投资不断迈上新台阶。

10年间,中国举办服贸会、进博会、消博会等一系列国际经贸盛会,统筹推进21个自由贸易试验区和海南自由贸易港建设。

10年来,我国实行更加积极主动的开放战略,成为世界经济增长的最大引擎。

600万公里:现代交通网络四通八达,构筑现代化基础设施体系

截至2022年年底,我国综合交通网总里程突破600万公里,建成全球最大的高速铁路网、高速公路网、世界级港口群,航空航海通达全球。

10年间,我国已建成全球规模最大、技术领先的网络基础设施;在重大科技设施、水利工程、交通枢纽、信息基础设施、国家战略储备等方面取得了一批世界领先的成果,基础设施整体水平实现跨越式提升。

1300万:就业形势总体稳定,建成世界规模最大社保体系

新时代10年,党中央高度重视就业工作,近年来更是明确把就业摆在"六稳""六保"之首,强化就业优先政策,推动就业工作取得历史性成就。

10年来,城镇新增就业年均超过1300万人;重点群体就业平稳,8000多万高校毕业生总体就业水平保持稳定;建成世界上规模最大的教育体系、社会保障体系、医疗卫生体系……

98.62%:安全感持续提高,凸显"中国之治"优势

新时代10年,平安中国建设迈向更高水平,群众安全感指数从2012年的87.55%上升到2021年的98.62%。国际社会普遍认为中国是世界上最安全的国家之一。

10年间,夯实"中国之治"基石,社会治理实践创新取得重大进展;坚持依法治国、依法执政、依法行政共同推进,我国全面依法治国总体格局基本形成。

58亿吨:系统推进碳达峰碳中和,推动发展方式绿色转型

10年间,中国是全球能耗强度降低最快的国家之一。中国超额完成了到2020年碳排放强度下降40%至45%的目标,累计减排二氧化碳58

亿吨,建成全球规模最大的碳市场和清洁发电体系。

从党的十八大将生态文明建设纳入"五位一体"总体布局,到把"增强绿水青山就是金山银山的意识"等内容写入党章,建设美丽中国不断向纵深推进。

43项:非物质文化遗产数世界第一,展现中华文化之美

目前,我国共有43个项目列入联合国教科文组织非物质文化遗产名录、名册,居世界第一。昆曲、皮影戏、书法、篆刻……越来越多的非遗入选项目,为世界文化多样性贡献了"中国色彩"。10年来,中华优秀传统文化创造性转化、创新性发展迈出铿锵步伐,"博物馆热""古籍热""非遗热"蔚然成风,文化遗产正在以更鲜活的方式走进人们的精神生活。

(资料来源:《十组数据看新时代中国发展之变》,https://www.gov.cn/xinwen/2023-03/05/content_5744612.htm,访问日期:2024年4月22日,有删减。)

2.案例指向

本案例主要指向教材绪论第一目"我们处在中国特色社会主义新时代",帮助学生了解新时代中国特色社会主义取得的伟大成就。

3.案例解析

本案例通过10组数据,让学生从我国经济增长、发展质量、脱贫攻坚、收入增长、科技创新、现代交通、就业保障、平安建设、生态文明、文化传承等方面的发展变化中,切身感受到新时代中国特色社会主义取得的伟大成就,更好地理解我们所处的时代方位,激发学生作为时代新人的自信心和自豪感。

10年砥砺奋进,10年伟大变革。新时代10年,在以习近平同志为核心的党中央坚强领导下,14亿多中国人民团结奋斗,推动中华民族伟大复兴号巨轮乘风破浪、行稳致远。新时代10年,是经济社会发展取得历史性成就、发生历史性变革、转向高质量发展的10年,是赢得历史主动、精神主动、发展主动的10年。

党的十八大以来,中国特色社会主义进入新时代。这10年来,我们取得了巨大的发展成就,经历了对党和人民事业具有重大现实意义和深远历史意义的三件大事:"一是迎来中国共产党成立一百周年,二是中国特色社会主义进入新时代,三是完成脱贫攻坚、全面建成小康社会的历史任务,实现第一个百年奋斗目标。这是中国共产党和中国人民团结奋斗赢得的历史性胜利,是彪炳中华民族发展史册的历史性胜利,也是对世界具有深远影响的历史性胜利。"①

新时代是我们理解当前所处历史方位的关键词。党的十九大报告指出："经过长期努力,中国特色社会主义进入了新时代,这是我国发展新的历史方位。"②我们应从以下几个方面来理解新时代的内涵:

第一,新时代是承前启后、继往开来在新的历史条件下继续夺取中国特色社会主义伟大胜利的时代。这一维度明确了新时代的历史脉络,突出了新时代的时空性,回答了我们要举什么样的旗、走什么样的路的问题。

第二,新时代是决胜全面建成小康社会进而全面建设社会主义现代化强国的时代。这一维度明确了新时代的实践路径,凸显了新时代的实践性,回答了我们要完成什么样的历史任务、进行什么样的战略安排的问题。

第三,新时代是全国各族人民团结奋斗、不断创造美好生活、逐步实现全体人民共同富裕的时代。这一维度着眼于社会主义本质要求,明确了新时代的价值取向,凸显了新时代的人民性,回答了我们要坚持什么样的发展思想、达到什么样的发展目标的问题。

第四,新时代是全体中华儿女勠力同心、奋力实现中华民族伟大复兴中国梦的时代。这一维度明确了新时代的民族特征,凸显了新时代的民族性,回答了我们要以什么样的精神状态、实现什么样的奋斗目标的问题。

第五,新时代是我国日益走近世界舞台中央、不断为人类作出更大贡献的时代。这一维度明确了新时代的中国在世界上的定位,凸显了新时代的世界性,回答了我国处于什么样的国际地位、要对人类作出什么样的贡献的问题。

新时代有什么重要意义?习近平总书记指出:"中国特色社会主义进入新时代,在中华人民共和国发展史上、中华民族发展史上具有重大意义,在世界社会主义发展史上、人类社会发展史上也具有重大意义。""中

---

① 习近平:《高举中国特色社会主义伟大旗帜 为全面建设社会主义现代化国家而团结奋斗——在中国共产党第二十次全国代表大会上的报告》,https://www.gov.cn/xinwen/2022-10/25/content_5721685.htm,访问日期:2024年4月22日。

② 习近平:《决胜全面建成小康社会 夺取新时代中国特色社会主义伟大胜利——在中国共产党第十九次全国代表大会上的报告》,https://www.gov.cn/zhuanti/2017-10/27/content_5234876.htm,访问日期:2024年4月22日。

国特色社会主义进入新时代,意味着近代以来久经磨难的中华民族迎来了从站起来、富起来到强起来的伟大飞跃,迎来了实现中华民族伟大复兴的光明前景;意味着科学社会主义在二十一世纪的中国焕发出强大生机活力,在世界上高高举起了中国特色社会主义伟大旗帜;意味着中国特色社会主义道路、理论、制度、文化不断发展,拓展了发展中国家走向现代化的途径,给世界上那些既希望加快发展又希望保持自身独立性的国家和民族提供了全新选择,为解决人类问题贡献了中国智慧和中国方案。"[①]这三个"意味着"深刻揭示了中国特色社会主义不断开辟发展新境界的历史意义、时代意义、世界意义,三者密不可分,构成统一整体,为我们理解和把握中国特色社会主义进入了新的发展阶段这一重大战略判断提供科学指引。

  本案例材料中的 10 组数据让我们真切感受到了新时代 10 年给我们的社会、我们的生活带来的变化。例如,10 年间,我们打赢脱贫攻坚战,近 1 亿农村贫困人口实现脱贫,这是彪炳史册的人间奇迹,走出了一条中国特色减贫道路,为全球减贫事业提供了有益借鉴。生态保护方面,我们改进优化环境治理模式,当前生态环境状况得到明显改善,环境基础支撑日益夯实。以厦门筼筜湖为例,2024 年 2 月,中央电视台新闻联播栏目等对厦门筼筜湖的生态治理成果进行了多方位报道,筼筜湖生态修复实践的做法、经验、成效,已经成为美丽中国建设的一个缩影。社会福利方面,城乡医疗保险等福利覆盖面越来越广,老有所养、幼有所教、病有所医不断取得新进展。了解新时代我们取得的这些成就,能够极大地激发学生作为时代新人的自豪感,也使其充分认识自己担当民族复兴大任的责任和使命。中国青年报社社会调查中心联合问卷网(wenjuan.com)发布的一项有 3012 名青年参与的调查显示,受访青年对过去 10 年感触最深的是"国家强起来了"。93.8%的受访青年为成为国家发展的参与者和建设者深感自豪。这 10 年,是国家取得非凡进步的 10 年,也是青年成长的 10 年。回望过去,很多发展变化令青年们感到骄傲与幸福。对于未来,大家有着很多期待。该项调查显示,受访青年最期待的是未来社会更文

---

① 习近平:《决胜全面建成小康社会 夺取新时代中国特色社会主义伟大胜利——在中国共产党第十九次全国代表大会上的报告》,https://www.gov.cn/zhuanti/2017-10/27/content_5234876.htm,访问日期:2024 年 4 月 22 日。

明和谐,国家更繁荣稳定。① 要实现这一愿望,当代青年必须为新时代贡献自己的青春力量,不负时代,不负韶华,与新时代同呼吸、共命运,成为担当民族复兴大任的时代新人。党的二十届三中全会擘画了进一步全面深化改革的时代蓝图:"当前和今后一个时期是以中国式现代化全面推进强国建设、民族复兴伟业的关键时期。"②新时代大学生应该根据进一步全面深化改革对高素质人才的要求,增强紧迫感和责任感,增长才干本领,努力提升各方面能力,为担当民族复兴大任做好充分准备。

(二)"相似的遭遇,不同的结局"——孟晚舟和法国阿尔斯通公司前高管皮耶鲁齐的遭遇对比

1.案例呈现

2021年9月,孟晚舟脱困回家,对所有中国人来说都是个振奋人心的消息。经过近三年的坚持,孟女士以其坚韧品格赢得了最后的胜利,而祖国作为后盾的不懈努力,也被所有人看在了眼里。

跟孟晚舟有着相似遭遇的法国阿尔斯通前高管弗雷德里克·皮耶鲁齐,在接受媒体采访时感慨道,孟晚舟脱困回国是第一次以一个国家的意志成功反击了美国的"长臂管辖",他却没有孟女士那般幸运,阿尔斯通和法国政府并没有提供如此强大的支持。

皮耶鲁齐是美国蓄意肢解阿尔斯通的受害者。2013年,在美国的干预下,他从一家世界500强企业的高管迅速沦为阶下囚。公司妥协,法国政府无可奈何,皮耶鲁齐就成了牺牲品。出狱后,皮耶鲁齐写下《美国陷阱》一书,解密了美国"长臂管辖"的阴谋,以及"肢解"阿尔斯通的整个过程。

冷战结束后,自信心空前爆棚的美国提出了一种新战略,也就是披上法律的合法性外衣来搞经济战。通过国内的《反海外腐败法》等法律实施"长臂管辖",设下陷阱逮捕企业高管,强迫竞争对手听话。

美国以这种方式打击本国企业的海外对手,为本国企业的发展保驾护航,以取得利益最大化,这就是皮耶鲁齐所说的"美国陷阱"。

---

① 《数据出炉!青年对过去十年感触最深的是:国家强起来了》,https://export.shobserver.com/baijiahao/html/538151.html,访问日期:2024年4月22日。
② 习近平:《中共中央关于进一步全面深化改革 推进中国式现代化的决定》,《人民日报》2024年7月22日第1版。

阿尔斯通本是全球轨道交通、电力设备和电力传输领域的领先企业，在电力、高速列车等领域创造了不少世界第一。公司在进入美国后，跟通用电气同台竞争也不落下风，可见这家法国国宝企业的实力。正是因为实力出众、在美国市场表现出色，阿尔斯通就理所应当地被美国盯上了。

皮耶鲁齐是电力和轨道交通的全球专家，他在阿尔斯通工作了22年，曾是市场和销售总监。2013年，他在抵达纽约肯尼迪机场时被美国联邦调查局逮捕，跟孟晚舟事件如出一辙，不同的是这次美国是亲自上阵。

美国司法部给出的理由是皮耶鲁齐涉嫌商业贿赂，直接将其关押。直到2018年阿尔斯通被罚7.72亿美元，并将旗下核心电力业务卖给竞争对手美国通用电气，美国政府这才放人。实际上，法国政府和阿尔斯通并没有站在皮耶鲁齐的立场上，阿尔斯通的CEO为了自保将旗下核心业务出售给美国，而法国政府也对此无能为力。

皮耶鲁齐在接受媒体采访时说，在孟晚舟女士被困加拿大期间，中国科技公司竭尽全力发声、支持，而在外交领域，中国也多次发声，亮明了在这个问题上的强硬立场，这些努力都促成了孟女士平安回国。而反观自己，他觉得阿尔斯通没能给他提供支持，法国政府也没有这么做，导致他坐了5年牢，非常孤独。皮耶鲁齐还认为，这次孟晚舟回家的影响是巨大的，虽然欧洲那些国家嘴上不说，但内心一定深有感触。

（资料来源：《相似的遭遇，不同的结局，阿尔斯通前高管感慨：法国没有给我支持》，https://www.163.com/dy/article/GLL4HS4H0550A6MF.html，访问日期：2024年4月22日。）

2.案例指向

本案例主要指向教材绪论部分第一目"我们处在中国特色社会主义新时代"，用于说明青年和时代之间有着内在的联系，青年不懈追求的梦想始终与振兴中华的责任担当紧密相连。

3.案例解析

孟晚舟事件不只是个体的人生际遇，更有深刻的时代背景。它是时代风云际会、大国力量博弈在个体身上的汇聚。"晚舟归航"的故事蕴含着读懂新时代中国故事的关键要素。

2018年12月1日，作为华为首席财务官以及华为创始人任正非女儿的孟晚舟，在加拿大温哥华机场转机时，被加拿大当局非法扣押，幕后黑手则是美国。美国给出的借口是孟晚舟向伊朗出口美国宣布的违禁设备，并且声称孟晚舟在与伊朗贸易的时候欺骗了汇丰银行，导致汇丰银行违反了美国对伊朗的制裁规定。事实上,这是一起针对中国公民的政治构陷和政治迫害,目的是打压以华为为代表的中国高科技企业,对孟晚舟女士所谓"欺诈"的指控纯属捏造。对于孟晚舟被捕一事,中国政府强烈反对,并积极展开营救行动。经中国政府不懈努力,2021年9月25日,孟晚舟得以乘坐中国政府包机返回祖国。

孟晚舟一案得以解决的背后有多重因素。其中,中国政府为保护孟晚舟的合法权利作出的大量努力尤为重要。在孟晚舟被无理拘押后,党和政府高度重视,中国外交部、相关驻外使领馆,以及其他有关部门和团队,在各个层级、各种场合全力开展工作,做了大量深入细致的工作。3年时间里,中国外交部先后60多次就孟晚舟事件发声,中国驻加拿大大使、驻温哥华总领事也先后多次上门看望孟晚舟或同她通话。孟晚舟得以回国,体现了中国政府长期以来一贯坚持"外交为民"的原则,即坚定捍卫每一个中国公民的合法权益。同时,孟晚舟作为一家企业高管,她的回国也代表着中国政府坚决保护每一家中资企业的合法权益。孟晚舟女士的平安回国,是党和政府不懈努力的结果,也是全国人民鼎力支持的结果。这也充分证明,中国共产党坚强领导下的强大中国,永远是每一位中国公民的坚强后盾。

正如孟晚舟女士回国下飞机之后发表的演讲中所说:"感谢伟大的祖国和人民,感谢党和政府的关怀,感谢所有关注和关心我的人……回首三年,我更加明白个人命运、企业命运和国家的命运是十指相连,祖国是我们最坚强的后盾,只有祖国繁荣昌盛,企业才能稳健发展,人民才能幸福安康。"和皮耶鲁齐相比,孟晚舟女士是幸运的,因为我们的祖国已经进入新时代,实现了从站起来到富起来再到强起来的伟大飞跃,迎来了实现伟大复兴的光明前景。与此同时,党和国家也尽最大努力保护海内外的每一个公民,让他们感受到祖国的温暖与关怀,感受到作为中国人应有的尊严。

与皮耶鲁齐的遭遇对比,孟晚舟平安回国充分说明,一个日益强大而非积贫积弱的中国,一个进入新时代、走向伟大复兴而非任人宰割、任列强蹂躏的中国,正是托起无数个"晚舟"个体命运的国家"方舟",也是每个中国人前途所系、命运所托的"人生之锚"。只有国家日益强大,实现中华民族伟大复兴,作为中国人的我们,才能真正获得幸福安康。每一个中国人、每一个青年和我们这个国家、我们的新时代都是命运与共、息息相关的。新时代为青年人成长成才提供了广阔的空间和无限的机遇。

当代中国青年生逢中华民族发展的最好时期,拥有更优越的发展环境、更广阔的成长空间,比历史上任何时期都更接近、更有信心和能力实现中华民族伟大复兴的目标,也更应主动承担起民族复兴的历史使命。马克思说过:"作为确定的人,现实的人,你就有规定,就有使命,就有任务,至于你是否意识到这一点,那都是无所谓的。这个任务是由于你的需要及其与现存世界的联系而产生的。"①作为实现民族复兴的先锋力量,青年不懈追求的梦想始终与振兴中华的责任担当紧密相连。实现中华民族伟大复兴的中国梦,是面向未来的事业,是一个长期而艰巨的过程,需要一代又一代人的接续奋斗。对于当代青年而言,为实现中国梦而奋斗,既是时代赋予的历史使命,也是实现全面发展的最好舞台。

(三)青年人的担当与使命

1. 案例呈现

(1)青年使命的接力棒

时间之河川流不息,每一代青年都要面对和回答时代的问卷。1919年5月4日,时年29岁的北大学生许德珩参加五四运动,起草了《北京学生界宣言》。滚滚风雷涌动,灿烂的黎明不远。中华人民共和国成立之后,许德珩在另一个人身上,也看到了为祖国奉献青春的光彩,那是他的女婿邓稼先。1958年,邓稼先接受了一项特殊的任务——"放个大炮仗"。与他同行的还有十几个刚毕业的大学生,竺家亨就是其中一员。1964年,中国成功爆炸第一颗原子弹。这一年,竺家亨的同乡,8岁的罗君东,从老师口中听说了这件大事。十多年后,正值青春的罗君东来到了深圳,参与深圳国贸大厦建设,并作为核心技术的滑膜小组组长,推动了"三天一层楼"的深圳速度的实现。在改革开放的浪潮里,深圳速度书写的深圳奇迹鼓舞着青年们创造精彩。2010年,初来深圳的汪勤金,也想不负青春拼一把。经过不懈努力,在25岁那一年,他完成了从仓库管理员到货运飞行员的转变。

(资料来源:《〈思想道德修养与法律基础〉辅导用书》,高等教育出版社2020年版,第4页。)

(2)总书记寄语青年"生逢其时,为之奋斗吧!"

2013年7月17日,习近平总书记来到中国科学院高能物理研究所、

---

① 《马克思恩格斯全集》第3卷,人民出版社1960年版,第329页。

中国科学院大学考察,看望科研工作者和师生并座谈。在即将离开国科大时,习近平总书记向前来送行的研究生们发表了即席演讲,寄语同学们:"我们提出'两个一百年'奋斗目标,实现中华民族伟大复兴的中国梦。我们比历史上任何一个时期都更接近中华民族伟大复兴的目标,从来没有像现在这样接近。你们年轻人,处于一个伟大的时代,有着这么伟大的目标,可谓生逢其时,为之奋斗吧!看你们的了!"总书记还希望同学们珍惜宝贵的青春年华,坚持理想,脚踏实地,既勤于学习、善于学习,打牢知识功底、积蓄前进能量,又勇于探索、勇于突破,不断认识科技世界新领地,立志报效祖国,服务人民。

(资料来源:《习近平与大学生朋友们》,中国青年出版社2020年版,第251、260、261页。)

(3)努力跑出时代加速度的追梦人——高思恩

1994年出生的独臂女孩高思恩,近年来先后获得山西省自强模范、2019年"青春力量"主题演讲比赛金奖、"时代新人说——我和祖国共成长"全国演讲大赛银奖、2020年"全国向上向善好青年"、全国残疾人运动会亚军、中央电视台《越战越勇》银话筒奖等荣誉。

高思恩小时候由于先天左臂残疾被遗弃在太原火车站附近的一个纸箱里,被孤身一人靠收废品为生的高占仙奶奶收养了,从此和高奶奶相依为命。为了替奶奶分担,七岁时她就学会做家务。由于户口限制,适龄阶段的高思恩没有办法像其他小朋友一样顺利入学,她看到别的小朋友能背着书包上学,心里羡慕极了。后来当地政府帮助她解决了入学问题。她倍加珍惜来之不易的求学机会,始终刻苦努力学习。初中时,学校离家很远,为了节省每天1.5元的车费,高思恩就跑步上下学。不知不觉中她成为学校田径场上的短跑冠军,中考时是班上唯一体育成绩满分的人。进入高中后,高思恩被推荐代表省市参加各类体育比赛,取得国家二级运动员证书,是当年山西省田径达级赛中唯一一名残疾运动员。

凭借着从小养成的不服输、不放弃的拼劲,2013年,高思恩以优异的成绩考入山西大学,成为一名大学生。四年大学生活,思恩坚持刻苦学习,过得既自律又充实,她多次获得山西大学学业奖学金,还担任了学生会秘书长,并顺利考取本校研究生。她还积极参加各种社会实践活动,做公益活动的领跑员。她始终坚信"只要刻苦付出,就会有最好回报"。

2018年11月,太原市委宣传部举办"时代新人说"大型讲述活动,正在读研究生的高思恩走上了舞台,讲述了她从一个纸盒里长大的故事。

感人肺腑的生动故事感染了每一名观众,她被评为"最佳讲述人"并荣获"优秀宣讲者"。从这里,高思恩开启了人生新旅程。2019年10月,高思恩荣获全国"青春力量"主题演讲比赛金奖。同年11月,在北京举行的"时代新人说——我和祖国共成长"演讲大赛决赛上,她同42位来自全国各地的选手逐一登台展示风采,经过预赛、决赛的激烈角逐,最终荣获总决赛银奖。

尽管在演讲方面取得了一些成绩,但是高思恩从未离开运动场,从未停止奔跑。为了能在第十届全国残运会上取得好成绩,她跟随教练刻苦训练,努力用辛勤汗水和艰苦付出争取好成绩。在第十届全国残运会的800米比赛中,她摘得银牌,圆梦残运会。在第二届全国青年运动会开幕式上,她作为时代新人代表,和其他五位火炬手共同点燃了主火炬。

高思恩始终与收养她、以收废品为生的奶奶相依为命,近年来在忙碌的同时她从不忘记照顾老人。奶奶意外摔倒,手术后近一年都不能下床。当时正值考研备战期,思恩在家中给奶奶喂水、喂饭,帮助奶奶排便。在这样的压力下,她仍然咬牙坚持,考取了山西大学政治与公共管理学院的研究生。

在各级部门的关怀和媒体的宣传下,高思恩逐渐获得了社会上越来越多的关注。许多社区、学校、企业向她发出了演讲邀请,她都会挤出时间参加。从企业到厂矿,从学校到福利院,她开展了几十场公益演讲,与大家分享自己乐观坚强面对生活的励志青春,将社会给予的爱和温暖继续传递给更多的人。此外,她还组建了70余人参加的"时代新人跑团",定期组织开展跑步以及其他各类公益活动,努力帮助更多的人。高思恩研究生毕业后留校工作,成为山西大学的专职辅导员。身兼大学辅导员和职业运动员的双重身份,高思恩更加忙碌了。在辅导员的岗位上,她认真负责又极有亲和力,被学生们称为亲切温暖的"思恩姐"。高思恩希望每一个学生志存高远,勇往直前。在这个培育了她、让她深深爱恋感恩的校园里,她将继续向前奔跑。

(资料来源:《高思恩》,http://xsxsyouth.cyol.com/front/show/uDetail2020? id=10034,访问日期:2024年4月22日。)

2.案例指向

本案例指向教材绪论部分第二目"新时代呼唤担当民族复兴大任的时代新人"。

3.案例解析

一代人有一代人的使命和担当。作为实现民族复兴的先锋力量,青年不懈追求的梦想始终与振兴中华的责任担当紧密相连。在革命战争年代,青年一代满怀革命理想,为争取民族独立、人民解放而冲锋陷阵、抛洒热血;在社会主义革命和建设时期,青年一代响应党的号召,向困难进军,向荒原进军,保卫祖国,建设祖国,在新中国的广阔天地忘我劳动、艰苦创业;在改革开放和社会主义现代化建设新时期,青年一代发出团结起来、振兴中华的时代强音,争当改革先锋,为祖国的繁荣富强开拓奋进、锐意创新;在中国特色社会主义新时代,广大青年接过历史的接力棒,为实现民族复兴的历史宏愿矢志不渝,用臂膀扛起如山的责任,用青春和汗水创造新的奇迹。国家、时代、青年从来都是密不可分的整体,是彼此助推的浪涛。本案例中的许德珩、邓稼先、竺家亨、罗君东、高思恩等人就是这一代代青年中的杰出代表。

青年兴则国家兴,青年强则国家强。青年一代有理想、有本领、有担当,国家就有前途,民族就有希望。大学生是国家宝贵的人才资源,肩负着人民的重托、历史的重任。我们要肩负历史使命,坚定前进信心,立大志、明大德、成大才、担大任,努力成为堪当民族复兴重任的时代新人,让青春在为祖国、为民族、为人民、为人类的不懈奋斗中贡献蓬勃力量。

今天的中国,进入了新时代,青年们可谓生逢其时,责任重大。新时代属于每一个人,每一个人都是新时代的见证者、开创者、建设者。尤其是当代大学生,朝气蓬勃、好学上进、刚健自信、胸怀天下、担当有为,是可爱、可信、可为的一代,是民族复兴伟大进程的见证者和参与者,也是中国特色社会主义事业的生力军。本案例中的高思恩就是时代新人的杰出代表。她在磨难中长大,却如傲雪寒梅,芳香四溢。作为新时代青年,高思恩始终不忘习近平总书记对青年的嘱托,发扬勤学奋进、自强不息的精神,用顽强的毅力和阳光的心态,在成长的道路上跑出了最美的青春速度,同时崇德修身、热心公益,用实际行动践行着勇担民族复兴大任的青春使命。她将感恩之心化为前进动力,用奋斗跑出青春速度,以无私无畏的精神放射出新时代中国年轻一代的荣光。

当代大学生建功立业的舞台空前广阔,梦想成真的前景空前光明,每个人都有机会在实现中国梦的伟大实践中创造自己的精彩人生。时代的责任赋予青年,时代的光荣属于青年。作为"时代新人",青年大学生要用自己的行动,践行初心和使命,立志做有理想、敢担当、能吃苦、肯奋斗的新时代好青年,让青春在全面建设社会主义现代化国家的火热实践中绽放绚丽之花。

(四)林森浩投毒案

1.案例呈现

2015年12月11日,林森浩以故意杀人罪被依法执行死刑。事情虽然已经过去了很久,但依然被人们频频提起。

2013年4月1日9时许,黄洋在宿舍从饮水机接水饮用后,出现呕吐等症状,即于当日中午到中山医院就诊。4月2日下午,黄洋再次到中山医院就诊,经检查发现肝功能受损,遂留院观察。4月3日下午,黄洋病情趋重,转至该院重症监护室救治。

根据相关的报道可知,林森浩与黄洋的家庭条件都不太好。两人都是勤学努力、才华横溢的优秀医学生,却在性格和价值观上差异很大,常因为一些琐事发生冲突。

2013年3月31日,林森浩找到同学,问他要到了75毫升N-二甲基亚硝胺和一支已经吸了约2毫升N-二甲基亚硝胺的注射器。他将含有剧毒的化学药品注入了饮水机。4月1日早上,黄洋起床喝水,感觉味道怪怪的,之后清洗了饮水机,警方因此难以估摸准确的剂量,但检方表示,林森浩至少注入了30毫升N-二甲基亚硝胺,超出了致人死亡剂量的10倍。黄洋当天就发热、呕吐,第二天又出现了急性肝损伤。

2013年4月11日,上海市公安局文化保卫分局接复旦大学保卫处就黄洋中毒事件报案,上海警方立即组织专案组开展侦查。而与黄洋同宿舍的林森浩在此前,包括在接受公安人员调查询问时,始终未说出实情。

2013年4月12日0时许,公安机关确定林森浩有作案嫌疑并对其传唤后,林森浩才如实供述了向该宿舍饮水机投放N-二甲基亚硝胺的事实。

2013年4月12日,林森浩被警方依法刑事拘留。

2013年4月16日,黄洋经抢救无效,于当天下午在医院去世。经法医鉴定,黄洋系因N-二甲基亚硝胺中毒致急性肝坏死引起急性肝功能衰竭,继发多器官功能衰竭死亡。2013年4月19日下午,上海警方正式以涉嫌故意杀人罪,向检察机关提请逮捕复旦大学"4·1"案犯罪嫌疑人林森浩。

2013年4月25日,黄浦区检察院以涉嫌故意杀人罪对复旦大学"4·1"案犯罪嫌疑人林森浩依法批准逮捕。

当黄洋的爸爸接到这个消息的时候,他的第一想法是"挺可怕的",因为黄爸爸从重庆赶到上海的时候跟林森浩同住了一天寝室,还有一次林森浩碰到黄爸爸询问了黄洋的情况,这两次交谈中林森浩都未告知黄爸爸黄洋中了什么毒。

2013年11月27日,该投毒案在上海市第二中级人民法院开庭审理,在一审中,林森浩辩解他只是为了在"愚人节"作弄黄洋而实施投毒,并没有故意杀害黄洋。

根据警方查证,林森浩曾用 N-二甲基亚硝胺在小白鼠身上做过实验,还发表过一篇论文,属于这方面的半个专家,他不会不知道用量致死问题,而且在黄洋中毒之后,他又故意隐瞒黄洋的中毒真相,最终导致黄洋中毒死亡。

2014年2月18日,上海市第二中级人民法院一审宣判,被告人林森浩为泄愤采取投毒的方法故意杀人,致被害人死亡,其行为已经构成故意杀人罪,且手段残忍,后果严重,社会危害极大,因此,判处林森浩死刑,剥夺政治权利终身。

《中华人民共和国刑法》第232条规定:"故意杀人的,处死刑、无期徒刑或者十年以上有期徒刑;情节较轻的,处三年以上十年以下有期徒刑。"

林森浩不服判决,提出了上诉。

2014年12月8日,上海高院二审公开开庭,庭审时间长达13个小时,二审在2015年1月8日宣判,法院驳回上诉,维持原判,12月9日,经过最高人民法院审理,核准林森浩死刑。

最高人民法院认为,被告人林森浩明知 N-二甲基亚硝胺系剧毒化学品且有严重危害性,而向饮水机内投放大剂量的 N-二甲基亚硝胺原液,致被害人接水饮用后中毒。在被害人入院特别是转入重症监护室救治期间,林森浩仍刻意隐瞒真相,编造谎言,杀人故意明显,且实施了以投放毒物为手段的杀人行为,已构成故意杀人罪。林森浩仅因日常琐事对被害人不满,即利用自己所掌握的医学知识,蓄意采取隐蔽的手法,向饮水机内投放剧毒化学品,杀死无辜被害人,犯罪情节特别恶劣,属罪行极其严重,应依法惩处。林森浩归案后如实供述犯罪事实,认罪态度好,但不足以对其从宽处罚。第一审判决、第二审裁定认定的事实清楚,证据确实、充分,定罪准确,量刑适当,审判程序合法。据此,最高人民法院依法核准上海市高级人民法院维持第一审以故意杀人罪判处被告人林森浩死刑，剥夺政治权利终身的刑事裁定。

（资料来源：《"复旦投毒案"庭审回顾：林森浩心中的恶，再也藏不住了》，https://www.163.com/dy/article/HJTM186K055339F8.html，访问日期：2024年4月22日；《复旦投毒案的案件经过》，https://zhidao.baidu.com/question/1177348015647222019.html，访问日期：2024年4月22日；《复旦投毒案》，https://baike.so.com/doc/5375827-3232394 2.html#refff_5375827-32323942-3，访问日期：2024年4月22日。）

2.案例指向

本案例指向教材绪论部分第三目"不断提升思想道德素质和法治素养"。

3.案例解析

这起研究生投毒案在当时引发了极大的社会关注，因为林森浩的动机仅仅是口角上的矛盾，这个动机也是最让人们感到不可思议的，一场投毒摧毁了两个家庭。其实，这些年来，高校发生过多起投毒、杀人等恶性案件，如1994年清华大学学生朱令铊中毒案件，2004年马加爵杀害四名同学案件，以及2018年4月南京航空航天大学金城学院两名同宿舍学生因琐事发生打斗导致其中一人死亡案件等。这些案件引发了人们的深思，让社会将更多的目光投向大学生的思想政治教育和心理健康，让人们看到了进一步加强大学生思想道德和法治教育的必要性。

林森浩是复旦大学医学研究生，本是个有着光明前途的才华横溢的年轻人，因琐碎小事对同学黄洋不满，竟然采取投毒方式导致同学黄洋中毒身亡，这一行为突破了基本的道德和法律底线，丧失了做人的根本，林森浩最终也因此付出相应的沉重代价，其教训值得每个人引以为戒。作为一名医学生，林森浩本应明白"医者仁心"的道理，可他却违背了做人的基本道德准则。他的医学专业知识反而成为他毒害同学的杀人手段，这是非常可怕的。一个人如果缺乏对道德和法律的敬畏，即使拥有卓越的才能，也只是为其作恶提供了更为专业的便利而已。北宋思想家司马光在《资治通鉴·周纪一》中精辟论述了德才关系："才者，德之资也；德者，才之帅也。"德是人才素质的灵魂。2018年5月2日，习近平总书记在北京大学师生座谈会上指出："人才培养一定是育人和育才相统一的过程，而育人是本。人无德不立，育人的根本在于立德。这是人才培养的辩证法。""德智体美"中的"德"包括广义上的思想道德素质和法律素质，是人的基本素质，是人们协调各种关系、处理各种问题时所表现出的是非善恶判断能力和行为选择能力,是政治素养、道德品格和法律意识的综合体,决定着人们在日常生活中的行动目的和方向。

具备良好的思想道德素质和法治素养,是一个人能被社会接纳并更好实现自身价值和社会价值的关键。大学生成长成才的过程是思想道德素质和法治素养不断提升的过程。思想道德素质是人们的思想观念、政治立场、价值取向、道德情操和行为习惯等方面品质和能力的综合体现,反映着一个人的思想境界和道德风貌,是促进个体健康成长、社会发展进步的重要保障。法治素养是指人们学习法律知识、理解法律本质、运用法治思维、依法维护权利与依法履行义务的品质和能力,对于保证人们尊崇法治、遵守法律具有重要的意义。法律必须转化为人们的内心自觉,才能真正为人们所遵行。良好的思想道德素质和法治素养,是新时代大学生把握发展机遇、做好人生规划、书写时代华章的必备条件,需要在学习中养成、在自律中锤炼、在实践中升华。

本课程能够帮助大学生立大志,同时认识到立德的重要性,明白做人做事的道理,选择正确的成才之路。学习本课程,有助于大学生领悟人生真谛、坚定理想信念,明确自身肩负的历史使命、努力方向以及成长成才的途径和方法;有助于大学生掌握丰富的思想道德和法律知识,为提高思想道德素质和法治素养打下知识基础;有利于大学生确立为人处世、做人做事的正确立场,掌握启迪智慧、修身养性、陶冶情操的方法,形成正确的道德认知,积极投身道德实践,做到明大德、守公德、严私德;有助于大学生增强法治意识,养成法治思维,更好地行使法律权利、履行法律义务,做到尊法学法守法用法,从而具备优秀的思想道德素质和法治素养。学习本课程还有助于大学生摆正德与才的位置,促进自身全面发展。德与才是一个人的基本品质。德为立身之本,才为立身之基。在德与才的关系上,德是前提和灵魂,才是能力和工具。大学生只有摆正德与才的关系,深刻理解党和国家提出的"立德树人"要求,避免走入重智轻德的误区,不断提升自身的道德水平和法治素养,从各方面发展自我、完善自我,才能做到德才兼备、全面发展,真正成长为担当民族复兴大任的时代新人。

四、延伸阅读

1.习近平:《决胜全面建成小康社会 夺取新时代中国特色社会主义伟大胜利——在中国共产党第十九次全国代表大会上的报告》,人民出版社 2017 年版。

2.习近平:《高举中国特色社会主义伟大旗帜 为全面建设社会主义现代化国家而团结奋斗——在中国共产党第二十次全国代表大会上的报告》,人民出版社 2022 年版。

3.习近平:《中共中央关于进一步全面深化改革 推进中国式现代化的决定》,人民出版社 2024 年版。

4.习近平:《在纪念五四运动 100 周年大会上的讲话》,人民出版社 2019 年版。

5.《习近平与大学生朋友们》,中国青年出版社 2020 年版。

五、拓展研学

1.如何理解"中国特色社会主义新时代"?"新时代"给我们的生活带来了哪些新的变化?

2.如何在社会发展的新时代和人生发展的新阶段的交融中,尽快适应大学生活,成长为担当民族复兴大任的时代新人?

3.如何正确理解思想道德素质和法治素质及其对大学生健康成长的重要作用?

4.将学生按照十人一组进行分组,布置本学期的社会实践任务,在社会调查、拍摄短视频、参加公益活动、法院旁听、撰写读书报告等形式中选择一种或多种进行社会实践,期末在课堂上汇报展示。

第一章　领悟人生真谛,把握人生方向

一、教学主要目标

本章主要内容涉及人生观及其相关问题,按照"人生观是什么""什么是正确的人生观""如何创造有意义的人生"的内在逻辑展开。首先阐释清楚马克思主义关于人的本质以及个人与社会之间关系的基本理论,讲清楚人生观的内涵以及人生目的、人生态度、人生价值三者之间的辩证统一关系,接着重点说明什么是正确的人生观,明确科学高尚的人生观、积极进取的人生态度、人生价值评价与实现的基本内容及其要求,最后论述大学生应该如何以正确的人生观指导生活实践,辩证对待人生矛盾,抵制错误人生观的影响,创造有意义的精彩人生。

本章教学目标:(1)知识层面。通过教学帮助大学生掌握马克思主义关于人的本质以及个人与社会之间关系的基本理论,深刻理解人生观的内涵和正确人生观的基本内容等理论知识。(2)能力层面。通过教学引导大学生自觉运用马克思主义人生观的基本立场、观点、方法,认识和解决人生问题。(3)价值层面。引导和帮助大学生确立服务人民、奉献社会的高尚人生追求,保持积极进取的人生态度,在实践中最大限度地创造人生价值。

二、教学重难点

本章教学重点:讲好马克思主义关于人的本质、个人与社会之间关系、正确人生观的基本内容等理论知识,在此基础上启发学生深入思考什么样的人生值得追求、如何面对人生挑战、怎样的人生才有价值、如何成就出彩人生等问题。

本章教学难点:准确解答学生在人生问题上存在的疑问,通过对人生观相关问题的阐释和与学生的对话互动,解除学生思想上的困惑,帮助学生提高明辨是非的能力,引导学生确立高尚的人生追求,保持积极进取的人生态度,在奋斗与奉献的实践中成就出彩人生。

三、教学案例

(一)林占熺:四十年守望"责任田"

1.案例呈现

林占熺,菌草技术发明人,长期从事菌草科学研究、菌草技术推广、扶贫、援外和国际合作等工作,是电视剧《山海情》中凌一农教授的原型。

1983年,40岁的林占熺跟随福建省科技扶贫考察团,来到著名的老苏区闽西长汀县河田镇,当地干部提到脱贫招数,由衷地表示遗憾:"要是河田有树,村民们也可以种上些香菇改善生活……"这正是林占熺此行一路走来的另一个忧心事——"菌林矛盾"!不能任其悬而不决!他不禁联想到了早先琢磨的"以草代木"栽培食用菌方案。以草育菌的梦想刚拉开序幕,一个个困难便接踵而至:没有现成的经验借鉴,没有研发单位的立项,也没有可供研发的实验室,就连研发资金与设备也无着落,甚至研发时间都没办法保证。但种种困难都没有拦下他,他还决定辞去处级行政职务,心无旁骛只做"草民",专事"草"科研。他说:"作为一名学农的共产党员,科技扶贫更是我义不容辞的责任。以草代木发展菌业正因为没人做过,没有现成的路可走,才更需要我们共产党员去探索开拓、去冲锋陷阵。带头破解'菌林矛盾'这道难题,是我以共产党员标准对自己的严格要求,我愿意为科技创新奋斗献身。"历经三年寒暑苦,1986年10月,一株在"魔变"中新生的草——菌草,为贫困地区走上致富路敲开了一扇新的大门。

好长一段时间,林占熺都是两头跑。上午忙完学校事,马上坐车或搭船奔农户家,和他们一起下地栽种,还免费开办培训班。在福建尤溪县,一场又一场推广后,选择"以草代木"种菌的农民,从最初的一个试点村,遍及全县各乡镇100多个村庄4000多户。1987—1990年,广西、浙江、广东、江西、安徽、江苏等地相继从福建引进、推广菌草新技术,均取得显著的经济、社会和生态效益。

"地上不长草,天上不见鸟,风吹石头跑。"这句民谣说的是宁夏的戈壁滩。1998年初春,林占熺率团队辗转来这里种草,开启了后来被称为东西协作扶贫范本的"闽宁模式"。在这样一个气候条件与福建迥异、生态环境相当脆弱的地方,以草种菇,不可能照搬照抄现成经验。在彭阳县试点,林占熺夜以继日地蹲在废弃的土窑里进行技术攻关。为了确保户户成功,林占熺和队员们每晚都沿着崎岖山路,借着月光,打着手电筒,挨个窑洞察看菌草菇的生长情况,第一时间就地解决"险情"。半年后捷报传出,示范效果彰显。有了成功的先例,福建省对口帮扶宁夏领导小组在闽宁村和彭阳县两地同时建立菌草技术扶贫基地。

习近平同志在福建工作期间接待巴布亚新几内亚东高地省省长时向他介绍了菌草技术,对方很感兴趣,就派林占熺去了。林占熺及其团队在巴新艰苦创下多个世界纪录。耄耋之年,林占熺的菌草扶贫和生态治理工作仍一半在国内,一半在国外。特别是不下 30 次的巴新万里行,将他作为植物和平使者的形象定格在了国际舞台,赢得属于中国的喝彩。40年来,林占熺的"责任田"越来越多,已遍布全球 106 个国家和地区。他用最美的奔跑告诉世界,菌草技术造福本土、泽被全球之路一直没有止步,还在脚下延伸。他要让中国草从诞生地福建出发,跨过长江黄河,迈过国门,造福世界。

(资料来源:钟兆云:《林占熺:四十年守望"责任田"》,《农民日报》2024 年 1 月 10 日第 8 版。)

2.案例指向

本案例指向教材第一章"领悟人生真谛 把握人生方向"第一节"人生观是对人生的总看法"第一目"正确认识人的本质"、第二目"人生观的主要内容"以及第二节"正确的人生观"第一目"高尚的人生追求"。

3.案例解析

消除贫困、改善民生、实现共同富裕,是社会主义的本质要求,是中国共产党的重要使命。经过长期努力,我国脱贫攻坚事业取得了重大历史性成就。贫困是国际公认的"无声的危机",消除贫困是全人类共同的目标与愿望。我国推进共建"一带一路",始终把减贫作为重要方向,为全球减贫事业作出了突出贡献。在脱贫减贫伟大实践中,涌现出无数默默奉献的扶贫英雄,点草成金的"扶贫状元"林占熺,就是其中一位。本案例主要讲述"菌草之父"林占熺的"山海情"故事,回应了教材第一章中"正确认识人的本质""高尚的人生追求"等知识点,以此解析"什么样的人生值得追求"这一人生观的核心问题。

"人为什么活着"即"人生目的"问题是千百年来困扰人们的一个重要

人生问题。中华人民共和国成立之初，青年们就围绕"人活着是为了吃饭，还是吃饭为了活着"展开过一场讨论。20世纪80年代，内心迷茫的青年"潘晓"刊登在《中国青年》的一篇长文来信《人生的路呵，怎么越走越窄》引发了一场关于人生的大讨论。而今天，同样的问题仍然困扰着当代青年。人的生命历程不同于其他动物的生命过程，人不仅要维系自身的生存和繁衍，还要生产、交往、创造，在极为丰富的社会生活中观察、思索、判别和选择。对每个人来说，重要的不是活着，而是为什么活着和怎样活着。正如雨果所说："生活，就是知道自己的价值、自己所能做到的与自己所应该做到的。"①人活动的目的性是人区别于动物的重要标志之一。无论吃饭、穿衣还是学习、交往、工作等，现实中，人的活动总是要受到一定目的和意识的支配，在人生各种活动的具体目的的背后，有一个根本性的东西，它体现着人生的宗旨和最终追求，这就是人生目的。人的生命过程，就是围绕这一人生目的的不断实践的过程。人之所以迷茫，往往源于人生目的的模糊或缺失。

作为人生观的核心，人生目的在人生实践中具有重要作用，它决定了人生活动的大方向，为人生行为提供动力源泉，也决定了人生态度和人生价值选择。现实中，不同的人往往有不同的人生目的：有的人仅从满足个人需求的角度进行思考，从而追求权力、名望、金钱、享乐等，也有人从国家发展、社会进步的角度进行思考，将为人类求解放、谋幸福作为人生目的，显然，林占熺的人生追求属于后者。不同的人生目的产生不同的影响，决定了一个人是积极乐观还是消极悲观，是尽职尽责还是投机取巧，是无私奉献还是自私自利，是高尚伟大还是卑劣渺小。林占熺积极科研，突破难关，一心为民，造福八方，他的人生是积极的、奉献的、高尚的。

究竟什么样的人生值得追求？许多伟大的、优秀的人物为我们做出了榜样。马克思17岁时在中学毕业论文《青年在选择职业时的考虑》中就明确"选择了最能为人类而工作的职业"，毛泽东年轻时就立志"以天下为己任"，周恩来读中学时便提出"为中华之崛起而读书"，习近平在梁家河村插队时就萌生了"为百姓办好事"的初心。钱学森曾说："我作为一名科技工作者，活着的目的就是为人民服务。如果人民最后对我的工作满意的话，那才是最高奖赏。"②同样，林占熺正是因为确立了帮助农民摆脱

---

① 王正平：《人生格言辞典》，上海辞书出版社2004年版，第434页。
② 《钱学森同志言论选编》，《光明日报》2009年12月1日第2版。

贫困的高尚的人生追求，所以在解决人生的一系列重大课题时，能够作出正确的人生选择，始终朝着正确的人生方向前进。纵观古今，在各式各样关于人生目的的思想中，高尚的人生目的总是与奋斗和奉献联系在一起，"服务人民、奉献社会"的思想以其科学而高尚的品质，代表了人类社会迄今最先进的人生追求，指明了我们在成长和发展过程中应确立的人生方向。

有人可能会说，人活着就是为自己，不要将"服务人民、奉献社会"强加于我。实际上，这样的看法是错误的、有害的。"服务人民、奉献社会"的人生追求并不是外在强加于人的，而是由人的本质属性决定的，也是个体发展的内在需求。

一方面，人的社会性本质决定了人不可能脱离社会和人民而存在。人类对"人是什么"的追问，反映出人类想要摆脱盲目性和被动性，想要成为自己主人的深切意念，人要把握自己的命运，需要正确认识自己，正确认识自己与他人、自己与社会之间的关系，从而作出自觉的选择。真正意义上的人从来都不是一个孤立的存在，正如马克思所揭示的："人的本质不是单个人所固有的抽象物，在其现实性上，它是一切社会关系的总和。"① 人是一个关系性的存在，本质在于社会性。对此，爱因斯坦也曾深刻地指出：只要我们全面考察一下我们的生活和工作，我们就能马上看到，我们全部的行动和愿望几乎都同别人的存在密切联系在一起，个人之所以成为个人，以及他的生存之所以有意义，与其说是靠着他个人的力量，不如说是因为他是伟大人类社会的一个成员。② 可见，脱离社会、脱离群众的人生是不可持续的。只有把人生放到社会关系当中去把握，服务人民，奉献社会，人们才能有所作为。林占熺将自己的人生与国家发展、与人民的幸福联系起来，正确把握了自身在社会中的定位，因此在运用菌草技术创造社会价值的同时，也实现了自己的人生价值。

另一方面，服务人民、奉献社会的人生追求，是个人提升人生境界和实现人生价值的内在要求。一个人只有确立了服务人民、奉献社会的人生追求，才能清楚地把握人的生命历程和奋斗目标，深刻理解人为什么活着，应走什么样的人生之路等问题，才能以正确的人生态度对待人生，解决实际生活中的各种问题，始终对祖国和人民具有高度的责任感，才能掌

---

① 《马克思恩格斯文集》第1卷，人民出版社2009年版，第501页。
② 许良英、赵中立、张宣三编译：《爱因斯坦文集》第3卷，商务印书馆2011年版，第51页。

握正确的人生价值标准，懂得人生的价值首先在于奉献，自觉用真善美来塑造自己，努力使自己成为一个高尚的人。如何让农民摆脱贫困，扶贫调研中萌生的这个念头让林占熺走上了"草"科研和菌草扶贫之路。尽管扶贫之路困难重重，但他始终坚持不懈，勇挑重担，无怨无悔。他秉着为民为国奉献的赤诚之心，把菌草技术无私奉献给老少边穷地区，他不辱使命，为菌草技术助力"一带一路"建设、造福全人类而孜孜不倦，这是服务人民、奉献社会的人生追求所带来的动力。

总之，什么样的人生值得追求，林占熺用实际行动为我们诠释了答案。在中国特色社会主义伟大建设实践中，越来越多的人树立起服务人民、奉献社会的人生追求，将拥有这样的人生追求视为一种简单而真实的幸福。习近平总书记曾寄语青年："青年时代，选择吃苦也就选择了收获，选择奉献也就选择了高尚。"① 追求人生目的是一个过程，人生目的的层次的提升伴随着人生责任的践履。我们应该学习林占熺的优秀精神，以服务和奉献为人生方向，努力使自己成为高尚的人。

(二)陆鸿："我收获过光，也想成为光"

1.案例呈现

陆鸿是一位脑瘫患者，也是苏州市一家相册工厂的负责人。在开相册工厂和网店前，陆鸿摆过地摊，修过自行车，开过报亭，"收入都很少，勉强能养活自己"。后来，一次机遇让他接触到并尝试学习修图技术，开始拿自己的"歪头照"练手，慢慢练就了修图的绝活，直到他开了一家照相馆，生活终于迎来了转机。他说："其实一路走来，失败才是常态。但我会认真面对每一次失败，坚持再坚持，我开始能养活自己了。再坚持坚持，我甚至能帮助更多和我一样的残疾人朋友了。"

陆鸿的相册工厂，是当地远近闻名的残疾人扶贫创业基地。他不仅为自己打开了人生中的另一扇窗，还为更多残疾人朋友找到了那扇窗。因此，陆鸿多了很多身份，也荣获了很多荣誉。2023 年 3 月，陆鸿获评"感动中国 2022 年度人物"，颁奖词写道："有人一生迟疑，从不行动，而你从不抱怨，只想扼住命运的喉咙。能吃苦，肯奋斗，有担当，似一叶扁舟在激湍中逆流而上，如一株小树在万木前迎来春光。在阴霾中，你的笑容给我们带来力量。"成为"感动中国人物"后，陆鸿体验了一把"当红"的滋味。

---

① 习近平：《在同各界优秀青年代表座谈时的讲话》，《人民日报》2013 年 5 月 5 日第 2 版。

"经常接到陌生人的电话,我愿意和他们讲自己的故事,能鼓励到别人是好事。"但陆鸿也常提醒自己:"荣誉是昨天的,为了更好的明天,还得更加努力奋斗。"

也是因为相册工厂的开张,陆鸿有了新的目标:"我找到光了,现在想成为光。一路上,我遇到了很多好人,也知道残疾人的不易,现在我有了余力,希望帮帮其他残疾人。"陆鸿的工厂,招人一直以残疾人优先,虽然大部分残疾人的工作效率要比健全人低得多,但陆鸿从未改变这条招聘规则。一直以来陆鸿把"做个有用的人"看得很重,为了提高效率,陆鸿不停地"琢磨"更先进的自动化设备。"我就是想证明,只要给我们机会,我们同样可以做得很好,甚至更好。"如今,相册工厂已经先后招聘了百余位残障员工。"现在每天醒来首先想的就是这些员工,我把他们招来了,就得对他们负责任。"

直到现在,原本"财富自由"的陆鸿也没有属于自己的房和车。工厂里一处角落的房间,就是他和爱人的小窝。而一辆三轮车,就是他们一家唯一的交通工具。"我今年最大的愿望是给员工们盖个宿舍楼,女儿也上大学了,我们不需要那么多东西。"陆鸿笑着说。成为苏州市人大代表后,陆鸿有了更大的目标:"虽然每次参会还是非常紧张,但我一定得把这件事做好。提出有价值的建议,去帮助更多残疾人。"对于未来,陆鸿充满憧憬。

(资料来源:郭帅,《陆鸿:"我收获过光,也想成为光"》,https://www.rmzxb.com.cn/c/2023-07-11/3375578.shtml,访问日期:2024年4月22日。)

2.案例指向

本案例指向教材第一章"领悟人生真谛 把握人生方向"第二节"正确的人生观"第二目"积极进取的人生态度"和第三节"创造有意义的人生"第一目"辩证对待人生矛盾"。

3.案例解析

人生是丰富而复杂的,是一个充满矛盾的过程。"看似寻常最奇崛,成如容易却艰辛。"面对生活的艰辛,一些人选择了"躺平",有的人哪怕遭遇厄运,也从不抱怨,以顽强的意志战胜困难,陆鸿就是这样一位具有积极心态的强者。本案例主要讲述脑瘫患者陆鸿的自强故事,回应了教材第一章中"积极进取的人生态度"等知识点,以此解析"如何面对人生挑战"这一人生问题。

人生态度是人生观的重要内容,是人们通过生活实践形成的对人生问题的一种相对稳定的心理倾向和精神状态,主要回答的是"人究竟应该如何活着"的问题。现实生活中,人们在不同的人生目的的支配下,以不同的人生态度生活着,而不同的人生态度也反过来影响人生目的的确立和人生价值的实现,从而造就了不同的人生。

从社会效益角度,人生态度可以划分为两种类型:一种是消极、无为、无益于社会的人生态度,这是一种否定人的积极能动性,以个人为中心,对他人和社会不负责任的人生态度。当今社会上的"躺平"现象就体现了这一类型的消极人生态度。另一种是积极有为、有益于社会的人生态度,这是一种肯定人的积极能动性,把个人利益和社会利益有机结合起来,具备高度社会责任感的人生态度。在陆鸿身上,我们可以看到的是面对常人难以想象的苦难而迸发出的自强自立的顽强精神,体现了一种积极有为、有益于社会的人生态度,这种人生态度是健康的、正确的、符合人类社会发展利益的。

为什么不同的人会表现出不同的人生态度?这涉及人生态度的形成问题。人生态度不是天生的,是主客观因素共同作用的结果。

一方面,人生态度的形成受客观存在的人生境遇的影响。所谓人生境遇就是指人生的环境和遭遇。不同的人可能会有不同的遭遇,有的顺利,有的曲折,有的幸运,有的则不幸。陆鸿身患残疾,是脑瘫患者,也因此在生活和事业发展中屡屡遭遇困境,这是他的人生境遇。客观的人生境遇会影响到对人生的看法和态度,处于顺境和幸运的人容易形成积极乐观的人生态度,而遭遇逆境和不幸的人容易产生消极悲观的人生态度。

另一方面,人生态度的形成具有复杂的心理机制。虽然我们无法完全控制作为客观存在的人生境遇,但我们可以决定要怎样去想,怎么去面对,不同的人对同样的境遇可能有不同的感受和不同的反应方式,这主要取决于我们对人生境遇的主观判断和所采取的心理态度,其中,认知、情感、意志是起主要作用的三种心理要素。陆鸿虽然患有脑瘫,动作比正常人要慢,但他并没有觉得自己无能,相反,他想"做个有用的人",坚信只要给自己机会,同样可以做得很好,甚至更好。在这样的认知下,他能接受自己,不抱怨,失败了,能确立新目标,坚持继续努力。正是靠着顽强的心理和态度,陆鸿在人生道路上披荆斩棘,不断前进,最终取得了成功。

古往今来,为什么有的人身处逆境能够百折不挠,有的人在顺境中却空虚感叹?为什么有的人淡泊名利,有的人却腐化堕落?为什么有的人劳苦奉献,有的人却厌世轻生?这人生的千差万别,一定程度上说,是人们所选择的不同的人生态度造成的。人生态度一旦形成就具有相对的稳定性,对人的一生影响重大。

生活给予每个人成功的机会是同等的,人生态度不同,收获也会不同。从"丧"文化到"躺平"热,反映了当下一些年轻人面对人生的消极态度。"躺平族"在各种压力面前选择逃避,相比奋斗的收获,他们更愿意过"与世无争"的生活,甚至一"躺"了之。"躺平族"的兴起固然有着深层次的经济社会背景,也有个人面对"内卷"压力时的无奈,但这种生活方式和人生态度并不可取,既不符合社会发展利益,也容易导致个人陷入人生困境。人们在现实生活中,总会面临各种各样的现实压力,甚至还会遭遇挫折,确实不容易,但以"躺平"的方式主动退缩、选择放弃,实际上无益于解决当下问题,很容易陷入价值感危机,使生活中的问题更加复杂和严重,甚至毁掉自己的人生。

陆鸿的故事告诉我们,只有积极面对、主动进取的人生态度,才能帮助我们克服前进道路上的种种困难,激发向上的动力,在有限的生命里尽可能地实现人生价值。我们应该学习陆鸿的自强精神,选择积极进取的人生态度。具体而言:

第一,人生须认真。要严肃思考人的生命应有的意义,明确生活目标和肩负的责任,积极认真地面对生活,不得过且过、游戏人生。陆鸿认真对待人生的每一步,先实现养活自己的目标,再去帮助残疾人朋友,哪怕失败,也始终都是认真面对。

第二,人生当务实。要从人生的实际出发,有科学的态度,有务实的精神,实事求是,脚踏实地,不好高骛远、眼高手低。陆鸿根据自身的实际情况,选择学习修图,反复练习,终成绝活,这体现了务实的精神。

第三,人生应乐观。要热爱生活,对人生充满自信,要心胸豁达,始终保持乐观向上,遇到困难和挫折,不消极退缩,不自暴自弃。陆鸿能够正确对待顺境与逆境,在逆境中,他始终微笑面对,创业成功成为"感动中国人物"后,也提醒自己不能骄傲,要更加努力奋斗,始终保持着乐观和自信。

第四,人生要进取。要发扬自强不息的精神,充分发挥生命的创造力,不断丰富人生的意义,不贪图安逸、故步自封。陆鸿能吃苦,肯奋斗,有担当,本已实现"财富自由"却甘愿住在工厂,主动承担社会责任,帮助更多残疾人,不断确立新目标,创造更大的社会价值,体现了自强、进取的人生态度。

总之，面对人生挑战，我们要作出正确的人生态度选择，应该发扬自强不息、百折不挠的精神，昂扬进取，不懈奋斗。正如习近平总书记所说，"幸福都是奋斗出来的"。

(三)"时代楷模"钱海军：爱是一盏灯，照亮别人温暖自己

1.案例呈现

钱海军是国网浙江宁波慈溪市供电有限公司的一名普通员工，自1999年成为社区义工以来，他从一个人到引领带动身边1200多人参与志愿服务，发起了"千户万灯""星星点灯""暖心空巢"等公益项目，累计帮扶3万余人。2022年5月，中共中央宣传部授予钱海军"时代楷模"称号。

"爱是一盏灯，照亮别人的同时，也温暖了自己。"钱海军如是说。钱海军从小在农村长大，村里民风淳朴，谁家碰到造房子、结婚这样的大事，乡亲们都会不计报酬地来帮忙。"我的父亲是一名党员，也是电工，经常免费为左邻右舍修电灯、换保险丝，看得久了，我就觉得这些都是应该做的。"钱海军直言，父亲的言行让他明白，帮助别人，自己也会感到快乐。

1992年，钱海军成为一名电工。彼时，钱海军的父亲对他说："军儿，进了单位一定要虚心向老师傅学习，刻苦钻研技术活，把技术练精，练出一身绝活，好好为老百姓服务，这样才算是一名合格的电工。"父亲的这句话一直鞭策着钱海军，从电厂维修工到电器设备技术员，再到社区经理，他跟着师傅和班长一刻不忘对业务技术的学习，逐渐成长为电力技术人员。

1998年，钱海军从农村搬到了慈溪市区，不时帮街坊邻居义务修电灯、换开关。慢慢地，他发现城市有一些老小区，老房子多，老年人多，很多老人连生活起居都困难，更无法保证用电安全。"第二年，我在社区居委会填了一张义工申请表，想发挥自己的专业技能，免费给社区居民解决用电方面的问题。"钱海军表示，为了帮助更多有需要的老人，他做了500张名片，挨家挨户发到社区老人手中。一传十，十传百，就这样，钱海军为社区居民免费提供用电服务的消息传开了。从那以后，只要老人们有需求，不论刮风下雨，钱海军都会在最短的时间内赶去。23年的时间里，他从来没有间断过。

在钱海军的精神感召下，公司成立了以钱海军为带头人的劳模创新工作室、道德模范工作室、电力驿站，2015年，又注册成立了钱海军志愿服务中心，发起了"千户万灯"等公益项目，获得了广泛的社会关注，从慈

溪推广至宁波大市,后又覆盖浙江省。从 2017 年开始,钱海军团队结合东西部协作、结对帮扶,又把公益项目带到了其他省份,并通过开展乡村电工培训班,授之以渔。在约 7 年的时间里,这支队伍累计行程 20 余万公里,完成改造 6000 多户。

钱海军说:"服务没有海拔,爱心没有距离。作为一名电力战线的共产党员,我应该毫无保留,力所能及地把电和光送到老百姓最需要的地方去。"

(资料来源:《"时代楷模"钱海军:爱是一盏灯 照亮别人温暖自己》,https://www.chinanews.com/sh/2022/05-18/9757883.shtml,访问日期:2024 年 4 月 22 日。)

2.案例指向

本案例指向教材第一章"领悟人生真谛 把握人生方向"第一节"人生观是对人生的总看法"第二目"人生观的主要内容"和第二节"正确的人生观"第三目"人生价值的评价与实现"。

3.案例解析

随着社会的快速发展和竞争压力的加大,现实社会中出现了许多"价值感缺失"现象。大学校园里也一定程度上存在着"空心病"情况。该如何应对价值感缺失问题,避免人生出现偏差,需要重新审视自己的人生观和价值观,调整对人生价值的认知。本案例主要讲述钱海军"为爱点灯"的故事,回应了教材第一章中"人生价值的评价与实现"等知识点,以此解析"怎样的人生才有价值"这一人生问题。

人生价值是人的生命及其实践活动对社会和个人所具有的作用与意义,回答的是"什么样的人生才有价值"这个疑问。人们对于人生诸多问题的认识和思考,都包含着价值判断,离不开对价值问题的思索。一个人树立什么样的价值观,会直接影响他对人生目的、人生意义等问题的思考,左右他的人生道路,影响他的人生态度选择。钱海军之所以选择奉献爱心、义务帮扶,就是因为他以奉献社会和他人为价值标准,他认为这样的人生选择和人生态度是有价值的、有意义的。

人生价值内在地包含了自我价值和社会价值两个方面。其中自我价值是个体的人生活动对自身的生存和发展所具有的价值,主要体现为社会对个人的尊重和满足。社会价值是个体的实践活动对社会、他人所具有的价值,主要体现为个人对社会的责任与贡献。人生的自我价值和社会价值,既相互区别,又相互依存。一方面,自我价值是个体生存和发展的必要条件,它的实现是个体为社会创造更大价值,也就是社会价值得以更大程度实现的前提。另一方面,人生的社会价值是社会存在和发展的重要条件,它的实现是个体自我价值实现的保障。钱海军从事电力工作,努力学习钻研,运用技术帮助别人,为他人、社会作出贡献时,自己也收获了快乐,赢得了尊重。这一过程既是提升自我价值的过程,也是创造社会价值的过程,在创造社会价值的同时,自我价值也获得了更大的实现。

随着社会剧烈变革,当今时代,个人主体意识增强,一些人在价值选择上出现了将个人价值放在首位的情况。虽然在人生价值中,自我价值十分重要,不可或缺,但是过度注重自我价值,也容易导致价值感缺失,甚至无法实现自我价值。习近平同志在浙江省工作时在报告中曾寄语大学生:价值观主要是回答人为什么活着、怎样判断是非、怎样衡量得失的问题,一个人如果不知道为什么活着,不知道信奉什么,不知道用什么来判断是非、衡量得失,就会感到迷茫、空虚、失落,甚至堕落。①

在对人生价值的思考和追求中,我们该如何认识自我价值和社会价值之间的关系,到底应该注重个人价值还是社会价值,这些问题值得深思。由于对自我价值与社会价值的思考角度不同,现实中常常发生冲突。但人的社会性,决定了人无法脱离社会而存在和发展,自我价值的实现必须符合社会利益,必须满足社会发展需求。人的社会性决定了人生的社会价值是人生价值的最基本内容,也就是人生价值首先在于人的社会价值,即个人对社会的责任与贡献。钱海军虽然是普通电工,但他能积极践行人生的社会价值,因此得到了社会的认可和尊重,在爱心奉献中,他获得了精神上的满足,实现了自己的人生价值。因此,在思考人生价值问题时,要特别注意,不仅看到人生的自我价值,而且要看到人生的社会价值,要认识到社会价值是人生价值的最基本内容。只有深刻认识人生的社会意义,才能帮助摆脱人生的虚无感和迷茫。

此外,正确的人生价值评价可以帮助人们找到判别人生是非成败的标准和依据,对于实现人生价值具有重要的指导意义。对人生价值的评价就是人们依据一定的人生价值标准,对他人或自己同社会的行为关系作出有无积极意义或意义大小的判断。现实中,一些人从主观认知和感受出发,喜欢用金钱多少、权力多大、地位多高等标准来衡量人生的价值大小,但客观来讲,人生的价值是植根于现实的社会关系之中的,金钱、权

---

① 《习书记同我们聊"理想·价值·人文精神"——习近平与大学生朋友们(三十五)》,《中国青年报》2022年4月6日第4版。

力、地位只是外加于人的符号标签,属于人占有的东西,人的社会性决定了一个人的人生具有什么样的价值,我们不能因为追求外在的符号标签而忽略了人生价值的社会本质。从整个社会发展而言,人生价值评价的标准主要是看一个人是否用自己的劳动和聪明才智为国家和社会真诚奉献,为人民群众尽心尽力服务。正如爱因斯坦所说,一个人的价值,应该看他贡献什么,而不应该看他取得什么。任何人,只要在自己的岗位上尽职尽责,兢兢业业,能注重自我完善,就应该对其人生价值给予积极肯定的评价。钱海军在工作实践中,为人民尽心尽力服务,为国家和社会真诚奉献,在平凡的岗位上创造出了不平凡,人生价值也得到了社会的肯定评价。总之,一个人只有对人生价值及其评价问题有正确认识,才能自觉朝着选定的目标努力前行,在为社会创造价值的过程中实现人生价值。

(四)黄旭华:终生奉献不言悔

1.案例呈现

有一种选择叫隐姓埋名,三十载春夏秋冬,青丝变白发;有一种誓言叫此生无悔,一生择一事,惊涛骇浪显报国之心;有一种追求叫核潜艇精神,自力更生、艰苦奋斗、大力协同、无私奉献,实现从无到有、从弱到强……黄旭华,"共和国勋章"、国家最高科学技术奖获得者,我国第一代核潜艇总设计师,被誉为"中国核潜艇之父"。他这一生,就像他一辈子的作品——深海中的核潜艇,无声,但有无穷的力量。

赤子之心,殚精竭虑铸重器。新中国成立初期,掌握核垄断地位的超级大国不断施加核威慑。黄旭华怀着一颗赤子之心,坚定着"核潜艇,一万年也要搞出来"的信念,投身其中。面对国内一穷二白、国外严密封锁,黄旭华带领团队白手起家,一路攻克种种技术难关,让茫茫海疆有了中国的"钢铁蛟龙"。为掌握第一手数据,他置个人安危于不顾,亲自随产品深潜到极限。中国核潜艇研制周期之短,为世界核潜艇发展史上所罕见。这和黄旭华的潜心钻研、敬业奉献是分不开的。他用自己的人生经历,完美诠释了核潜艇精神。

舍家报国,隐姓埋名三十年。为国家作出了巨大贡献,却把名利看得淡如水。走上研制核潜艇的道路,黄旭华就已经做好了无法"赢得生前身后名"的准备。为保守国家最高机密,在研制核潜艇的30多年间,黄旭华没有回过一次老家。直到父亲去世,家人也只知道黄旭华在北京工作,有一个邮箱号码。黄旭华的母亲是从一篇关于中国核潜艇的公开报道中,才得知自己的孩子已经成为中国核潜艇的总设计师。隐姓埋名的日子里,面对家人的困惑和不解,黄旭华只能选择避而不谈。自古忠孝难两全,而在黄旭华心里,"对国家的忠,就是对父母最大的孝"。

老骥伏枥,终生奉献不言悔。核潜艇是黄旭华一生的事业。把核潜艇研制工作的接力棒传给第二代科研人员之后,黄旭华仍不顾自己年事已高,继续坚持在工作岗位上,致力于为新一代核潜艇的研制献计献策。"'痴'和'乐'两个字是我一生的写照。痴迷核潜艇,献身核潜艇,无怨无悔;乐观对待一切,在生活与工作极为艰苦的情况下,苦中有乐、苦中求乐、乐在其中。"黄旭华如是说。对于年轻一代的科研设计人员,他谆谆教诲,循循善诱,勉励他们要为事业奉献到底。在他的引领下,中国的核潜艇研制团队呈现出老、中、青的梯队发展。

"誓干惊天动地事,甘做隐姓埋名人。"黄旭华用默默无闻、无怨无悔的毕生奋斗,将爱国之情、报国之志熔铸于强国强军的伟大事业中,树起一座受人敬仰的精神丰碑。

(资料来源:《传承丨终生奉献不言悔》,https://www.ccdi.gov.cn/pln/202304/t20230404_256596.html,访问日期:2024年4月22日。)

2.案例指向

本案例指向教材第一章"领悟人生真谛 把握人生方向"第二节"正确的人生观"第三目"人生价值的评价与实现"和第三节"创造有意义的人生"。

3.案例解析

核潜艇研制对我国来说具有重要战略意义。在一穷二白的年代,中国能用不到10年的时间完成核潜艇的研发和入列,这是许多无私奉献的科学家、海军官兵等共同努力的结果,作为核潜艇总设计师的黄旭华院士功不可没。本案例主要讲述我国核潜艇之父黄旭华为国奉献的故事,回应了教材第一章中"人生价值的实现""反对错误人生观""成就出彩人生"等知识点,以此解析"如何成就出彩人生"这一人生问题。

2013年,习近平总书记在十二届全国人大一次会议闭幕会上阐述中国梦时提出了"人生出彩"这个理念,此后,在不同场合又多次提到。人生出彩实际上是人在实践中充分发挥才智和能力,实现人生价值,为国家和社会作出应有的贡献。黄旭华把自己的一生献给了核潜艇事业,在核潜艇研发上充分发挥了自己的聪明才智,贡献了毕生力量,让我国茫茫海疆有了制敌于千里之外的"钢铁蛟龙",个人的价值得到充分体现,成就也得到国家和社会的认可,他的人生无疑是精彩的。

人的生命是有限的，而生命的价值却是无限的。如何在有限的生命历程中，成就出彩人生，黄旭华院士的故事给了我们很多启示。

首先，成就出彩人生，要树立正确的人生观。人生在世，总要受到一定人生观的指导，树立正确的人生观是成就精彩人生的前提。出身于医生世家的黄旭华，为了提升中国的国防科技水平，毅然放弃最初的行医理想，选择了更为崇高的事业。然而，在核潜艇研发初期，黄旭华团队的技术并不先进，他们经过无数个日夜奋战，从无到有，攻坚克难，为国铸剑，终于成功研发出我国的第一艘核潜艇。面对深潜试验的最大挑战，黄旭华敢于冒险亲自下潜，始终怀揣着"报效国家，死而无憾"的信念。正是这样的人生追求、人生态度和人生价值选择，成就了黄旭华辉煌壮丽的一生。大学时期，是形成人生观的关键时期，面对世界的深刻复杂变化，面对纷繁多样的社会现象，面对各种思潮的相互激荡，面对学业、情感、职业等各种人生考量，该如何选择？怎样才能不虚度时光？怎样才能创造无愧于时代的人生？这些是常常萦绕在大学生心头的青春之问。习近平总书记同青年大学生座谈时指出："要树立正确的世界观、人生观、价值观，掌握了这把总钥匙，再来看看社会万象、人生历程，一切是非、正误、主次，一切真假、善恶、美丑，自然就洞若观火、清澈明了，自然就能作出正确判断、作出正确选择。"[①]正确的人生观能够使人勇于承担社会责任，认清各种错误人生观的实质，抵制各种诱惑，排除各种障碍，勇敢坚强地战胜困难，并不断开拓人生新境界。是非明，方向清，路子正，人生实践才能产生积极正面的价值和意义。

其次，成就出彩人生，要顺应国家和社会的发展需求。人生价值是在社会实践中实现的，人的创造力的形成、发展和发挥都要依赖一定的社会客观条件，因此实现人生价值必须从社会客观条件出发。黄旭华甘愿隐姓埋名，舍小家为大家，义无反顾投身国防科研工作，把自己的一生献给了核潜艇事业，诠释了"想国家之所想，急国家之所急"的报国情怀。正是将人生目标同国家和民族的前途命运紧紧联系在一起，才最大限度地实现了人生价值。如今，中国进入新时代，这是一个呼唤人才、需要实干精神的新时代。我们应该向黄旭华等先进人物学习，正确把握当今中国社会发展实际，将个人的小我融入祖国的大我和人民的大我之中，自觉担负起国家与民族赋予的历史责任和使命，把个体奋斗融入实现中国梦的洪

---

① 《习近平谈治国理政》第1卷，外文出版社2018年版，第173页。

流,勇做与时代同向而行的奋进者、奉献者,在祖国和人民最需要的地方建功立业,谱写无悔无愧的人生华章。

最后,成就出彩人生,要充分发挥个人的主观能动性。马克思在剖析动物与人的生命活动有何区别时曾指出:"动物不把自己同自己的生命活动区别开来。它就是自己的生命活动。人则使自己的生命活动本身变成自己意志的和自己意识的对象。"①人的生活区别于动物本能活动的基本标志是人具有主观能动性,能通过实践把意识转化为现实。人生要出彩,就要充分发挥人的主观能动性,个人的主观努力在相当大的程度上决定着人生价值实现的程度。面对国外的严密封锁,没有参考资料,黄旭华孜孜以求,在极为艰难的情况下,乐观对待一切,苦中作乐,带领团队自力更生、艰苦奋斗、迎难而上,成为核潜艇事业的开拓者,交出了一份让人民满意的时代答卷。人生之所以有价值,就是因为人能够自觉地、有意识地认识和改造客观世界与主观世界,创造物质财富和精神财富。2016年4月26日,习近平总书记在知识分子、劳动模范、青年代表座谈会上的讲话中指出:"三百六十行,行行出状元。任何一名劳动者,无论从事的劳动技术含量如何,只要勤于学习、善于实践,在工作上兢兢业业、精益求精,就一定能够造就闪光的人生。"②我们应该追随功勋足迹,注重学习,积蓄奋发力量,勇于承担责任,躬身实践,加强磨炼,增长本领,不辱时代使命,不负人民期望,投身社会事业,通过服务和奋斗,有所作为,努力给有限的生命赋予更大的意义和价值。

四、延伸阅读

1.马克思:《青年在选择职业时的考虑》,《马克思恩格斯全集》第1卷,人民出版社1995年版。

2.毛泽东:《为人民服务》,《毛泽东选集》第3卷,人民出版社1991年版。

3.中央党校采访实录编辑室:《习近平的七年知青岁月》,中共中央党校出版社2017年版。

---

① 《马克思恩格斯全集》第3卷,人民出版社2002年版,第273页。
② 习近平:《在知识分子、劳动模范、青年代表座谈会上的讲话》,《人民日报》2016年4月30日第2版。

4.中华人民共和国国务院新闻办公室:《新时代的中国青年》,人民出版社 2022 年版。

5.《习近平与大学生朋友们》第 2 卷,中国青年出版社 2024 年版。

五、拓展研学

建议学生结成学习小组,结合以下问题深入学习和研讨,并形成研学成果。

1.如何把握个人在社会中的定位?

组织学生结合本章中关于个人与社会之间关系等理论内容,搜集相关文献资料、案例,进行小组交流研讨,重点思考如何在现实中把握个人在社会中的定位,将交流讨论结果形成小组研学报告。

2.享乐主义的实质和危害?

组织学生结合现实中存在的超前消费等现象,通过深入校园进行问卷调查和访谈等形式,对享乐主义的实质和危害以及对策等问题进行深入研究,形成小组调研报告。

3.当代青年在"内卷"与"躺平"之间该何去何从?

组织学生结合本章中人生态度和人生价值等相关知识点,就"内卷"与"躺平"的关系以及如何选择问题展开辩论,深入探讨,明确当代青年应该持有的人生态度和人生价值选择。并结合自身实际,撰写心得体会。

第二章　追求远大理想，坚定崇高信念

一、教学主要目标

本章主要内容：掌握理想信念的内涵、特点以及对大学生成长的重要作用；确立马克思主义的科学信仰，树立共产主义的远大理想和中国特色社会主义共同理想；把握理想与现实的关系，在实践中化理想为现实。

本章教学目标：(1)知识层面。指导和帮助大学生深入理解理想信念的科学内涵以及对成长成才的重要作用，坚定马克思主义信仰，胸怀共产主义远大理想，树立中国特色社会主义共同理想。(2)能力层面。引导大学生把个人理想与社会理想有机结合起来，在为人民利益的不懈奋斗中书写人生华章。(3)价值层面。理论联系实际，引导青年大学生坚定理想信念，增强对以中国式现代化全面推进中华民族伟大复兴的认识和信心。

二、教学重难点

本章教学重点：其一，什么是理想信念，理想信念对大学生成长成才有什么重要意义。其二，如何理解理想与现实的关系。其三，坚定马克思主义的信仰，增强对中国特色社会主义的信念，增强实现中华民族伟大复兴的信心。

本章教学难点：从个人理想与社会理想辩证关系的角度，阐述新时代大学生为实现中华民族伟大复兴肩负的责任。

三、教学案例

(一)大山的女儿——黄文秀

1.案例呈现

黄文秀(1989—2019),广西壮族自治区百色市委宣传部理论科副科长,派驻乐业县新化镇百坭村第一书记。

1989年,黄文秀出生于百色市田阳县一个农民家庭,由于父母亲身体不好,家境贫寒,在国家助学政策帮助下她才完成了学业。黄文秀的父亲黄忠杰说:"我曾经和她说,没有共产党,我们家不可能脱贫,不可能有今天的生活,一定要入党。"2008年,黄文秀考取山西长治学院,入学军训刚结束,她就积极申请入党,递交入党申请书。"只有把个人的追求融入党的理想之中,理想才会更远大。我迫切要求加入中国共产党。""没有政府的扶贫资助,家里不可能供我来上大学。我选择读思政专业,选择加入党组织,是发自内心的。"她的申请书深情而坚定,虔诚而执着。2011年6月,品学兼优的黄文秀如愿光荣地加入了中国共产党。2016年,从北京师范大学以硕士研究生身份毕业后,黄文秀主动放弃大城市的工作机会,毅然加入广西选调生队伍,回到生她养她的家乡,成为革命老区、民族地区的一名普通干部。有同学问过她,为什么要放弃在大城市工作的机会,偏偏回到贫穷的家乡。她回答:"很多人从农村走出去就不想再回去了,但总是要有人回来的,我就是要回来的人。"百坭村贫困户黄仕京也问过她:"大家都说你是北京毕业的研究生,你为什么到我们这么边远的农村工作?"黄文秀说:"这里是脱贫的主战场,我有什么理由不来呢?共产党是为群众谋幸福的党,我是一名党员,这是我的使命。"

百坭村是一个深度贫困村,石山林立,山路蜿蜒陡峭,基础设施薄弱,全村11个自然屯散落在大山深处,有几个屯离村委10公里以上,最远的达13公里。刚到村里时,有群众认为黄文秀是来"镀金"的,不可能真心扶贫,心里不免对她产生怨气。为了更好打开局面,黄文秀积极向村里的老支书讨教工作诀窍。此后,她到群众家不再拿着本子问东问西,而是脱下外套帮他们扫院子、干农活、种油茶、摘果子,一边干活一边唠家常。她利用休息时间,把贷款买来的私家车当作工作车,花2个月时间遍访全村195户贫困户,绘制百坭村"贫困户分布图",把每一户的住址、家庭情况、致贫原因等,都详细标注出来。村民们渐渐发现,这个新来的年轻的女书记不仅学说当地话,还主动与大家同劳动、聊家常,不带丝毫娇气,于是大家很快就都喜欢上了她,把她当成了自家人。黄文秀用守初心、担使命的实际行动,赢得了百姓信赖,赢得了群众支持。

在黄文秀这位第一书记的带领下,百坭村经过努力,使得贫困发生率从22.88%降至2.71%,88户418人顺利脱贫,村集体经济收入实现增收6.38万元,还获得了2018年度百色市"乡风文明"红旗村荣誉称号。百坭村及村里贫困户取得的点点滴滴进步,都凝聚着她辛勤的汗水,闪耀着她奉献的光芒。

2019年6月16日,黄文秀因惦记百坭村的防汛抗洪工作和群众安危,在看望做完手术不久的父亲后,冒着暴雨连夜开车返回工作岗位,途中遭遇山洪暴发,不幸因公牺牲,年仅30岁。

(资料来源:中共广西壮族自治区委员会:《在脱贫攻坚第一线谱写新时代青春之歌》,《求是》2019年第18期。)

2.案例指向

本案例指向教材第二章"追求远大理想 坚定崇高信念"第一节"理想信念的内涵及重要性"。

3.案例解析

大学生肩负实现中华民族伟大复兴的中国梦的历史任务,只有把实现理想的道路建立在脚踏实地的奋斗上,才能实现人生理想。

黄文秀牺牲后,习近平总书记对她的先进事迹作出重要指示,强调黄文秀同志研究生毕业后,放弃大城市的工作机会,毅然回到家乡,在脱贫攻坚第一线倾情投入、奉献自我,用美好青春诠释了共产党人的初心使命,谱写了新时代的青春之歌。强调广大党员干部和青年同志要以黄文秀同志为榜样,不忘初心、牢记使命,勇于担当、甘于奉献,在新时代的长征路上作出新的更大贡献。2019年7月1日,中共中央宣传部发布黄文秀先进事迹,追授她"时代楷模"称号。

理想信念是精神上的钙。大学生追求远大理想,坚定崇高信念,在为实现中华民族伟大复兴的奋斗过程中实现个人理想,是自身成长成才的现实需要,也是国家和人民的殷切期盼。大学时期确立的理想信念,对今后的人生道路将产生重大影响。一定要扣好第一粒扣子,重视理想信念的选择和确立。大学生树立崇高的理想信念,要以黄文秀为榜样,把个人奋斗和国家民族的前途命运紧密联系,激发为中华民族伟大复兴发奋学习的责任感和使命感。

首先,大学生应当明确理想信念的内涵。理想信念作为一种特殊的人类精神,主宰人的心灵世界,制约人的价值取向和行为选择,它是人们世界观、人生观和价值观的集中体现,对于个人优秀品德的培育,对于国家民族的繁荣富强,具有方向指引和动力支撑的重要作用。理想是人们在实践中形成的、有实现可能性的、对未来社会和自身发展目标的向往和追求,是人们的世界观、人生观和价值观在奋斗目标上的集中体现。信念是人们在一定的认识基础上确立的对某种思想或事物坚信不疑并身体力行的精神状态。信念是认知、情感和意志的有机统一体。信念具有执着性、支撑性和多样性。理想的侧重点在于标志人与奋斗目标之间的关系,主要是指向未来的,为人们的行动指明方向。信念的侧重点在于人对事物、观念的看法和态度,主要是面对现实的,为人们的行动提供精神支持。只有在实践中切实把理想和信念这两个概念的重点内容统一起来,一方面注重理想目标教育,使大学生基于对客观规律的正确认识而向往并追求未来的个人和社会发展的美好图式,另一方面注重信念教育中的情感、意志和行为的培育,使大学生能够以自己在中国特色社会主义建设事业中的实际表现和实际贡献作为衡量有理想的根本标准,才能增强理想信念教育的实效性、影响力和凝聚力。[①]

其次,大学生应当明确理想信念的作用。《说文解字》中说:"志,意也。""志"的本义为内心追求的目标。"心有所忆谓之意,意之所存谓之志",志为"意之所存",是心里始终存有的念想,在任何情况下,这种意念始终不变。可见理想信念的作用是多么强大。清代金缨在《格言联璧》中说:"志之所趋,无远弗届,穷山距海,不能限也。志之所向,无坚不入,锐兵精甲,不能御也。"意思是说,志向所趋,没有不能到达的地方,即使是山海尽头也不能限制;意志所向,没有不能攻破的壁垒,即使是精兵坚甲也不能抵抗。这句话强调了立志的重要性。理想指引方向,信念决定成败。心中有信仰,脚下有力量。理想信念是人生发展的内在动力。大学生不仅要努力学习,增强才干,而且要树立崇高的理想信念。

第一,理想信念昭示奋斗目标。理想信念是人的思想和行为的定向器,一旦确立就可以使人方向明确。人生是一个实践奋斗的过程,只有在科学理想信念的指引下,才能实现人生目标。在风华正茂的年纪,黄文秀

---

① 吴潜涛:《正确理解理想信念的科学含义》,《教学与研究》2011年第4期。

告别繁华,选择泥泞;在青春正盛的岁月,她扎根基层,反哺家乡。初心不灭,青春无悔。心中有信仰,脚下有力量。黄文秀从大山走出又回到大山,以脱贫攻坚作为人生的奋斗目标,把个人价值与党的事业相对接,与祖国和人民的需要相连接,脚踩大地,胸怀祖国,用青春扎根基层,把深情奉献乡土,以行动诠释赤诚,用短暂而精彩的一生作出令人景仰的时代回答。

第二,理想信念催生前进动力。大学时期确立的理想信念,对今后的人生之路将产生重大影响。大学生在大学时期将面临一系列人生课题,如人生目标的确立、生活态度的形成、知识才能的丰富、发展方向的设定、工作岗位的选择以及如何择友、如何面对挫折、如何克服困难等,要解决好这些问题,离不开理想信念的指引和激励。

第三,理想信念提供精神支柱。没有理想信念的支撑,人的精神世界就如同无根之木、无基之塔。在遭遇挫折、经受考验时,理想信念能够提供强大的精神力量。一代人有一代人的长征,一代人有一代人的担当。黄文秀在《扶贫,从"新手"到"熟路"》的文章中写道:"在我驻村满一年的那天,我的汽车仪表盘里程数正好增加了两万五千公里。我简单地发了一个朋友圈:'我心中的长征,驻村一周年愉快。'"黄文秀经常以"长征的战士死都不怕,这点困难怎么能限制我继续前行"来勉励自己、激励队友,不向贫困低头,不向困难屈服,以"不获全胜决不收兵"的坚定决心和顽强毅力,带领群众在脱贫路上攻坚克难。这就是崇高的理想信念带给她的巨大精神力量。大学生要以她为榜样,只有铸牢理想信念之魂,才能经受考验,创造辉煌。

第四,理想信念提高精神境界。理想信念是衡量一个人精神境界高下的重要标尺。人生是物质生活和精神生活相辅相成的统一过程,坚定理想信念能够保持心灵的充实和安宁,避免精神空虚和迷茫。理想信念可以引导人追求更高的人生目标,提升精神境界,塑造高尚人格。黄文秀以短暂而充实的一生,书写了新时代青年的生命意义和共产党人的初心使命,奔跑出最美的英姿。走在新时代的伟大征程上,我们需要千千万万像黄文秀一样的优秀青年,为中国特色社会主义事业注入不竭动力,在脱贫攻坚第一线奋勇拼搏。

奋斗是青春最亮丽的底色,奉献是青春最美丽的姿态。还有什么比奉献青春更慷慨的呢?黄文秀把璀璨的青春献给人民群众,把宝贵的生命献给扶贫事业,用自己的言行给胸怀大爱的青春提供最好的人生注脚。

习近平总书记在纪念五四运动100周年大会上的讲话中指出:"新时代中国青年处在中华民族发展的最好时期,既面临着难得的建功立业的人生际遇,也面临着'天将降大任于斯人'的时代使命。"①他号召广大青年,珍惜这个时代,担负时代使命,在担当中历练,在尽责中成长,让青春在新时代改革开放的广阔天地中绽放,让人生在实现中国梦的奋进追逐中展现出勇敢奔跑的英姿。

新时代大学生只有坚定理想信念,激流勇进,才能最终成就一番事业。黄文秀的经历让我们看到个人理想与社会理想的相互成就,她投身脱贫攻坚第一线,在实现个人价值、个人理想的同时,也为全面脱贫实现小康的社会理想奉献了自我,用美好青春诠释了共产党人的初心使命,谱写了新时代的青春之歌,同时也成就了自己高尚光荣的人生。

(二)理想很丰满,现实很骨感

1.案例呈现

(1)"中国天眼"之父——南仁东

2017年9月15日,因肺癌病情恶化,南仁东在波士顿病逝。就在他去世的前一年,2016年,我国500米口径球面射电望远镜(FAST)工程落成并正式开启运作。南仁东,这位中国的天眼之父,不但见证了国内大型射电望远镜从无到有,也亲身参与和设计,这是一个射电天文学家毕生的追求。为了这个远大而壮丽的梦想,南仁东贡献出了自己的一生。用生命去探寻科技和宇宙,用理想去铸就辉煌,这正是南仁东一生的写照。

南仁东小时候家境很一般,父亲因为工作的缘故长期在野外奔波,所以他和家人就经常寄居在外婆家里。艰苦的环境最能磨炼人的心智,南仁东的学习热情很高,对新事物充满了求知欲。随着年龄的增长,南仁东逐渐对油画产生了兴趣,他的美术功底本身就不错,在他的内心深处,一心想着考上大学之后要读美术专业。18岁那年,南仁东参加了高考,意向是清华大学。放榜后,南仁东的分数比录取线高了50多分,成为当年吉林省的理科状元,如愿以偿考入了清华大学。谁承想进入大学后,他被调剂到了无线电科学系的真空超高频技术专业。南仁东满心不高兴,没有实现美术理想,赌气跑回了吉林老家。到家之后,他就被父亲劈头盖脸地训斥了一通,南仁东只能勉为其难地回到学校。虽然美术梦未竟,但在

---

① 习近平:《在纪念五四运动100周年大会上的讲话》,《人民日报》2019年5月1日第2版。

大学期间，南仁东从来没有放下画笔。他经常参加各种绘画比赛，而且他这个非绘画专业的学生，还获得过绘画比赛大奖。学习好再加上专业和特长都很突出，当年周总理到清华视察的时候，他作为会见的学生代表，还被周总理点名发言。

大学毕业后的南仁东，被分配到了通化市的无线电厂工作。但进入工厂的南仁东，似乎有点"不务正业"，他那一手绘画的本领，倒是让他成为工友皆知的绘画大师。此后厂里要研发便携式的收音机，有绘画功底的南仁东就入选了收音机外观的设计小组。很快，厂里设计生产的"向阳牌"收音机就在全国大卖。

南仁东还是一个无线电专业人才，厂里的 10 千瓦电视发射机是由他牵头研制的。可以说从工作伊始，南仁东就表现出了过人的能力，而且他在工作中讲求实事求是，领导制定的规划不合理，他也敢大胆地指正。

1978 年恢复高考之后，南仁东师从王绶琯攻读硕士研究生，后又顺利读完了博士。之后他到荷兰做了两年的访问学者，1990 年以后，他又在日本国立天文台担任客座教授。也正是在外国求学和教学期间，南仁东萌生了回国内建造射电望远镜的想法。那时候，中国在这一学科领域是没有任何发言权的，国内的射电望远镜的口径只有 25 米。南仁东深切地感受到了我国在射电望远镜科学技术方面的落后。为此，他心中萌发了建造属于我国的大口径射电望远镜的想法，让我国也能拥有话语权。为此，南仁东放弃了国外的高薪和优越的环境，决心回国。

万事开头难，南仁东承担了这项重大的科研项目之后，首先要解决的就是选址问题。他把目光瞄向了西南地区，因为那里的喀斯特地貌地表特征符合大口径射电望远镜的安放条件。从 1994 年到 2006 年，南仁东和他的团队，先后在贵州的山里筛选出了 391 个比较合适的洼地。此后又经过一个个的剔除，最终确立了平塘县克度镇的大窝凼洼地最适合建造。

在外界看来，这就是在一个巨大的洼地里建造一个大锅就行，可事实上，背后是多个学科的牵扯，在建造的过程中，要涉及天文学、力学、工程学等几乎每个理工学科领域。再加上口径巨大，全世界都没有可供参考和借鉴的经验。这一切对南仁东来说都是巨大的挑战。术业有专攻，南仁东的专业虽是无线电方面，可是为了"天眼"的建造，在这前后 22 年的时间里，他又学习了地质、水文、力学、测控等多个专业领域的知识。甚至在开始施工的时候，对于工程队的设计图纸，南仁东能够准确地发现其中一些细节错误。在工地上,很多人都记得南仁东说过的一句话:"你以为我是天生什么都懂吗?其实我每天都在学。"凭借着这股精神和毅力,在南仁东的主持和带领下,"中国天眼"的建造才能克服一道又一道难关。

2016年9月15日,我国的500米口径球面射电望远镜终于建成。为了表彰南仁东的突出贡献,2018年,天空中多了一颗"南仁东星",这是国家天文台命名的一颗国际永久编号的小行星。夜幕中的那颗星,将一直守护着南仁东的赤子之心。南仁东虽然走了,但是天眼已经睁开,它将成为南仁东新的眼睛,代替他仰望星空。

(资料来源:《人民科学家 南仁东》,https://tv.cctv.cn/2020/04/09/VIDEi4DokRtmTFoPTCYSdWOi200409.shtml,访问日期:2024年4月22日。)

(2)重启人生的眼科医生——陶勇

2020年1月20日,北京朝阳医院眼科医生陶勇在诊疗室里,正面对着从全国各地专门赶来看病的病人。突然一个男人闯了进来,对着陶勇连砍数刀,他的头部中了三刀,颈部中了一刀,差几毫米就会让他高位截瘫。但更严重的是手臂,神经、肌肉、血管都被砍断。经过7个小时的抢救,陶勇才脱离生命危险。但是,对于一位医生尤其是一位做眼部精细手术的眼科医生来说,凶手的刀,可谓是摧毁了他的职业生涯。陶勇的左手落下了永远的残疾。被毁掉的手,被改变的人生,有多少人能真正释怀?他比任何人都有理由去抱怨,去愤怒,去自暴自弃。可是他却凭借强大的毅力,选择重启人生。

既然无法再像以前一样站在手术台上,那就寻找另一种方式,继续救死扶伤、治病救人。三年后,他重新拿起了手术刀。但是,此"刀"非彼"刀"。这三年,他潜心研究AI辅助和精准治疗技术。如今,他研究了十年的"眼内液精准检测技术"有了飞速的发展。借助这项技术,只要抽取患者眼睛里的一滴液体,就能快速测出造成眼内炎症的元凶。这些年,这项技术已经在全国700多家眼科医院落地,帮助8万多名病患找到了病因。在陶勇的推进下,这项检测即将走向"产品化"。未来,要做一些常见的眼部疾病检测,患者不需要去医院排队,只要在网上购买检测试剂盒,在家中就能快速确诊。这真是一个所有人看了都会为之振奋的消息。而配上陶勇这个名字,更让人唏嘘。

回到十年前,他的梦想,或许是用一把手术刀给更多的人带来光明。而如今,他只想多创造几把"手术刀"。当生活被砍了一刀,他并没有投降。无论是用真正的手术刀还是用科技与知识,他都没停止对医学的探索,没停止对患者的关爱。因为他始终不忘初心。他的理想,永远是"天下无盲"。历经苦难,陶勇说了这样一句话:"现实不像我们想象的那么理想,但也不像我们想象的那么低劣。现实就是现实。"

(资料来源:《我真没想到陶勇还是拿起了刀!》,https://baijiahao.baidu.com/s?id=1766106474370239378&wfr=spider&for=pc,访问日期:2024年4月22日。)

2.案例指向

本案例指向教材第二章"追求远大理想 坚定崇高信念"第三节"在实现中国梦的实践中放飞青春梦想"。

3.案例解析

大学生在追求理想的过程中,经常会遭遇理想与现实之间的矛盾。结合这两个案例,大学生可以辩证地思考理想与现实的关系。理想与现实是对立统一的,对立的一面是"应然"与"实然"的矛盾。一方面,现实中包含着理想的因素,孕育着理想的发展;另一方面,理想中也包含着现实,在一定的条件下,理想可以转化为现实。

人们在处理理想与现实的关系时,经常会出现两种倾向。一种倾向是以理想来否定现实,当发现现实不符合理想预期的时候,对现实大失所望,甚至采取全盘否定的态度,看不到未来的希望。南仁东在青年时代遭遇了理想与现实的考验,从报考美术专业到被调剂去学无线电,他也从最初的赌气不理解到最后的面对现实。他一方面努力学习专业知识,另一方面也没有放弃自己的绘画兴趣,最终取得了双赢。这种对待理想与现实的积极人生态度,在他主持建设我国最大的射电望远镜时更是体现得淋漓尽致。这个项目涉猎的专业广,交叉知识繁杂,南仁东还是积极面对现实中的困难,没有放弃自己的理想,并最终实现了它。

另一种倾向是以现实来否定理想,在追求理想的过程中遇到困难,就产生畏难情绪,觉得理想是遥不可及的,最终放弃理想。陶勇医生在经历了患者对自己的严重伤害之后,勇敢面对现实,不忘初心,重新站在了手术台上,回到工作岗位,用自身的经历深刻诠释了理想与现实的辩证关系,给大学生提供了一个生动的人生示例。

理想并非现实,现实中的困难是必然存在的,要实现理想,把理想转化为现实,必须勇敢克服困难,认清实现理想的长期性、艰巨性和曲折性。南仁东和陶勇的人生经历都证明理想的实现是长期的过程,会遇到各种艰难险阻。要实现理想,必须有坚定不移的信心和坚忍不拔的毅力,艰苦奋斗是实现理想的重要条件。艰苦奋斗的精神没有过时,保持艰苦奋斗,不仅意味着在物质层面坚持艰苦朴素、勤俭节约的生活作风,比如南仁东数十年如一日吃住在潮湿的工地,与建设射电望远镜的施工队同甘共苦,而且意味着在精神层面保持战胜一切艰难险阻、一往无前的精神态度,例如在天眼工程接近收尾的时刻,南仁东查出了晚期肺癌,他向家人、朋友和同事们隐瞒了病情,坚持工作到了射电望远镜建成。再如陶勇虽然遭遇了人生的意外和打击,但他不抱怨、不愤怒、不放弃,正如他所说,"当你坚定走在通往自己长远目标的路上,哪怕短时间内外界环境有突发事件,有变化,但你的内心是坚定的,你就会认为你做的事情是值得的"。坚持理想,笑对人生。

当代青年仍然要坚持艰苦奋斗。一方面,物质生活条件的改善,社会观念的变化,只是赋予艰苦奋斗以新的时代内涵和实践要求,但艰苦奋斗的精神永不过时;另一方面,艰苦奋斗不是不讲物质条件,而是为了实现理想,吃苦耐劳,迎难而上,不惜奉献自己的一切。

习近平总书记说:"广大青年一定要矢志艰苦奋斗。'宝剑锋从磨砺出,梅花香自苦寒来。'人类的美好理想,都不可能唾手可得,都离不开筚路蓝缕、手胼足胝的艰苦奋斗。我们的国家,我们的民族,从积贫积弱一步一步走到今天的发展繁荣,靠的就是一代又一代人的顽强拼搏,靠的就是中华民族自强不息的奋斗精神。"[①]新时代大学生要发扬艰苦奋斗的精神,书写为国奉献青春的时代篇章。

(三)个人理想、社会理想,哪个为先

1.案例呈现

(1)敦煌的女儿——樊锦诗

1962年,在北大学习考古专业的樊锦诗,在即将毕业时,来到敦煌莫高窟实习,那是她第一次接触莫高窟。樊锦诗说:"既是一种喜好,也是好奇,想来看看。作为一个年轻人来说,看到以后就是很震撼。"然而,和震撼的艺术形成鲜明对比的是恶劣的生活环境。莫高窟位于甘肃省最西端,气候干燥,黄沙漫天,冬冷夏热。在这样的环境下,樊锦诗没待到3个月就病倒了。

毕业分配时,敦煌文物研究所的人来北大,指名要之前的那几名实习生。樊锦诗的父亲得知后,给校领导写了一封信,希望学校重新分配,然

---

① 习近平:《习近平谈治国理政》第1卷,外文出版社2018年版,第52页。

而,樊锦诗并没有把这封信传递出去。樊锦诗说:"我一看这封信我就没转,倒不是说我有多那个,我一想,那我不是表态,愿意服从分配嘛,我怎么又把家长搬出来,给我来说情呢。"1963年9月,樊锦诗再次来到敦煌,这一待便再也没有离开过。

来到敦煌,也意味着樊锦诗与大学时的恋人彭金章从此分隔两地,她说她不是没有想过离开,起初那几年,还一直在寻求调到彭金章所在的单位武汉大学的机会。等到1986年,领导终于同意她的选择后,樊锦诗却犹豫了。樊锦诗说:"我呢,也慢慢觉得我不能就这么走了,这个石窟,好像我还应该给它做点什么。"1986年,彭金章来到樊锦诗身边,从此结束了他们长达19年的分居生活。没有了后顾之忧的樊锦诗,更加专心地投入对莫高窟的保护当中。

2003年,樊锦诗联名其他全国政协委员提交了《关于建设敦煌莫高窟游客服务中心的建议》的提案,开始启动每日游客最大承载量的实际研究,并于2005年首创了"旅游预约制",每天游客不能超过3000人。2008年,经过5年的论证,樊锦诗提出的建立敦煌数字中心的建议终于通过审核。当时已是年过半百的她,带领敦煌研究院的成员们为每个洞窟、每幅壁画和每尊塑像建立数字档案。2014年,"敦煌莫高窟数字展示中心"成立,实现了"总量控制、网络预约、数字展示、实地看窟"的开放管理新模式。2016年5月1日,"数字敦煌"资源库正式上线。自此,全世界的人都可以通过网络,免费欣赏30个洞窟、10个朝代的高清图像,实现全景漫游,让每个人都可以离敦煌近一点,更近一点。

樊锦诗总说,一代人有一代人的使命,她几乎天天围着敦煌石窟转,不觉得寂寞,不觉得遗憾,因为值得。一辈子只做一件事,她无怨无悔。

(资料来源:《榜样:樊锦诗》,https://tv.cctv.com/2017/03/03/VIDE7bv3TcvvykUwTCfXePfh170303.shtml,访问日期:2024年4月22日。)

(2)袁隆平——禾下乘凉梦

袁隆平(1930—2021),中国工程院院士,国家杂交水稻工程技术研究中心主任,是享誉全球的"杂交水稻之父"、"共和国勋章"获得者,为我国粮食生产和农业科学的发展作出了杰出贡献。

三年经济困难时期,身在湖南安江农校的袁隆平目睹了大饥荒的惨状,发誓要解决饥饿问题。70年代初,袁隆平利用助手发现的天然雄性不育的"野稗"作为杂交水稻的不育材料并发表了水稻杂种优势利用的观点,打破了世界性的自花授粉作物育种的禁区。在全国农业科技工作者的共同努力下,1976年至1999年累计推广种植杂交水稻35亿多亩,增产稻谷3500亿公斤。如今,杂交水稻已经推广到全世界20多个国家和地区,不仅为解决中国人的温饱问题和保障国家粮食安全作出了杰出贡献,更为世界和平和社会进步树立了丰碑。

这位自称"90后"的中国工程院院士,一生都在追求两个梦想——"杂交水稻覆盖全球梦"和"禾下乘凉梦"。"杂交水稻覆盖全球梦",是袁隆平希望杂交水稻走出国门。全世界有22亿亩水稻,如果世界上有一半的稻田都种上了杂交稻,所增产的粮食,按平均每公顷增产两吨计算,可以多养活四五亿人口。"禾下乘凉梦"是袁隆平对杂交水稻高产的一个理想追求。"禾下乘凉梦"是袁隆平的中国梦,他梦想到禾下乘凉,梦里水稻长得有高粱那么高,籽粒有花生米那么大。"我一直有一个禾下乘凉梦,可这个梦实现起来不容易啊。"望着远处的稻田,袁隆平若有所思,"要让人能乘凉,稻子就必须长到比人还高。如果按照亩产来说,至少需要达到1500公斤……以后主要还是靠年轻人来搞,禾下乘凉梦会由他们继续。"为了圆自己的杂交水稻梦,他几十年如一日,废寝忘食,殚精竭虑,苦心孤诣,攻关不止。为争取更多的研究时间,他像候鸟一样每年冬天从寒冷的长沙转移到温暖的海南岛,他一年中超过三分之一的时间都在农田里劳作、观察和研究。从播种到收获,袁隆平每天至少下田两次,晒得又黑又瘦,像一个地地道道的农民。他懂得,一个科学家,要想好梦成真,光是苦干还不行,还得有实事求是的科学态度,要充分发挥聪明才智,大胆创新,才能成功。2021年8月,15亩株高达常规稻高度两倍的"巨型稻"在重庆试种成功,袁老的梦想正在一步步走向现实。

2021年5月22日,"杂交水稻之父"袁隆平在长沙逝世,享年91岁。袁隆平热爱祖国,一心为民,造福人类,他毕生的梦想就是让所有人远离饥饿。他崇高的品德永远值得我们学习。

(资料来源:《"共和国勋章"获得者·袁隆平》,https://tv.cctv.cn/2021/06/01/VIDEs6wPRmQdBfX8fZPL35Ut210601.shtml,访问日期:2024年4月22日。)

2.案例指向

本案例指向教材第二章"追求远大理想 坚定崇高信念"第三节"在实现中国梦的实践中放飞青春梦想"。

3.案例解析

坚持个人奋斗目标与国家、民族奋斗目标相统一,把个人理想融入社会理想之中,在为实现社会理想而奋斗的过程中实现个人理想,是新时代大学生成长成才的必由之路。

个人理想是指处于一定历史条件和社会关系中的个体对于自己未来的物质生活、精神生活所产生的向往和追求。社会理想是指社会集体乃至社会全体成员的共同理想，是在全社会占主导地位的共同奋斗目标。案例中樊锦诗大学毕业时的个人理想并非去遥远的敦煌，但她还是选择服从国家的分配安排，工作后只能与丈夫两地分居。她最初既想在实践中发挥所学专长，也想早日与家人团圆，离开敦煌。可随着在敦煌工作的深入，她越来越舍不得离开敦煌了。保护敦煌、为子孙后代留下宝贵的文化财富这一社会理想逐渐修正了她的个人理想。她说："敦煌叫人着迷，我的心一直在敦煌。""这个石窟，好像我还应该给它做点什么。"社会理想和个人理想相互联系、相互影响，又相互区别、相互制约。樊锦诗个人的理想随着对敦煌保护工作的投入逐步进行调整，并最终得到了丈夫的理解和支持。社会理想是个人理想的汇聚和升华，社会理想体现在实现个人理想的具体实践之中。樊锦诗说她一生只做了一件事，就是守护敦煌，在这个过程中，她的个人理想和社会理想都得到了实现，她为世界文化遗产敦煌莫高窟永久保存与永续利用作出了重大贡献，被誉为"敦煌的女儿"。

袁隆平在青年时代目睹了饥荒的惨状，发誓要解决饥饿问题，从一开始他便把个人理想和社会理想紧密联系在一起。袁隆平的一生都在追求两个梦想——"禾下乘凉梦"和"杂交水稻覆盖全球梦"，从解决中国人民的吃饱问题到解决全世界人民的吃饱问题，他的个人理想一直都与社会稳定发展、造福人类的社会理想相互成就。袁老的人生经历深刻阐述了个人理想与社会理想两者相互促进的关系。

在理想体系中，社会理想是最根本的，个人理想从属于社会理想，并以社会理想为指引。个人理想只有同国家的前途、民族的命运相结合，同社会的需要和人民的利益相一致，才能变为现实。樊锦诗与袁隆平在追求个人利益、实现个人理想的过程中，始终以社会利益、国家民族利益为指引，将个人奋斗目标与国家、民族的奋斗目标相统一，把个人理想融入社会理想之中，在实现社会理想的过程中实现个人理想。此外，社会理想同时也是个人理想的汇聚和升华。社会理想的实现需要全体社会成员的共同努力，体现在每个人实现个人理想的具体实践中。不过，当个人理想与社会理想发生矛盾时，心怀家国的人，如樊锦诗，为实现国家繁荣富强、民族复兴、人民幸福，可以自我牺牲，服从于社会理想。

总之,个人理想与社会理想的关系实质上是个人与社会的关系在理想层面上的反映。个人与社会的关系,最根本的是个人利益与社会利益的关系。社会主义社会中,个人利益与社会利益在根本上是一致的。社会利益是个人利益得以实现的前提和基础,同时它也保障个人利益的实现。个人与社会是相互联系、相互影响、相互制约的。

今天,新时代大学生肩负实现中华民族伟大复兴中国梦的历史使命,面临难得的建功立业的人生际遇。修身齐家治国平天下是绵延至今的"家国天下"情怀,折射了传统文化中个人理想与社会理想的统一。大学生应当以樊锦诗和袁隆平二人为榜样,在社会理想的指引下,奋发有为,砥砺前行,把个人理想融入国家和民族的事业中,在实现社会理想的过程中勇于追求个人理想,以青春之我,强我中华。

(四)长征是一次理想信念的伟大远征——长征零公里

1.案例呈现

(1)在这里红军开始长征

"从福建的最远的地方开始,一直到遥远的陕西西北部道路的尽头为止。"

——埃德加·斯诺《西行漫记》

斯诺文中所提到的"福建的最远的地方",便是龙岩市长汀县南山镇中复村,这里曾是闽粤赣苏区的东大门,也是当时苏区首都瑞金的东部屏障。长汀县中复村有块"零公里处"石碑,它告诉后人,这里是二万五千里长征路的起点。

当年红一、红九军前线总指挥部,就设在钟屋村的观寿公祠,也是在这里,朱德、林彪、聂荣臻等合力打赢了苏区最后一次大胜仗——温坊大捷。温坊大捷成功地阻止了反动派的前进,为后来工农红军的战略大转移提供了有力的支持,也沉重打击了蒋介石的嚣张气焰。1934年秋,红军长征前的最后一战——松毛岭保卫战在这里打响。红军和地方红色武装坚守阵地7天7夜,牺牲近万人,抵抗国民党正规军的进攻,为中央主力红军战略大转移赢得宝贵时间。"松毛岭上红旗飘,红军战士逞英豪。岭下人民齐支援,军民合作阵地牢。"

红军桥,这是当年红军在中复村的征兵处。廊桥柱上的一道线映入眼帘,这条线是当年红军刻下的征兵线,高1.5米,意味着身高过线的年轻人才能扛枪参军。当年中复村就有近600人参军。这600名红军战士几乎无人生还。如今的中复村，保留着一个和松毛岭保卫战有关的习俗，那便是提前一天过中秋节。当地老百姓说，当年大家预计到，国民党可能会利用八月十五这天攻打松毛岭，所以大家提前过节，做好保卫松毛岭的准备。提前一天过中秋节的习俗也一直延续到现在，已经80多个年头了。

1934年9月30日上午，中复村观寿公祠前，红军召开群众大会，动员全村群众疏散。战士们踏上二万五千里长征路。"我们走后，敌人会跟踪而来，乡亲们要做好坚壁清野！"时任红九军的参谋长郭天民，在动员大会上说道。"乡亲们不要担心，红军还要打回来的！"郭天民饱含深情，对前途充满希望。长征就这样开始了，这一场中国历史上举足轻重的革命史诗。

1936年，辗转14个省，最长行程二万五千里，其间翻越高山，徒步草地，披荆斩棘，工农红军主力部队经过两年的奋战，终于在甘肃会宁，成功会师。

（资料来源：《在这里红军开始长征》，http://fjly.wenming.cn/zt/zfc/zzlkscz/201610/t20161011_2871071.html，访问日期：2024年4月22日。）

（2）松毛岭战斗烈士纪念碑碑文

松毛岭战斗烈士纪念碑始建于1953年。1989年，福建省长汀县委县政府重新修建松毛岭战斗烈士纪念碑，并由开国上将杨成武题写碑名。纪念碑呈方形，由碑座、碑身和碑顶组成，碑身高约8米，纪念碑建筑面积约260平方米。2015年，长汀县委县政府再次对纪念碑进行修缮，重新刻了碑文，全文如下：

一九三三年十月，国民党对中央苏区发动第五次"围剿"。一九三四年九月初，红九军团、红二十四师及福建苏区地方武装奉命在中央苏区核心区域长汀以东的松毛岭一线构筑工事，设置三道防线，抗击国民党东路军从连城向长汀、瑞金的推进。长汀苏区军民踊跃投入保卫松毛岭的战斗。九月二十三日，国民党军以三个师的兵力向松毛岭红军阵地发动猛攻，以飞机和大炮向红军阵地狂轰滥炸，数小时内发射炮弹几千发。红军一万多人和地方武装坚守阵地，与国民党军展开殊死搏斗，双方争夺异常激烈。红军将士浴血奋战七昼夜，击退国民党军一次又一次的进攻。最终红军以伤亡近半的代价，拖延了国民党军的进攻步伐，为中央红军主力长征赢得了宝贵的时间。长汀苏区军民为此作出了重大牺牲。九月二十九日傍晚,红九军团奉命撤出战斗。三十日,红九军团在长汀钟屋村(中复村)观寿公祠前召开誓师大会,告别苏区父老乡亲,出发长征。

青山埋忠骨,绿水颂英雄。为褒扬红军将士和长汀人民在松毛岭战斗中惊天地、泣鬼神的英雄事迹,慰藉先烈英灵,激励后人,特立此碑,以志纪念。

松毛岭战斗牺牲的烈士永垂不朽!

中共长汀县委员会 长汀县人民政府 敬立
二〇一五年三月十八日

(资料来源:《中央红军长征前的最后一战——福建长汀松毛岭战斗烈士纪念碑碑文敬读》,https://baijiahao.baidu.com/s?id=1756104322776270 3358&wfr=spider&for=pc,访问日期:2024年4月22日。)

2.案例指向

本案例指向教材第二章"追求远大理想 坚定崇高信念"第二节"坚定信仰信念信心"第一目"增强对马克思主义、共产主义的信仰"、第二目"增强对中国特色社会主义的信念"、第三目"增强对实现中华民族伟大复兴的信心"。

3.案例解析

长征是一次理想信念的伟大远征。多年来,世界范围内关于红军长征的报道和研究层出不穷,慕名前来寻访长征路的人络绎不绝。国际社会上越来越多的人认为,红军长征是20世纪最能影响世界前途的重要事件之一,是充满理想和献身精神、用意志和勇气谱写的人类史诗。

在充满荆棘的长征之路中,红军战士勇往直前的动力就是崇高的理想信念。二万五千里的漫漫长征路,无数红军战士在这条斗争路上勇于奉献自己的生命。信仰、信念、信心,是战胜强大敌人、克服艰难险阻、争取伟大胜利的强大精神力量之源。理想是新的社会制度诞生的信念之基,长征路上充满了鲜血、汗水和荆棘,建立社会主义新中国的理想充分激发了红军战士对新社会的向往与热情,让他们内心坚定了社会使命感。[①]

这场伟大的远征始于福建龙岩长汀中复村,这里是长征出发的起点之一。据统计,福建有10多万人参加红军和游击队,其中近3万人踏上长征之路,约占参加长征中央红军主力部队总人数的1/3。

---

① 罗斯·特里尔:《毛泽东传》,胡为雄、郑玉臣译,中国人民大学出版社2009年版,第163页。

1989年12月,参加过松毛岭保卫战的涂通今,和杨成武结伴回长汀。路过松毛岭的时候,涂通今将军看到55年前的故地,忍不住涌起悲伤之情,他向杨成武上将讲起了松毛岭保卫战的场面——尸横遍野、血流成河。《长汀县志》这样记载松毛岭战役:"是役双方死伤惨重,尸遍山野,战事之剧,空前未有。"据统计,大战给红军造成近万人的伤亡。中华人民共和国成立后,在松毛岭多次发现红军烈士尸骨遗骸,见证了这场战役的惨烈。松毛岭保卫战为中央红军开始长征赢得了宝贵的时间。

参加长征的每一位红军战士用坚定的革命理想信念克服了常人无法忍受的艰难险阻,战胜了饥寒与伤病,最终胜利到达陕北。长征的胜利依靠的是理想信念强大的精神力量。

习近平总书记在纪念红军长征胜利80周年大会上的讲话中指出:"长征的胜利,是中国共产党人理想的胜利,是中国共产党人信念的胜利。'风雨浸衣骨更硬,野菜充饥志越坚;官兵一致同甘苦,革命理想高于天。'在风雨如磐的长征路上,崇高的理想,坚定的信念,激励和指引着红军一路向前。在红一方面军二万五千里的征途上,平均每300米就有一名红军牺牲。长征这条红飘带,是无数红军的鲜血染成的。艰难可以摧残人的肉体,死亡可以夺走人的生命,但没有任何力量能够动摇中国共产党人的理想信念。"①

红军战士坚定的理想信念,建立在对马克思主义的坚定信仰上。

信仰是最高层次的信念,具有最大的统摄力。马克思主义是科学的、人民的、实践的、不断发展的、开放的理论。马克思主义共产主义信仰是战胜一切强敌、克服一切困难、夺取一切胜利的强大精神力量。历史是不断向前的,新时代党和国家的中心任务是以中国式现代化全面推进强国建设、民族复兴伟业,这是新时代的长征路。要达到理想的彼岸,就要沿着我们确定的道路不断前进。每一代人有每一代人的长征路,每一代人都要走好自己的长征路。

新时代大学生生逢其时,肩负重任,结合本案例,回顾红军长征的历史,树立崇高的理想信念,增强对马克思主义、共产主义的信仰,在错综复杂的社会现象中看清本质、明确方向,学史增信,增强信仰、信念、信心,不断增强中国特色社会主义道路自信、理论自信、制度自信、文化自信。心

---

① 习近平:《在纪念红军长征胜利80周年大会上的讲话》,《人民日报》2016年10月22日第2版。

中有信仰,脚下有力量。信念、信仰、信心,是指引和支撑中国人民实现中华民族伟大复兴的精神力量。大学生要以红军为榜样,以长征精神为指引,自觉做共产主义远大理想和中国特色社会主义共同理想的坚定信仰者、忠实实践者,为实现崇高理想而艰苦奋斗。

四、延伸阅读

1.习近平:《在纪念马克思诞辰200周年大会上的讲话》,人民出版社2018年版。

2.习近平:《在庆祝中国共产主义青年团成立100周年大会上的讲话》,人民出版社2022年版。

3.李大钊:《青春》,北京联合出版公司2021年版。

4.内蒙轩:《马克思靠谱》,东方出版社2016年版。

5.杨沫:《青春之歌》,人民文学出版社2009年版。

五、拓展研学

1.考察闽西长征零公里处并撰写研学报告。

2.参观考察陈嘉庚纪念馆并撰写研学报告。

3.拍摄微视频短剧《长征零公里》。

4.结合自身成长经历,论述理想和信念对大学生成长成才的重要意义,分组进行班级课堂讨论。

5.从理想与现实的辩证关系出发,开展课堂辩论:新时代大学生是否需要艰苦奋斗?

第三章　继承优良传统，弘扬中国精神

一、教学主要目标

本章对应教材第三章"继承优良传统，弘扬中国精神"。本章主要介绍中国精神的内涵、中国共产党与中国精神之间的关系，并就如何做新时代的忠诚爱国者、如何弘扬改革创新精神进行了具体阐述。目的是使学生认识到弘扬中国精神的意义，在担当民族复兴这一时代使命过程中，做忠诚的爱国者和时代的奋进者。

本章教学目标：（1）知识层面。引导学生了解中国精神的内涵，领会中国共产党如何继承弘扬中国精神，理解爱国主义的内涵、为什么要爱国、在当代如何爱国，以及为什么要弘扬改革创新的时代精神等。（2）能力层面。引导学生思考各种消解爱国主义的现象，以提高学生的认识能力、分辨能力，同时鼓励学生增强创新能力，投入改革创新的实践中。（3）价值层面。引导学生厚植爱国主义情怀，坚定爱国主义立场，做具有改革创新精神的时代奋进者。

二、教学重难点

本章教学重点：引导学生理解中国共产党是中国精神的继承者和坚定弘扬者，理解爱国主义的内涵、为什么要爱国、如何爱国以及在当代如何弘扬改革创新精神等。

本章教学难点：引导学生理解个人与国家之间的关系、爱国爱党爱社会主义的一致性，体认爱国不仅是一种政治原则、道德要求，而且是法律规范的内容。在此基础上，引导学生真正认同爱国主义，坚定爱国主义情怀，投入爱国的实践中。

三、教学案例

(一)陈延年:光明磊落、视死如归

1.案例呈现

上海龙华烈士陵园,一群青年来到陈延年烈士墓碑前,献上鲜花,静静伫立。烈士的精神穿越时间,仍激励着现在的年轻人。

陈延年,安徽怀宁人,生于1898年,陈独秀长子。1915年,为了寻求救国救民的真理,他同弟弟陈乔年一起来到上海读书。1919年12月,陈延年与陈乔年一起赴法国勤工俭学。

在法国期间,陈延年逐渐转变为共产主义者。1922年6月,陈延年与赵世炎、周恩来等一起创建旅欧共产主义组织——中国少年共产党,并担任宣传部长。1923年春,陈延年受党派遣,进入莫斯科东方劳动者共产主义大学学习。

1924年夏,党中央决定抽调旅俄旅法的同志回国工作。同年10月,陈延年回国后被党中央派赴广州。不久,陈延年被任命为中共广东区委书记。在广东区委领导下,在不到两年的时间里,广东地区的党员从几百人猛增到5000多人,占当时全国党员总数的1/3左右。

1925年6月,由中共广东区委陈延年等领导的省港大罢工开始了。省港大罢工共坚持了16个月,于1926年10月胜利结束。

1927年4月,陈延年赴武汉参加党的五大时,中央任命他接任中共江浙区委书记,他当即转赴上海,途中上海发生"四一二"反革命政变。陈延年虽未能出席党的五大,仍被大会选为中央委员和政治局候补委员。

1927年6月,党中央决定任命陈延年为中共江苏省委书记,在极为严重的白色恐怖笼罩下的上海,陈延年和赵世炎等不顾危险,坚持斗争。6月26日,陈延年遭国民党军警逮捕。敌人用尽酷刑,将他折磨得体无完肤,妄图逼迫他供出上海的党的组织。但陈延年始终保持钢铁般的意志,宁死不屈。

1927年7月4日,敌人将陈延年秘密押赴刑场。刽子手们喝令陈延年跪下,他却高声回应:"革命者光明磊落、视死如归,只有站着死,决不跪下!"最后,他竟被刽子手们按在地上以乱刀残忍地杀害。

陈延年牺牲时,年仅29岁。他的一生虽短暂,却极其壮丽。他的名

字,永远铭刻在中国人民心中。

(资料来源:曹玲娟:《陈延年:光明磊落 视死如归》,《人民日报》2021年5月8日第4版。)

2.案例指向

本案例指向教材第三章第一节第三目"中国共产党是中国精神的忠实继承者和坚定弘扬者"。本案例旨在说明,中国共产党人不怕牺牲的精神,是中国精神的具体展现,也是对中国精神内涵的深化与拓展。

3.案例解析

中国精神的内涵非常丰富,包括伟大创造精神、伟大奋斗精神、伟大团结精神、伟大梦想精神。这些精神是中华民族的文化基因,一代一代的仁人志士正是在这些精神的指引下奋斗不止,中华民族因此生生不息,绵延至今。

中国共产党人在革命、建设、改革的不同阶段,都是中国精神的坚定弘扬者和实践者。他们坚守理想,追求真理,舍生忘死,勇于奉献,积极担当。陈延年是其间涌现出的代表。

陈延年为了寻求救国救民的真理,在法国留学期间,由无政府主义者转变为坚定的马克思主义者。他与赵世炎、周恩来等一起创建旅欧共产主义组织——中国少年共产党,并担任宣传部长,自此为实现共产主义而矢志不渝。

1924年,回国后的陈延年依然过着朴素的生活。一陋室、一床板、一竹席、一皮包、一毛毯、一被子,破旧的皮包充当枕头,几件简单的物品构成了陈延年的卧室。陈延年认为清简的生活习惯可以使他有更多的精力投入工作中,甚至还为自己制定"六不原则":"不闲游、不看戏、不照相、不下馆子、不讲衣着、不作私交。"为了更好地推动革命工作,陈延年曾深入工人群体,虚心地向黄包车车夫请教问题,与他们一起工作,体验工人生活,向工人讲解阶级压迫的危害。为了革命,陈延年全心投入,奋斗不息,表现出共产党人的高尚追求。

1927年6月,陈延年遭国民党军警逮捕。敌人用尽酷刑,将他折磨得体无完肤。但陈延年宁死不屈,以钢铁般的意志面对敌人的折磨摧残,最终被敌人残忍杀害,牺牲时年仅29岁。

在民族危亡的艰难时代,陈延年勇担救国救民的使命,历经艰难困苦,最后慷慨就义。他身上集中体现了共产党人坚持真理、追求理想、不怕牺牲的精神。正是共产党人秉承、践行这些精神,才有中国革命的成功。在革命早期,众多共产党人像陈延年烈士一样,前赴后继,为了救国救民的理想,投身革命,树立起井冈山精神、长征精神、遵义会议精神、西柏坡精神、红岩精神等巍峨的精神丰碑。他们或倒在长征的路上,或献身在抗日的烽火中,或牺牲在解放战争战场上,都没有见到革命胜利的那一天。为了新中国,他们流尽了最后一滴血,成为民族独立解放的中流砥柱。牺牲小我,成就家国,这是他们的坚定信念。他们用生命诠释了什么是中国精神。

在建设年代,众多共产党人为了国家繁荣富强、民族复兴,筚路蓝缕,甘于奉献,形成了"两弹一星"精神、抗洪精神、特区精神、抗震救灾精神等。中国共产党人以无私的担当精神,赓续中国共产党人的精神谱系,他们将中国精神谱写成一首首时代的赞歌,在新时代丰富、深化与拓展了中国精神的内涵。

在这些精神的指引下,中国共产党承担起了历史使命,奋勇向前,为实现中华民族伟大复兴开辟了新的前景!

(二)华侨旗帜、民族光辉

1.案例呈现

集美海边,微风轻拂,海浪不时拍打着岸边,一派旖旎风光。高大的集美解放纪念碑南侧,有一座墓,墓体呈寿龟形,墓圹作马蹄状,墓盖用十三块水磨青斗石拼镶而成,墓碑上镌刻着"陈嘉庚墓"四个鎏金隶书文字。左、右、后三面是青石屏壁,雅朴庄重,其上有十五幅陈嘉庚先生重要经历的浮雕画像。

在墓园中,似乎可以感到爱国华侨陈嘉庚先生还在默默关注着这片他深爱的土地!嘉庚先生已经西去,但他的爱国情怀,仍激荡在这片热土之上。"爱国始于爱乡",嘉庚先生说。先生致富后首先想到的是兴学报国。他说:"国家之富强,全在于国民,国民之发展,全在于教育,教育是立国之本。"早在1894年,他就捐献2000银元,在家乡创办惕斋学塾。1911年,陈嘉庚经营稍有得利,即立志兴办集美学校。1915年3月,创办集美高初两等小学校,此后又相继创办女子小学、师范、中学、幼稚园、水产、商科、农林、国学专科、幼稚师范等,并逐步发展,在校内建起电灯厂、医院、科学馆、图书馆、大型体育场。在先生家乡,从小学到中学及各类专业院校,学校规模之大、师生人数之多,为全国之冠,昔日偏僻的渔村成为举世闻名的集美学村。

1919年，嘉庚先生公司进一步发展，企业资产总值约达400万银元，便回国筹办全国第一家侨办大学——厦门大学。为做表率，他带头认捐400万银元，认捐数额正好与其当时全部资产总值相当。

1929年，资本主义经济危机爆发，世界市场一片混乱。面对凶猛的经济危机，陈嘉庚先生企业连年大亏，有人劝其停止校费，以维持营业，陈嘉庚先生斩钉截铁地表示："不，我的企业可以收盘，学校绝不能关门。"因此，他多方筹措经费，包括变卖部分资产，举债，甚至出卖大厦，以维持集美、厦大经费。

"自奉节俭，一心为公"也是他的原则。他说："今日中国贫困极矣，吾既为中国人，则种种举动应以节俭为本。""人生在世，不要只为个人的生活打算，而要为国家民族奋斗。"

嘉庚先生对故土爱得无私，更对祖国爱得深沉。1928年5月，日军侵占济南，嘉庚先生联合新加坡华侨组织"山东惨祸筹赈会"，被推举为会长，在两三个月中募捐国币30余万元，救济被害山东民众。1931年，"九一八事变"发生，嘉庚先生在新加坡召开侨民大会，通过致电日内瓦"国际联盟"，要求履行国际公约，并联络华侨抵制日货。1932年，"一·二八"事变发生，嘉庚先生积极向华侨筹款，支持十九路军抗战。随着抗战的全面爆发，陈嘉庚先生推动成立"南洋华侨筹赈祖国难民总会"(简称"南侨总会")，并任总会会长，展开轰轰烈烈的抗日救亡运动。南侨总会代表当时全南洋800万抗日救国的华侨，抗战义捐约国币5亿元。陈嘉庚先生带头每月捐2000元。据当时南京政府财政部统计，华侨自1937年至1945年，八年中捐款共达13亿多元(国币)。抗战期间，面对喧嚣的卖国言论，嘉庚先生铿锵有力、掷地有声地说："敌未出国土前，言和即汉奸！""祖宗的土地，尺寸不得让人，反之则为国贼也。"为家国计，即使面对生命危险，嘉庚先生仍矢志不移地支持抗战！

中华人民共和国成立后，嘉庚先生归国定居。晚年的陈嘉庚，念念不忘国家统一、台湾回归。1950年，他在集美学村创建鳌园。在鳌园中的"博物观"照壁石屏正中，请石匠刻录5幅地图。上面1幅是世界地图，其下面并列4幅地图，即中华人民共和国地图、福建省全图、台湾省全图及同安县全图，并在图中刻下亲撰的《台湾史略》，第一句话写道："台湾为我国东南一大岛。"祖国统一是陈嘉庚临终遗嘱的第一件大事！

嘉庚先生以一生的实践诠释了什么是真正的爱国主义。

（资料来源：陈碧笙、杨国桢：《陈嘉庚传》，福建人民出版社1981年版；《陈嘉庚精神》，http://www.cas.cn/zt/jzt/yszt/cjgkxjjjhzl/cjgxsagsjjs/200403/t20040311_2671177.shtml，访问日期：2024年4月22日。）

2.案例指向

本案例指向教材第三章第一节"中国精神兴国强国之魂"。

3.案例解析

爱国主义的基本内涵包括爱祖国的大好河山，爱自己的骨肉同胞，爱祖国的灿烂文化，爱自己的国家。陈嘉庚先生一生的爱国事例举不胜举，陈嘉庚先生的爱国实践，全面地诠释了爱国主义的内涵。

真正的爱国，是对故土山河的热爱，是对同胞的深沉之爱，是对国家民族命运的关注。陈嘉庚虽身处南洋，但一直心系中国。为了国家的独立富强，他积极支持中国国内的革命活动。他结识了孙中山，在1910年加入同盟会并积极支持孙中山的革命活动。在民族危亡、山河破碎之时，陈嘉庚先生坚决支持抗战，为抗战筹措经费。1937年，抗日战争全面爆发，南洋华侨筹赈祖国难民总会（简称"南侨总会"）在新加坡成立，陈嘉庚被推选为主席。他自己带头捐款，还组织各类活动。仅1939年一年，南洋华侨就向祖国汇款3.6亿多元，极大地支援了中国国内的抗日力量。在得知祖国需要大量汽车司机和修理人员之后，"南侨总会第六号公告"号召华侨中的年轻司机和技工回国参加抗战，与国家一同战斗。众多爱国华侨踊跃报名，为抗战胜利作出了突出贡献。

出于对故土的深沉之爱，陈嘉庚先生积极投身故土教育。陈嘉庚先生曾说："教育不振则实业不兴，国民之生计日绌……言念及此，良可悲已。吾国今处列强肘腋之下，成败存亡千钧一发，自非急起力追难逃天演之淘汰。鄙人所以奔走海外，茹苦含辛数十年，身家性命之利害得失，举不足撄吾念虑，独于兴学一事，不惜牺牲金钱，竭殚心力而为之，惟日孜孜无敢逸豫者，正为此耳。诸生青年志学，大都爱国男儿，尚其慎体鄙人兴学之意，志同道合，声应气求，上以谋国家之福利，下以造桑梓之庥祯，懿欤休哉，有厚望焉。"本着上述办学目的和动机，他不惜倾资办学。在家乡厦门以及福建省其他20余个市县创办或资助100余所学校，目的是提高家乡人民的文化教育水平。至今这些学校对家乡社会、经济、文化教育的发展仍发挥重要作用。晚年归国后，他积极参与国内社会主义建设，坚定支持中国共产党的领导，推动和平大业，为中华民族的崛起竭尽全力。陈嘉庚先生通过身体力行诠释了什么是真正的爱国主义。

(三)叙利亚男童伏尸海岸照片震撼全球

1. 案例呈现

欧洲难民潮问题正愈演愈烈,据媒体报道,数千中东难民在冒险穿越地中海前往欧洲的途中不幸丧命,包括多名儿童。其中,土耳其通讯社2015年9月发布的一名已丧命的小男童俯卧在沙滩上的照片,震撼国际社会。这名叙利亚3岁男童和家人要偷渡到希腊,结果不幸沉船,一家四口只有一人存活,男童的尸体被冲到土耳其一处沙滩上。对此,许多网友感到难过,纷纷表示哀悼。

据台湾ETtoday新闻云网站2015年9月3日报道,土耳其官方表示,两艘满载叙利亚难民的小船,2日从土耳其博德鲁姆(Bodrum)出发要前往希腊的科斯岛(Kos),未料双双翻覆,23人中至少12人死亡,包括1名妇女和5名孩童。

据报道,1名穿红上衣、深色短裤的溺毙男童被冲到岸边,脸部朝下埋在沙中,身体不断被海浪拍打,让人看了非常不忍;男童被发现时已无生命迹象,哥哥与妈妈躺在他附近,随后有警察抱走他的尸体。

该地距博德鲁姆市约402公里。媒体挖掘出这名叙利亚小男孩的身份背景,他今年3岁,名为艾伦·科迪(Aylan Kurdi),是叙利亚库德族人,他与母亲蕾哈娜(Rihan)、5岁的哥哥加利普(Galip Kurdi)一同溺毙,全家只有父亲阿卜杜拉(Abdullah Kurdi)生存下来。

英国广播公司(BBC)报道,有渔民首先发现小男孩的遗体。他说:"我来到海边看到(遗体),我很害怕。我的心都碎了。"

土耳其警方说,可能只有9人在这次翻船意外事件中幸存。他们已找到5名孩童的遗体,其中包括另一对11岁及9岁的兄弟,至今仍有多人失踪。

根据土耳其通讯社报道,这23名难民住在叙利亚北部边境城市艾因阿拉伯,去年为躲避激进组织"伊斯兰国"(IS)发动的攻击而逃到土耳其。

消息传到科迪远在加拿大的亲友耳中,阿卜杜拉的姐姐缇玛(Teema Kurdi)向当地媒体《渥太华公民报》表示,科迪一家人在6个月前,曾向加拿大政府申请难民签证,却在今年6月遭到拒绝,科迪一家为逃离叙利亚内战战火,只好转往欧洲寻求庇护,因此才会造成这起悲剧。

缇玛还向媒体透露,唯一幸存的阿卜杜拉目前的心愿是将妻儿带回故乡埋葬。缇玛还说:"过去一段时间,我一直尝试要帮助他们,我的朋友及邻居也帮我筹钱,但是我们仍失败了,这就是为什么他们一家四口会搭上难民船。"

叙利亚男童伏尸海岸的照片震撼全球,大浪无情打在他小小的身躯上,让人看了不禁鼻酸。对此,许多网友纷纷表示哀悼。

联合国表示,自叙利亚2011年3月爆发内战以来,已有超过400多万人逃离家园,偷渡到土耳其、黎巴嫩和约旦等国家。2015年不幸葬身地中海的难民多达2500人。

许多网友为表示哀悼,对这名叙利亚男童的照片进行了处理。有的帮男童"绑上"气球,或是把场景换到房间,让男童趴在床上,还替他挂上了星星月亮的装饰,仿佛是进入沉沉梦乡。还有人替男童画了对翅膀,表示他化身天使被上帝接走。

(资料来源:《叙利亚男童伏尸海岸照片震撼全球 与家人偷渡希腊溺亡地中海》,https://www.guancha.cn/Third-World/2015_09_03_332952.shtml,访问日期:2024年4月22日。)

2.案例指向

本案例指向教材第三章第一节"中国精神是兴国强国之魂"。本案例让学生感受到个人命运与国家之间的关系,进而说明为什么要爱国。

3.案例解析

2015年9月初,土耳其通讯社发布了一幅一名已丧命的小男童俯卧在沙滩上的照片。这个名叫艾伦·科迪的叙利亚3岁男童和家人要偷渡到希腊,结果不幸沉船。在事发现场,艾伦穿红上衣、深色短裤,被冲到岸边,脸部朝下,埋在沙中,身体不断被海浪拍打;男童被发现时已无生命迹象,他与母亲蕾哈娜、5岁的哥哥加利普一同溺毙,全家只有父亲阿卜杜拉幸存。

照片发布后,震撼了国际社会。一个3岁的小男孩,还未认真地看这个世界就离开了,不禁让人深思:悲剧的根源是什么?根源是叙利亚陷入内战,战火纷飞,国土满目疮痍,人们连最基本的生命权、财产权都得不到有效的保障,所以艾伦和家人踏上了充满不确定性的、成为难民的路途,但最终遇难了。

2011年初叙利亚内战爆发,导致几十万人死亡,大量难民涌向他国,众多基础设施被毁,缺医少药,民生艰难。根据联合国难民署的数据,超过 680 万叙利亚人在叙利亚境内流离失所,另外约 550 万叙利亚难民生活在叙利亚邻国土耳其、黎巴嫩等国家。战争的破坏和严重的经济制裁下,叙利亚经济全面崩塌。对于漂泊在黎巴嫩等境外的难民,叙利亚政府无法为他们的回归提供必要的服务。联合国难民署表示,流离失所的人口中,70%需要人道主义援助,90%生活在贫困线以下。

　　这一事例说明了一个事实:只有国家稳定、安宁、强大了,个人的权利、幸福才能得到更好的保障,才能谈得上去追求和实现个人的人生价值。反过来看,我们现在的安宁生活并不是理所当然的,只有所有公民承担起爱国的义务,共同建设富强的国家,我们才能享有和平、安宁的生活,才能保障我们的幸福和基本权利。国家不是与个人无关的存在。中国政府从利比亚、也门撤侨典型地说明了强大的国家是每个公民的坚强后盾。

　　国家是一个共同体。卢梭曾说:"当君主对他说:'为了国家的缘故,需要你去效死',他就应该去效死;因为正是由于这个条件他才一直都在享受着安全,并且他的生命也才不再单纯地只是一种自然的恩赐,而是国家的一种有条件的赠礼。"①对国家负起相应的责任,是公民的基本政治原则,也是基本的道德要求。国家在法律上确定每个公民享有相应权利的同时,也需要在法律上确定公民的基本义务。这是国家能够存在发展的前提,否则国将不国。个人与国家之间的关系并不是虚无缥缈的。一个国家如果像叙利亚一样陷入内战,类似小艾伦的悲剧就难以避免,个人就更谈不上实现人生价值了。

　　对于中国人来说,中国历史上最黑暗的时期,往往是在分裂的时候,民不聊生,生灵涂炭。历史告诉我们每个中国人,维护祖国统一和民族团结,维护国家安全,共同建设繁荣富强的中国,就是每一个中国人的共同利益。

(四)统计局报告:70 年来中国人均预期寿命从 35 岁提高到 77 岁

1.案例呈现

　　"人生七十古来稀",这句古话放在今天的中国早已不适用了。作为衡量经济社会发展水平和医疗卫生服务水平的综合指标,中国人均寿命在 70 年间实现巨大跨越。日前,国家统计局发布报告指出,新中国成立

---

① 卢梭:《卢梭谈生活品质》,向阳编译,北方妇女儿童出版社 2004 年版,第 99 页。

70年以来,中国人口总量平稳增长,人口素质显著提升,特别是改革开放以来,不断扩大的流动人口规模,持续提高的人口城镇化水平,为经济社会持续健康发展注入了强大活力。

人口总量平稳增长

新中国成立70年来,中国总人口由1949年的5.4亿人发展到2018年的近14亿人,年均增长率约为1.4%。庞大的人口总量为中国经济腾飞提供了宝贵的人力资源。

新中国成立之初,中国人口出生率为36.0‰,死亡率高达20.0‰,自然增长率为16.0‰,平均预期寿命仅为35岁,属于高出生率、高死亡率、低自然增长率的传统型人口再生产类型。

中华人民共和国成立后,社会环境恢复和平,人民生活水平不断提高,医疗卫生事业逐步发展,到1957年,人口死亡率已下降至10.8‰,自然增长率升至23.2‰,人均预期寿命升至57岁。伴随死亡率的快速下降,中国人口再生产类型较快实现了第一次转变,进入了高出生率、低死亡率、高自然增长率的过渡型阶段。

进入20世纪70年代后,生育水平迅速下降,至1977年,总和生育率下降到3.0以下,20世纪末,总和生育率下降到1.8左右,出生率降至15‰以下,自然增长率降至8‰左右,2018年人均预期寿命为77岁。中国人口再生产类型进入低出生率、低死亡率、低自然增长率的阶段,与现代经济发达和较发达国家类似。

"人才红利"铺垫发展基石

中国是一个发展中的人口大国,劳动力资源丰富。新中国成立70年来尤其是改革开放以来,中国劳动力总量巨大带来的人口红利,促进了经济社会持续健康发展。

2012年,中国劳动年龄人口的总量达到峰值9.22亿人,之后增量由正转负,总量进入减少阶段,2018年为8.97亿人,仍保持近9亿人的规模,劳动力资源绝对量依然庞大。

统计局报告指出,随着人口增长速度放缓、人口结构变化,劳动年龄人口总量减少成为长期趋势,人口红利因素逐渐减弱,而由人口文化素质和健康水平提升带来的"人才红利",将成为推动中国经济高质量发展和社会进步的重要基石。

伴随科教兴国、人才强国战略实施,中国劳动年龄人口的知识技能水平不断提高,平均受教育年限由1982年的刚刚超过8年提高到2018年的 10.63 年,为建设知识型、技能型、创新型劳动者大军提供了坚实人力基础。

城镇化水平明显提升

城镇化是现代化的必由之路。改革开放前,由于人口就业压力巨大、大城市基础设施建设严重不足以及城乡二元结构等方面的现实国情,城镇化进程较缓慢。1949—1978 年,中国城镇人口占总人口比重从 10.64% 增加到 17.92%,平均每年提高不到 0.3 个百分点。改革开放 40 年间,中国的城镇化水平快速提升,成为中国发展中的一大奇迹。1978—2018 年,全国总人口增长 1.5 倍,而城镇人口增长 4.8 倍;城镇人口占总人口比重由 17.92% 增加到 59.58%,平均每年提高 1.04 个百分点。

党的十八大以来,党和国家明确提出实施以人的城镇化为核心,以提高城镇化质量为导向的新型城镇化战略,短短几年间,涉及十几亿人的新型城镇化建设取得了重大进展。户籍和常住人口城镇化率分别从 2012 年的 35.33%、52.57% 提高到 2018 年的 43.37%、59.58%,户籍和常住人口城镇化率差距缩小 1.03 个百分点。截至 2018 年,有 9000 多万农业转移人口在城镇落户。

(资料来源:《人口总量平稳增长 人口素质显著提升——新中国成立 70 周年经济社会发展成就系列报告之二十》,https://www.gov.cn/xinwen/2019-08/22/content_5423308.htm,访问日期:2024 年 4 月 22 日。)

2.案例指向

本案例指向教材第三章第二节第二目"坚持爱国爱党爱社会主义相统一"。

3.案例解析

人口平均寿命、人口结构、人口分布等方面的变化,可以充分显示中华人民共和国成立后所取得的成就。之所以取得如此重大的成就,根本上是因为中国坚持走社会主义道路、坚持中国共产党的领导。本案例可以说明,坚持社会主义道路,坚持中国共产党的领导,推进了国家富强、民族复兴、人民幸福的进程,而爱国的根本目的也在于此。因此,爱国爱党与爱社会主义在根本目标上是一致的。

网络中,在这个问题上有不少似是而非的错误言论和观点,比如"我爱自己的祖国,但我不爱自己的国家"。甚至有人说"爱祖国是高尚的,爱国家是脑残"……祖国和国家有区别吗?就概念上说,有一点区别。国家是由国土、人民、文化和政府四个要素组成的。而祖国是指世代居住并对所在国文化有着高度文化认同感的祖籍所在的国家。国家是具有政治色彩的政治地理学名词,而祖国是一个文化概念。这两个概念之间最大的差异:国家包含着现实中对应的具体政府、政党以及相应的政治制度,而祖国不具体指明是哪个政府、哪种社会制度。那么"爱自己的祖国,不爱自己的国家"这种言论的实质是利用这两个概念之间的差异,诱导人们质疑现实政府、政党以及政治制度,不认同当前的政党、政府、政治制度。当前,这种言论目的是诱导人们不认同中国共产党的领导地位,否定中国特色社会主义制度。

从人口平均寿命、人口结构、人口分布等方面的变化看,当前中国人民安居乐业,营养条件、医疗条件有了极大的改善与提高,这是人均寿命能够提高的前提。人口的再生产类型已经与发达国家类似,表明当前中国已经用短短的几十年时间,逐步赶上了发达国家几百年的发展成果。得益于政府的努力,教育得到极大的发展,人口素质红利开始显现。而城镇化的发展表明人们拥有了更多追求自身发展的空间和机会。可以说,这一成绩,不是任意哪个国家哪个政党都能取得的,这种变化在中国历史上也是前所未有的。

在中国共产党领导下,坚持中国特色社会主义道路,中国政府有力地维护主权和领土的完整,维护和发展中国人民的利益,是中华民族利益的最有力的维护者,是人们追求自身幸福生活的引领者。当前中国人均寿命的提高,只是中国特色社会主义进程中的一项成就。除此之外,经济、科技、国防、社会、文化、生态建设等众多方面,中国都取得了举世瞩目的成就。国家富强、民族复兴、人民幸福,是一代代中国共产党人奋斗的结果。中国特色社会主义的实践成就有力表明了,拥护中国共产党的领导,坚持中国特色社会主义道路,就是在维护祖国的利益,维护我们每个中国人的利益。"只爱祖国,不爱国家"这种言论,只看到了祖国、国家在概念上的差异,而看不到两者相同的一面,是错误的。

(五)天河漫漫,北斗璀璨——北斗导航卫星背后的研发故事

1.案例呈现

2018年12月27日,北斗三号基本系统正式向"一带一路"及全球提供基本导航服务,中国北斗距离全球组网的目标迈出了实质性一步。

回首来路,穿越激荡的四十年,中国北斗蹚出了一条独特的探索道

路,在导航领域成就了一段波澜壮阔的东方传奇。北斗之路,贵在何处?光明日报记者采访了"北斗大本营"中国航天科技集团五院的部分专家,请他们讲述北斗导航卫星背后的研发故事。

"小步快跑"刷新中国速度

北斗工程诞生之前,我国曾在卫星导航领域苦苦摸索,在理论探索和研制实践方面开展了卓有成效的工作。作为先驱者,立项于20世纪60年代末的"灯塔计划"虽然最终因技术方向转型、财力有限等而终止,却如同黑夜中的一盏明灯,为后来上马的北斗工程积累下宝贵的经验。

中国导航卫星究竟走什么样的道路?在国际导航竞技场上,中国又一次站在了十字路口。

1983年,以陈芳允院士为代表的专家学者提出了利用2颗地球同步轨道卫星来测定地面和空中目标的设想,通过大量理论和技术上的研究工作,双星定位系统的概念逐步明晰。

接下来,是一步跨到全球组网,还是分阶段走?这在当时引发了不小的争议。"系统一下建那么大(全球组网),需要大量的时间和资金。当时刚刚开放,用户还是集中在国内、周边,因此'先区域、后全球'的技术途径符合中国国情。"参与了技术路线讨论的北斗一号卫星总设计师范本尧院士说。

于是,"先区域、后全球"的思路被确定下来,"三步走"的北斗之路由此铺开。

先解决有无。作为"第一步",北斗一号要"花小钱,办大事",验证系统设计思想的正确性。1993年初,五院提出卫星总体方案,初步确定了卫星技术状态和总体技术指标。1994年,北斗一号系统工程立项,组建卫星团队全面展开研制工作。经过艰苦卓绝的关键技术攻关和重大故障的成功排除抢修,终于在2003年建成北斗一号系统,使我国成为继美、俄之后第三个拥有自主卫星导航系统的国家。

面对快速增长的应用需求,在保留北斗特色的同时,北斗二号迈出了提升性能的"第二步"。2004年,北斗二号正式立项研制,并于2006年成为国家16个重大科技专项之一。2012年12月27日,北斗系统面向亚太区域提供服务,成为国际卫星导航系统四大服务商之一。

站在前两代星座的肩膀上,北斗的"第三步"迈得自信而坚定。立项于2009年12月的北斗三号开始尝试冲刺和领跑,并于2018年完成10箭19星发射,创下世界卫星导航系统建设的新纪录,在太空中再次刷新了"中国速度"。星间链路、全球搜救载荷、新一代原子钟……伴随着这些新"神器"闪耀登场,北斗导航系统的整体性能大幅提升。

把发展的主动权掌握在自己手中

"北斗的研制,是中国人自己干出来的。'巨人'对我们技术封锁,不让我们站在肩膀上。唯一的办法,就是自己成为巨人。"北斗一号卫星总指挥李祖洪说。

作为国之重器,自主创新是北斗工程的必由之路。秉承"探索一代,研发一代,建设一代"的创新思路,中国北斗始终把发展的主动权牢牢掌握在自己手中。

北斗一号原创性地提出双星定位的卫星实现方法,打破了国外技术垄断,建立起国际上首个基于双星定位原理的区域有源卫星定位系统——北斗导航卫星试验系统。

北斗二号突破了区域混合导航星座构建、高精度时空基准建立的关键技术,实现星载原子钟国产化,在国际上首次实现混合星座区域卫星导航系统。区域系统建成后,各项技术指标均与GPS(全球定位系统)等国际先进水平相当。

北斗人至今还记得研制首颗北斗二号卫星那段"激情燃烧的岁月"。根据国际电联的规则,频率资源是有时限的,过期作废。时间不等人!在争分夺秒完成前期所有研制任务后,为节省时间,所有参试人员进驻发射场后大干了3天体力活,搬设备、扛机柜、布电缆,接下来又是200小时不间断地加电测试……这一次,院士、型号老总和技术人员一起排班,很多人因为水土不服而拉肚子、发热,但大家都带病坚持在岗位上,经受住了次次险情和种种考验。2007年4月16日,在成功发射两天后,北京从飞行试验卫星获得清晰信号,此时距离空间频率失效仅剩下不到4个小时——正是这次壮举,有效地保护了我国卫星导航系统的频率资源,拉开了北斗区域导航系统建设的序幕。

在北斗三号全球组网建设中,五院率先提出国际上首个高中轨道星间链路混合型新体制,形成了具有自主知识产权的星间链路网络协议、自主定轨、时间同步等系统方案;研发出国内首个适于直接入轨一箭多星发射的"全桁架式卫星平台",实现了卫星自主监测和自主健康管理;成功应用星载大功率微波开关、行波管放大器等关键国产化元器件和部组件,打破核心器部件长期依赖进口、受制于人的局面,为全球快速组网建设铺平道路。

每颗北斗卫星都有强大的幕后团队

"这是一项团队工程,没有个人英雄,航天事业的成功是一个团队的成功。"北斗三号工程副总设计师、卫星首席总设计师谢军说。

的确,每一颗北斗卫星都有着强大的幕后团队,牵动着卫星、运载火箭、运控、应用、测控、发射场等各大系统。以卫星系统为例,总体设计、结构机械、热控制、综合电子、控制与推进、载荷等众多分系统,以及测试、总装等环节的北斗人,尽管身处不同岗位、面临不同挑战,但大家总是心往一处想、劲儿往一处使,共同推动北斗工程一步步稳健地向前迈进。

即便是团队中的泰斗和"明星"人物,也不爱"藏着掖着"。他们相信"教会徒弟才能解放师傅,一代更比一代强",从而热心地推进知识转移和人才培养,摸索出"自我学习,自我提高"的自助、"以老带新,传承经验"的帮助、"专业培训,注重实效"的辅助和"专业互补,共同进步"的互助这样一个"四助"策略。

创业阶段,老北斗人用药盒和大头针制作出简易的卫星模型向新员工细细讲解;后来,他们采用"共享笔记本"等形式,你一句、我两行地记录研制经验和心得;后来,他们设立了督导师制度,手把手地助推青年成长,编著出总体设计指南以及各分系统的设计/工作手册作为传授宝典,以《航天器总体设计禁忌》详解设计中的"清规戒律";再后来,创新开展的虚拟卫星培训项目渐渐成为北斗新人们的必修课,大家分工协作,用不到一个月的时间设计一颗"麻雀虽小,五脏俱全"的虚拟卫星,通过考核后才能走上工作岗位……现在,他们又有了"科研生产一体化管控平台"等数字化工具,显著提升了设计制造能力。

"给力"的传帮带,加上密集组网的工程历练,大大缩短了北斗人才成长的周期。如今,北斗研制形成了一支平均年龄38岁、老中青结合的团队,先后走出了中国工程院院士范本尧以及10余名卫星总设计师/总指挥、20余名副总设计师/副总指挥等领军人才,为我国航天事业的发展锤炼出一个宝贵的"明星"阵容。

探寻北斗导航卫星研制的背后故事,也就领悟到自主创新、团结协作、攻坚克难、追求卓越的北斗精神。天河漫漫,北斗璀璨,浩渺的星河从未离我们如此之近。

(资料来源:张蕾、潘晨:《天河漫漫 北斗璀璨——北斗导航卫星背后的研发故事》,《光明日报》2019年1月3日第10版。)

2.案例指向

本案例指向第三章第三节第二目"改革创新是新时代的迫切要求"。

3.案例解析

如何弘扬改革创新的时代精神,做改革创新的生力军?首先要有改革创新的责任感,增强改革创新的能力,积极投身改革创新的实践。

导航系统作为国家重大基础设施之一,是大国竞争的重要领域。中国着眼于国家安全和经济社会发展需要,自主建设运行的全球卫星导航系统,是为全球用户提供全天候、全天时、高精度的定位、导航和授时服务的国家重要时空基础设施。

北斗系统提供服务以来,已在交通运输、农林渔业、水文监测、气象测报、通信授时、电力调度、救灾减灾、公共安全等领域得到广泛应用,服务国家重要基础设施,产生了显著的经济效益和社会效益。基于北斗系统的导航服务已被电子商务、移动智能终端制造、位置服务等厂商采用,广泛进入中国大众消费、共享经济和民生领域,应用的新模式、新业态、新经济不断涌现,深刻改变着人们的生产生活方式。

北斗导航系统起步相对迟,研究基础相对薄弱,面对着激烈的竞争。在创业阶段,老北斗人用药盒和大头针制作出简易的卫星模型向新员工进行讲解。在相当困难的条件下,北斗导航系统团队以强烈的改革创新责任感,投身改革创新的实践,争分夺秒,自主创新,团结协作,攻坚克难,追求卓越。北斗导航现已成为联合国卫星导航委员会认定的供应商之一。建成的北斗系统具有如下特点:一是北斗系统空间段采用三种轨道卫星组成的混合星座,与其他卫星导航系统相比,高轨卫星更多,抗遮挡能力强,尤其对于低纬度地区性能优势更为明显。二是北斗系统提供多个频点的导航信号,能够通过多频信号组合使用等方式提高服务精度。三是北斗系统创新融合了导航与通信能力,具备定位导航授时、星基增强、地基增强、精密单点定位、短报文通信和国际搜救等多种服务能力。在北斗人的共同努力拼搏下,系统独具特色,在促进全球卫星导航事业发展,为服务全球、造福人类贡献中国智慧和力量。北斗系统为经济社会发展提供重要时空信息保障,是中国实施改革开放40余年来取得的重要成就之一,是新中国成立70余年来重大科技成就之一,是中国贡献给世界的全球公共服务产品。

本案例表明,正是因为建设国家的使命感、责任感,积极投身改革创新的实践,北斗团队中的每个人团结协作,尽管身处不同岗位、面临不同挑战，但大家总是心往一处想、劲儿往一处使。"给力"的传帮带，加上密集组网的工程历练，大大缩短了北斗人才成长的周期，北斗团队成为一支年轻的研究团队。他们攻坚克难，经过艰苦卓绝的关键技术攻关和重大故障的成功排除抢修，终于在2003年建成北斗一号系统。在频率资源时限内，他们争分夺秒完成前期所有研制任务后，为节省时间，所有参试人员进驻发射场后大干了3天体力活，搬设备、扛机柜、布电缆，接下来又是200小时不间断地加电测试。他们打破了国外的技术垄断，将发展的自主权牢牢掌握在中国人手中，完成了大国的重要基础设施建设。

在科技革命与产业变革的浪潮中，平均年龄非常年轻的北斗团队，积极进取，团结协作，承担起国家重大战略的责任，为中国科技、产业、经济发展作出了重大贡献。

改革开放以来，正是一代一代人的接续努力，我国在科技等领域取得了众多突破与成就，如农业科技、生物医药科技、国防军事科技、信息科技、航天工程与交通运输科技等。这些科技进步有力地推动了社会经济快速发展，提高了国家的综合国力，改善了人们的生活水平和生活质量。改革创新是未来中国不断发展的内驱力。

当前，国际竞争非常激烈，这种竞争集中体现在创新能力上。在科技创新方面，我国仍存在不足，在一些领域仍存在"卡脖子"关键核心技术，这需要我们不断努力，攻克这些"卡脖子"关键技术。中华民族伟大复兴的进程中，青年代表着未来，大学生是技术创新的生力军。国家富强、民族复兴、人民幸福需要每一个人的共同努力，更需要青年一代大学生承担起责任，具备创新意识和创新能力，积极投身改革创新的实践。

四、延伸阅读

1. 习近平：《习近平谈治国理政》第1卷，外文出版社2018年版。
2. 习近平：《习近平谈治国理政》第2卷，外文出版社2017年版。
3. 习近平：《习近平谈治国理政》第3卷，外文出版社2020年版。
4. 习近平：《习近平谈治国理政》第4卷，外文出版社2022年版。
5. 卢梭：《社会契约论》，何兆武译，商务印书馆2000年版。
6. 埃德加·斯诺：《红星照耀中国》，王涛译，长江文艺出版社2020年版。
7. 《中华人民共和国爱国主义教育法》，人民出版社2023年版。

8.陈碧笙、杨国桢：《陈嘉庚传》，福建人民出版社1981年版。

五、拓展研学

1.如何理解陈延年等早期中国共产党人投身革命的心路？

2.网上有人说，养大你的是你的父母，你从不欠祖国和政府半毛钱。除了父母，你不需要感谢谁。你怎么看这个问题？

3.进行中国社会经济发展成就等方面的调查。

4.观看电视剧《觉醒年代》。

5.参观陈嘉庚纪念馆，感悟陈嘉庚先生的爱国情怀。

第四章 明确价值要求,践行价值准则

一、教学主要目标

本章主要内容:社会主义核心价值观是当代中国发展进步的精神指引;社会主义核心价值观是反映人类发展进步的价值理念,彰显了人民至上的价值立场,是真实可信的强大道义力量;正确辨析与科学批判西方的"普世价值",弘扬全人类共同价值。引导大学生深刻领会社会主义核心价值观的重要意义与科学内涵,扣好人生的扣子,成为社会主义核心价值观的坚定信仰者、积极传播者与模范践行者。

本章教学目标:(1)知识层面。帮助大学生掌握价值观与社会主义核心价值观的基本理论,深刻理解社会主义核心价值观是真实可信的强大道义力量。(2)能力层面。引导大学生正确辨析与科学批判西方的"普世价值",增强问题意识,锻炼批判思维。(3)价值层面。引导和帮助大学生增强对社会主义核心价值观的认同,并自觉践行社会主义核心价值观。

二、教学重难点

本章教学重点:阐释清楚社会主义核心价值观是反映人类发展进步的价值理念,其彰显了人民至上的价值立场,是真实可信的强大道义力量。

本章教学难点:正确辨析并科学批判西方"普世价值"的虚伪性与狭隘性,引导大学生弘扬全人类共同价值。

三、教学案例

(一)人民至上、生命至上——众志成城抗震救灾

1. 案例呈现

2023年12月18日23:59,甘肃临夏州积石山县发生6.2级地震。地震发生后,习近平总书记高度重视并作出重要指示,强调"要全力开展搜救,及时救治受伤人员,最大限度减少人员伤亡"、"妥善安置受灾群众,保障群众基本生活"、"尽最大努力保障人民群众生命财产安全"。

坚决贯彻落实习近平总书记重要指示精神,国务院工作组紧急赶赴甘肃、青海地震灾区指导抗震救灾工作。甘肃、青海受灾地区和各有关部门坚持人民至上、生命至上,充分发挥基层党组织战斗堡垒作用和广大党员先锋模范作用,大力弘扬伟大抗震救灾精神,分秒必争组织开展抢险救援,全力以赴搜救被困人员并救治伤员,妥善转移安置受灾群众,紧张有序开展抗震救灾各项工作,切实保障人民群众生命财产安全。

生命重于泰山,救援分秒必争,坚持把救人放在第一位。地震发生后,多部门迅速启动应急响应机制,加强统筹协调,强化会商研判,紧急组织力量赶赴灾区开展抢险救援。

抢救生命,同时间赛跑。哪里灾情危急就向哪里冲去,哪里有受灾群众就向哪里集结。各方专业力量努力克服高原高寒等不利条件,全力搜救失联人员,不放过任何一处受损房屋的排查,不放过废墟下每一个生命迹象。

地震发生后,甘肃省和青海省紧急行动,启动应急响应,省委和省政府主要负责同志带领工作组迅速赶往震中灾区,积极组织力量开展救援。受灾地区党员干部冲锋在前,第一时间做好应急抢险救援工作,让人民群众感到有依靠,妥善安置受灾群众,确保转移安置群众有安全临时住所、有干净水喝、有热饭吃、有棉衣穿、有病能得到及时治疗。

一方有难,八方支援。地震灾情牵动着全国人民的心。第一时间,救援力量集结,社会资源汇聚,爱心热潮涌动。各地区多方力量主动增援,迅速投入救灾一线,帮助受灾群众共渡难关。

内蒙古自治区第一时间启动救灾物资紧急调运程序,紧急调度2万件(套)救灾物资送往灾区;江苏省委和省政府要求江苏援青前方指挥部

积极组织江苏力量开展救灾,无锡市已先行安排 500 万元救助资金,第一批价值 600 万元的药品、帐篷等物资已发运;澳门红十字会向地震灾区急拨 20 万元人民币,用于紧急采购救灾物资……

(资料来源:《争分夺秒展开救援 众志成城抗震救灾》,《人民日报》2023 年 12 月 20 日第 1、3 版。)

2.案例指向

本案例重点指向教材第四章第二节"社会主义核心价值观的显著特征"第二目"彰显人民至上的价值立场"部分,彰显社会主义核心价值观是尊重人民群众历史主体地位、体现以人民为中心的价值导向。

3.案例解析

本案例较为全面详细地展示了甘肃临夏州积石山县抗震救灾工作,让学生们深入了解抗震救灾工作,有助于学生深入领悟教材关于"社会主义核心价值观彰显人民至上的价值立场"部分的理论内容。

据统计,地球上每年约发生 500 万次地震,伴随地震而来的常常是严重的人员伤亡,地震还能引起火灾、水灾、有毒气体泄漏、细菌及放射性物质扩散,甚至可能带来海啸、滑坡、崩塌、地裂缝等次生灾害。震后的抗震救灾工作极其重要,需要统筹协调、整合多方资源、团结协作。首先,它需要成立一个具有高度前瞻性、能够统领全局、临危不乱的紧急救援指导工作组,以便在最快、最短时间内高效统筹整合起各方资源,凝聚起多方合力,系统科学地开展系列的抗震救灾工作。如本案例中的国务院工作组。其次,它需要调动和汇聚各方力量,将各方力量发挥至最大,以在最短时间内顺利开展并做好抗震救灾工作。这里的各方力量,最重要的是专业的地震搜救工作人员、消防工作人员、内外伤医疗工作人员以及心理治疗人员,第一时间开展各类专项的人员生命财产安全救援工作。交通运输、电力水利系统、通信服务等工程人员,及时开展电力、水利、交通运输、通信设施等抢救恢复工作,保障好震区人民群众的基本生活。专业的生化科研人员,及时排查排除震区有毒气体泄漏、细菌及放射性物质扩散等危害,进一步保障震区所有人民群众的生命财产安全。还有政府财政、金融等相关部门,新闻媒体及思想舆论领域、社会公益组织等各方专业力量。因此,抗震救灾工作实质上反映的是一个国家应对风险危机的能力,是治国理政的重要体现。对抗震救灾工作的全面报道与展示,能够有效检验并体现政党、政府治理国家与治理社会的深层价值导向和价值立场。社会主义核心价值观是全体中国人民价值观念的"最大公约数",集中体现了当代中国精神,也是我们国家和社会评判是非曲直的价值标准,为我国的国家治理体系和治理能力现代化提供了重要的价值指引与实践指导。甘肃临夏州积石山县抗震救灾中各项抗震救灾工作的开展,充分彰显和体现着社会主义核心价值观,特别是充分彰显了社会主义核心价值观的根本特性——人民性。

人民性是社会主义核心价值观的根本特性,深刻体现在它坚持和尊重人民历史主体地位,代表最广大人民的根本利益。相信群众、依靠群众,从群众中来到群众中去,站在广大劳动人民的立场上,以广大劳动人民的解放为宗旨,竭尽全力为人民求福利、谋利益,是马克思主义最根本的政治立场。习近平总书记强调:"江山就是人民,人民就是江山。中国共产党领导人民打江山、守江山,守的是人民的心。"[1]甘肃临夏州积石山县抗震救灾案例深刻体现了中国共产党始终把人民放在第一位,高度尊重人民群众的历史主体地位。首先,在地震发生后,国务院工作组、甘肃及青海受灾地区和各有关部门充分发挥基层党组织战斗堡垒作用和广大党员先锋模范作用,大力弘扬伟大抗震救灾精神,分秒必争组织开展抢险救援,多部门迅速启动应急响应机制,加强统筹协调,强化会商研判,紧急组织力量赶赴灾区开展抢险救援。这深刻反映了中国共产党高度重视团结各主体力量,高度尊重人民群众的历史主体地位,广泛发挥人民群众的强大力量。其次,在地震发生后的第一时间,救援力量集结,社会资源汇聚,爱心热潮涌动。各地区多方力量主动增援,迅速投入救灾一线,帮助受灾群众共渡难关。这种一方有难、八方支援、众志成城的团结力量,也再次强调了广大人民群众的历史主体地位。正是在社会各界人士齐心协力、广大人民群众团结奋斗的基础之上,抗震救灾工作才得以顺利开展。

人民性是社会主义核心价值观的根本特性,深刻体现在它始终坚持以人民为中心的价值导向,反映最广大人民的价值诉求。为中国人民谋幸福、为中华民族谋复兴,是中国共产党人的初心和使命,也是中国共产党领导现代化建设的出发点和落脚点。在中国特色社会主义建设的伟大进程中,中国共产党始终坚持全心全意为人民服务的根本宗旨,坚持以人民为中心的发展思想,深刻彰显了人民至上是社会主义核心价值观鲜明

---

[1] 习近平:《高举中国特色社会主义伟大旗帜 为全面建设社会主义现代化国家而团结奋斗——在中国共产党第二十次全国代表大会上的报告》,https://www.gov.cn/xinwen/2022-10/25/content_5721685.htm,访问日期:2024 年 4 月 22 日。

的价值立场。在甘肃临夏州积石山县抗震救灾案例中,"人民"二字是被提及得最多的,深刻彰显了人民至上是社会主义核心价值观鲜明的价值立场。首先,在地震发生后,习近平总书记作出重要指示,强调"要全力开展搜救,及时救治受伤人员,最大限度减少人员伤亡""妥善安置受灾群众,保障群众基本生活""尽最大努力保障人民群众生命财产安全"。这鲜明反映了中国共产党始终将人民群众放在第一位,人民至上,生命至上,始终关心并保障人民群众的生命财产安全和基本生活。其次,在抗震救灾过程中,各方专业力量分秒必争组织开展抢险救援,全力以赴搜救被困人员并救治伤员,妥善转移安置受灾群众,紧张有序开展抗震救灾各项工作,切实保障人民群众生命财产安全。受灾地区党员干部冲锋在前,第一时间做好应急抢险救援工作,让人民群众感到有依靠,妥善安置受灾群众,确保转移安置群众有安全临时住所、有干净水喝、有热饭吃、有棉衣穿、有病能得到及时治疗……种种救援事例都充分说明,在抗震救灾工作中,我们始终坚持把人民群众放在第一位,高度重视人民群众的生命财产安全,深刻彰显了以人民为中心的价值导向。

总之,社会主义核心价值观是凝聚人心、汇聚民力的强大力量。在推进现代化建设的实践进程中,党和国家始终高度重视发挥社会主义核心价值观的重要作用。人民至上的价值立场是社会主义核心价值观的显著特征,通过视频再现、问题讨论的方式,在课堂讲述甘肃临夏州积石山县地震灾情救援工作的案例,并运用故事性叙事方法,阐释社会主义核心价值观人民至上价值立场的内涵、表现及其价值意蕴,能够引导学生结合案例内容思考社会主义核心价值观人民至上价值立场的具体表现,帮助学生理解和掌握社会主义核心价值观人民至上的价值立场,增强学生对社会主义核心价值观的认知与认同,并在日常生活中积极践行社会主义核心价值观的人民至上价值立场。

(二)他,何以感动中国?——"2022年度感动中国十大人物"中国工程院院士陈清泉

1.案例呈现

"汽车曾经改变世界,而你要改变汽车。""如今,你和祖国,正在超车。"——这是中国工程院院士陈清泉被评为"2022年度感动中国十大人物"时的颁奖辞。陈清泉拥有诸多头衔,"亚洲电动车之父""亚洲最佳创新者""电动汽车技术之祖"……这些荣誉,无一不诉说着他在现代电动汽

车技术领域作出的卓越贡献。陈清泉何以感动中国？不单只因他的成就，更因他孜孜不倦的使命感和拳拳赤诚的爱国之心。

"这个世界上有没有我，会有什么不同？"1937年，陈清泉出生在印尼一个华侨家庭，祖籍福建漳州。从他记事起，印尼先后遭受荷兰和日本的殖民统治，华侨的日子并不好过。少年的他，逐渐意识到：只有祖国强大，人民才可以站起来。16岁那年，陈清泉第一次踏入国门。当年，他考入北京矿业学院（现中国矿业大学）机电系，毕业后留校任教。20世纪60年代，陈清泉仅凭简单的资料设计研发了低频发电机。此后，他研制出用于发射鱼雷的直线电机加速器、自动绘图仪用的步进直线电机等中国早期直线电机。20世纪90年代，陈清泉设计的电动汽车HKU2001，采用高能量电池和智能化的电池能量管理系统，一次充电最多可行驶160公里，堪称当时最先进的设计，引来全球瞩目。他创造性地把汽车、电机、控制等技术融合，形成一门全新学科，所编写的《现代电动汽车技术》等专业著作，成为高等院校的经典教材，也为现代电动车学科奠定理论基础。

"我是中国科技工作的一分子，我感到很光荣。"长期以来，陈清泉积极奔走于内地、香港和海外之间，在政府、学界、产业界间发挥着"纽带"和"桥梁"作用。2017年6月，他发起在港23名两院院士联名给习近平主席写了一封信，表达了报效祖国的迫切愿望和发展创新科技的巨大热情，并在信中反映了国家科研项目经费过境香港使用、科研仪器设备入境关税优惠等问题。不到一个星期就收到答复，信中提到的问题迅速解决。对此，陈清泉总结出三个"空前未有"：国家对科技的迫切需求，空前未有；国家对科学家的期望和爱护，空前未有；科学家发挥自己才能的机遇，空前未有。

"科学家没有退休"，耄耋之年的陈清泉依然活跃在科研一线。"我虽然86岁了，但我还要撸起袖子加油干，要分秒必争为香港、为国家，也为全世界的科学发展。"在他眼里，科学家的使命就是要把自然界规律找出来，造福全人类。只要生命还在延续，就要继续完成使命。在汽车革命的方向上，他认为电动汽车不单是交通工具，也是能源的载体、信息的载体、智能系统的终端。1997年，陈清泉在当选中国工程院院士（香港首位）时许愿——中国要成为电动车王国。如今，中国新能源汽车产销量已连续8年位居世界第一，当年的愿景已成现实。在2022年感动中国颁奖典礼现场，陈清泉分享了他新的期待："我希望我有生之年，能够亲眼看到，特别首先在我的祖国，大大小小的路上，不单是汽车，轮船、飞机、高铁都是电动。"

陈清泉的眼神里充满着希望,是对科技的期待,更是对祖国的信心!

（资料来源：《他,何以感动中国？》,https://news.southcn.com/node_c3f70b7ca5/1830cbb8f7.shtml,访问日期：2024年4月22日。）

2.案例指向

本案例重点指向教材"社会主义核心价值观的基本内容"部分,聚焦社会主义核心价值观公民层面关于爱国、敬业价值准则的内容。

3.案例解析

本案例较为详细地展现了陈清泉院士感动中国的事迹,为学生提供了深入学习和领悟社会主义核心价值观所倡导的爱国、敬业价值准则的生动素材。爱国、敬业、诚信、友善,是社会主义核心价值观在公民个人层面的价值准则内容,它深刻回答了要培育什么样的公民的重大问题,涵盖了社会公德、职业道德、家庭美德和个人品德等各个方面,是每个中国公民都应当遵守的价值规范。作为中国科技工作的一分子,陈清泉院士坚信科学家的使命就是要把自然界规律找出来,造福全人类,只要生命还在延续,就要继续完成使命。陈清泉院士从事电动汽车研究的过程高度彰显和体现了他深沉的爱国、敬业价值观。

爱国是最深层、最持久的情感,是中华民族的优良传统,也是每个公民应当遵循的最基本的价值准则。社会主义核心价值观倡导的爱国,是几千年来的中华传统爱国主义、近代以来的爱国志向、中国共产党人的爱国壮举和社会主义社会条件下的爱国要求的集中概括。它要求把个人价值的实现与推动国家的繁荣发展同向,把人生意义的提升同增进最广大人民的福祉相连,不断加深对祖国悠久历史、灿烂文化的认同。简言之,就是要把个人梦想与国家梦想紧密结合,坚持个人理想与社会理想的有机统一,将个人梦想融入民族复兴的中国梦之中。在本案例中,陈清泉院士从求学到工作以来,始终坚持把自身科研工作同国家民族的发展紧密结合,深耕于电动汽车领域：从自主设计研发低频发电机、设计电动汽车HKU2001,到创造性地将汽车、电机、控制等技术融合到一起,形成一门全新学科,编写《现代电动汽车技术》等专业著作,为现代电动车学科奠定理论基础,推动现代电动汽车技术发展,到许愿中国成为电动车王国,再到期望未来祖国大大小小的路上,汽车、轮船、飞机、高铁都是电动,这些无不鲜明体现着他始终将个人梦想与国家梦想紧密结合,把个人价值的实现与推动国家的繁荣发展同向同行的强烈爱国热忱,期望以自己的努力增进中国人民乃至世界人民的福祉。从陈清泉院士的一系列先进事迹与美好期许中,我们能够清晰看到,社会主义核心价值观所倡导的爱国价值观在陈清泉院士的身上得以彰显。陈清泉院士的事迹,告诉了我们如何从自身出发,以自身本领和能力践行社会主义核心价值观所倡导的爱国价值观,也启发我们以实际行动,积极争做社会主义核心价值观的模范践行者。

敬业是对待生产劳动和人类生存的一种根本价值态度,是职业道德的核心要求,也是事业心和责任心的强有力体现。社会主义核心价值观倡导的敬业包含以下要求:要求人们尊重劳动、尊重知识、尊重人才、尊重创造,热爱并认同自己的职业和工作,珍惜和保护他人的劳动成果;要求人们有全身心投入的敬业态度和精益求精的工匠精神,保持和发扬为民服务孺子牛、创新发展拓荒牛、艰苦奋斗老黄牛的"三牛"精神;要求人们视劳动、创造、贡献为公民的社会责任和义务,视劳动为实现个人理想和个人价值的基本途径。在本案例中,陈清泉院士的先进事迹鲜明体现和彰显社会主义核心价值观所倡导的敬业要求。首先,陈清泉院士积极奔走于内地、香港和海外之间,发起在港23名两院院士联名给习近平主席写信表达科研热情,反映和期望国家能够解决相关科研经费问题,深刻表明他尊重劳动、尊重创造,高度热爱且认同自己的职业和工作,并珍惜和保护他人的劳动成果。其次,陈清泉院士从业几十年,深耕于电动汽车领域,始终坚持将毕生所学奉献于电动汽车技术,为推动现代电动汽车技术发展砥砺奋斗、不懈努力。这深刻表明他有全身心投入的敬业态度和精益求精的工匠精神,始终以孺子牛、拓荒牛、老黄牛的精神从事科研工作。最后,陈清泉院士在耄耋之年,依然活跃在科研一线,仍表示"我虽然86岁了,但我还要撸起袖子加油干,要分秒必争为香港、为国家,也为全世界的科学发展",生命不息,使命继续。陈清泉院士先进事迹的点点滴滴,深刻彰显和体现了他的敬业追求。他高度热爱且认同自己的职业和工作,视劳动、创造、贡献为公民的社会责任和义务,为实现个人理想和个人价值的基本途径。陈清泉院士的先进事迹启发我们从自身出发,以自身本领和能力践行社会主义核心价值观所倡导的敬业价值观,争做社会主义核心价值观的模范践行者。

总之,以陈清泉院士的先进事迹为案例,结合社会主义核心价值观爱国、敬业的理论知识,深入阐释和分析陈清泉院士的先进事迹,能够生动形象地揭示社会主义核心价值观所倡导的爱国、敬业价值准则的深层内涵,引导学生更加直观地认识和理解爱国、敬业价值观,增强学生对社会主义核心价值观的认知和认同,激励学生主动向陈清泉院士学习,自觉在个人的日常生活中积极践行社会主义核心价值观,争做社会主义核心价值观的模范践行者。

(三)春梅绽放,留得清气满乾坤——"全国模范法官"周春梅

1.案例呈现

在法院工作17年来,湖南省高级人民法院审监一庭原副庭长周春梅始终坚守法治信仰,刚正不阿,秉公办案,严格执行防止干预司法"三个规定"要求。因多次拒绝为案件"打招呼"的非法要求,被人行凶报复,不幸遇害,年仅45岁。周春梅的事迹被写入最高人民法院工作报告,被追授为"全国模范法官""湖南省优秀共产党员"。

不徇私情,用生命捍卫法治尊严。2021年1月12日,周春梅因不徇私情,多次拒绝向某为其案件"打招呼"的非法要求,被向某残忍杀害。向某曾因打伤部门领导、在微信群发布不利于公司的言论,被解除劳动合同。经劳动争议仲裁,法院一审、二审,申请检察院抗诉,向某都没能恢复劳动关系。其间,向某找到身为老乡、同学,又在省高院担任中层领导的周春梅,请她给审理此案的法官"打招呼"。周春梅明确表示"这不可能,我不能这样做",并从法律、道义、情理的角度开导、劝慰向某。当案件进入湖南高院审监一庭再审审查环节,向某再次要求周春梅关照,并借看望周春梅生病的孩子,送来水果等礼物(内含2万元现金和1个金手镯)。周春梅秉公行事,将"礼物"送还向某。"你背叛了我们的友谊。连这点忙你都不肯帮我"——这是向某发给周春梅的微信。周春梅曾向同事刘柳感慨:"这个忙,我怎么能帮呢?她要怪,就怪我是个法官吧。""头顶三尺是法律,脚下支撑是品节",周春梅曾写道。

温柔坚韧,让群众感受公平正义。周春梅的办公桌上,立着印有《湖南省高级人民法院"十二条禁令"》的警示牌,第一条便是"严禁接受案件当事人及其代理人、辩护人、请托人或管理服务对象所送礼金礼品、消费卡等钱物……"了解周春梅的人都知道,她把党纪国法铭记在心,从来不让正义蒙尘。在一起"民告官"案件中,周春梅直指当地行政部门的失误,维护村民合法权益,成功化解多年矛盾纠纷。株洲县石板桥村村民宋义明写来感谢信:"尊敬的周法官,你是人民的好法官。我们全组村民都敬佩你的办事效率及不畏权贵的作风。"在一起劳动争议案中,原告因为工

伤,双腿残疾,后又因单位改制下岗。周春梅前后拨打20多通电话同当事人原单位协调,为他争取到工作机会。面对家人,她早早给侄儿打"预防针":"如果以后做律师,要靠自己的本事,千万不要指望婶婶去给你做什么。"面对同乡希望她能打听案件,周春梅给家人"支招":"就说我人缘不好,打听不到。"周春梅曾写道:"法官具有了法治信仰之初心、司法为民之情怀,则必然具备高度的责任感和担当。"从事审判工作以来,她所办的案件无一超审限,无一因过错被发回或改判。她曾多次获得"办案能手""优秀共产党员""巾帼文明标兵"等荣誉。

周春梅用鲜血换来了全社会对法官的更大理解和支持,让"防止干预司法"的规定广为人知。法官们沉下心来,安安静静地、踏踏实实地办好案,以公正裁判守护人间正道,维护老百姓的合法权益,就是对春梅最好的怀念。

(资料来源:徐隽:《"头顶三尺是法律,脚下支撑是品节"——追记全国模范法官、湖南高院审监一庭原副庭长周春梅》,《人民日报》2021年4月9日第6版。)

2.案例指向

本案例重点指向教材"社会主义核心价值观的基本内容"部分,聚焦社会主义核心价值观社会层面关于公正价值取向的内容。

3.案例解析

本案例较为详细地展示了周春梅法官的感人事迹,为学生提供了深入学习和领悟社会主义核心价值观所倡导的公正价值取向的生动素材。自由、平等、公正、法治,反映的是中国人民对美好社会的期望和憧憬,是衡量现代社会高度发展、充满活力、和谐有序的重要标志,它实际上回答了建设什么样的社会的重大问题,与实现国家治理体系和治理能力现代化的要求相契合,揭示了我国社会建设和发展的重要价值取向。公正即社会公平和正义,它是人们普遍追求的社会理想和人类社会进步的标尺,也是社会主义制度的本质要求和中国特色社会主义的内在要求。作为一种社会价值,公正是衡量社会制度安排是否正当合理的重要标准,它体现在社会经济、政治、法律等各个层面。在我国,社会主义核心价值观所倡导的公正价值取向,不只是强调机会平等和程序正义的公正,更是兼顾结果的公正,是体现在社会生活各个领域、各个层次、各个方面的公正。习近平总书记强调:"要把促进社会公平正义、增进人民福祉作为一面镜子,审视我们各方面体制机制和政策规定哪里有不符合促进社会公平正义的问题,哪里就需要改革;哪个领域哪个环节问题突出,哪个领域哪个环节就是改革的重点。"①周春梅法官的感人事迹，充分证明她始终将公正价值取向牢记于心、付之于事，向人们展现了一个鲜活的社会主义核心价值观模范践行者形象。

首先，周春梅法官在法院工作17年中，始终坚守法治信仰，刚正不阿，秉公办案，严格执行防止干预司法"三个规定"(《领导干部干预司法活动、插手具体案件处理的记录、通报和责任追究规定》《司法机关内部人员过问案件的记录和责任追究规定》《关于进一步规范司法人员与当事人、律师、特殊关系人、中介组织接触交往行为的若干规定》)要求。《中华人民共和国法官法》(2019年4月修订)明确规定法官审判案件，应当以事实为根据，以法律为准绳，秉持客观公正的立场。在本案例中，劳动纠纷案件当事人向某是周春梅法官的老乡、同学，属案件当事人，也是司法人员的特殊关系人。向某向周春梅法官提出的给审理案件的法官"打招呼"、关照她的案件等要求均为非法要求，严重违反了《关于进一步规范司法人员与当事人、律师、特殊关系人、中介组织接触交往行为的若干规定》。周春梅法官依法依规拒绝向某的要求，是她作为一个法官的基本职业操守，更是她坚守"头顶三尺是法律，脚下支撑是品节"、刚正不阿、秉公办案、严格执行防止干预司法"三个规定"要求的具体体现。这充分证明周春梅法官有着坚定的法治信仰，始终坚守和遵循公正价值取向。其次，周春梅法官在自身的日常生活中始终坚守公平正义，以公平正义为生活和做人的法则。面对想从事律师行业的侄儿，她早早打下"预防针"——"如果以后做律师，要靠自己的本事，千万不要指望婶婶去给你做什么"；面对同乡的违规"希望"，她不惜表现出"人缘不好，打听不到"的形象，只为坚守心中的公平正义。这些在日常生活中对公平正义、对法官职业准则的坚守，充分证明周春梅法官始终将"公正"价值取向牢记于心，付诸生活之小事。最后，周春梅法官还始终将对公平正义的坚守落实于自己负责的每一个案件。这不仅体现在她所负责的审判工作无一超审限、无一因过错被发回或改判，更体现在她刚正不阿、公正对待每一例案件，始终将党纪国法铭记在心，从来不让正义蒙尘。在"民告官"案件中，周春梅法官直指当地行政部门的失误，维护村民合法权益，成功化解多年矛盾纠纷。在劳动争议案中，周春梅法官前后拨打20多通电话同当事人原单位协调，为原告争取工作机会，只为尽最大努力维护当事人的正当权益。在

---

① 《习近平关于社会主义社会建设论述摘编》，中央文献出版社2017年版，第29、30页。

面对同乡向某的多次非法要求,周春梅法官更是明确表示"这不可能,我不能这样做",多次拒绝,严格公正司法,用生命捍卫了她所坚守的公平正义。

总之,周春梅法官以自己的生命、用自己的鲜血维护司法审判工作的公平正义,表明她是一位忠实执行宪法和法律、维护社会公平正义、勤勉尽责、清正廉明、恪守职业道德的好法官。她的感人事迹,彰显和体现了社会主义核心价值观所倡导的公正价值取向,让人们生动感受和领悟到了公正价值取向在司法审判工作领域的体现。以周春梅法官事迹为案例,能够让学生更加深刻地体会和感受社会主义核心价值观所倡导的公正价值取向,进一步引导学生形成对社会主义核心价值观的认知与认同,从而自觉向周春梅法官学习,以她为榜样,将公正价值取向落实在日常工作、学习、生活的各个方面,成为社会主义核心价值观的模范践行者。

(四)美国入侵伊拉克之罪二十年难消

1.案例呈现

2003年3月20日,美国以"伊拉克拥有大规模杀伤性武器"为由,不顾国际社会广泛反对,纠集盟友悍然入侵伊拉克,不仅让伊拉克人陷入战火,更造成地区持续动荡,破坏中东和平稳定。如今20年过去,战争亲历者渐渐老去,但苦痛未消;美国为维系自身霸权发动战争遗留的伤害,仍在持续。

战争谎言"发明家"。伊拉克战争前,美国政府信誓旦旦宣称伊拉克拥有"大规模杀伤性武器"。然而,从20世纪90年代至2002年,联合国派出数百个核查小组和数千名专家展开核查,没有一份报告断言伊拉克拥有此类武器。可这阻止不了美国开战。2003年2月,美国国务卿鲍威尔将一小管白色粉末宣称为伊拉克研制化学武器的"证据";3月20日,美国及其盟友大举入侵伊拉克。如今20年过去,美国在伊拉克纵使搜天索地也未发现"大规模杀伤性武器"。伊拉克政治分析人士纳杜姆·朱布里控诉,美国热衷于制造借口来干涉他国内政、煽动冲突。"一切始于谎言。"伊拉克政治分析人士阿里·穆萨强调。

美国在战时还编造"传奇女兵"杰西卡·林奇的故事,妄图用"正义对邪恶"的剧本误导世界舆论。在美军口中,林奇于2003年3月在伊拉克纳西里耶遭伊军伏击,拼死抵抗至"打完最后一颗子弹"被俘,并遭强暴、虐待,后由美特种部队深夜冒着爆炸声"攻入"林奇所在医院将她救走。

"美军不顾危险拯救被俘女兵"的故事被大肆宣传,但谎言隐瞒不了真相。纳西里耶当地医院揭露,当晚的爆炸声是美军故意制造。林奇于2007年在美国国会作证时也称自己一枪未开,是伊拉克人在她受重伤后救了她。至此,美军导演的大戏被彻底戳穿。

民主自由"毒苹果"。"美国的眼中没有人权和民主,只有胜者和败者,强者和弱者。"伊拉克战争期间被美军关押并遭受非人待遇的伊拉克人莱斯·卡迈勒,举着当年的关押证明告诉新华社记者。律师哈立德·拉西夫自嘲:"美军刚来时,我们还希望会有'民主''发展''现代技术',但希望很快破灭。"美军发动了"哈迪塞屠杀",2003—2021年,约20.9万伊拉克平民死于战争和暴力冲突,约920万伊拉克民众沦为难民或被迫离开故土。在费卢杰地区,人们至今饱受癌症和新生儿畸形高发之苦,根源就是以美军为首的联军大量使用贫铀弹和白磷弹。

地区动荡制造者。美国用战争摧毁伊拉克国家机器,打破当地政治秩序和社会稳定,为恐怖主义提供了绝佳温床。极端组织"伊斯兰国",是伊拉克战争结出的恶果,至今都在威胁地区和平稳定。2014年,"伊斯兰国"攻占伊拉克约三分之一土地,并在叙利亚占据大片领土。据澳大利亚经济与和平研究所统计,2022年,有18个国家发生"伊斯兰国"恐袭死亡事件,"单次袭击致死人数从2021年的2.5人增加到2022年的2.9人"。美国在伊拉克"越反越恐"的事实证明,滥用武力颠覆他国和强行嫁接"美式民主"的路子根本走不通,反而可能将家园被毁的民众推向极端组织。但从深度介入叙利亚和利比亚冲突可知,美国并未吸取教训。"事实证明,美国是一个战争帝国,惯于以民主之类的借口发动战争,将他国变成暴力和冲突之源。这种做法至今没有本质改变。"朱布里表示。

(资料来源:凡帅帅、陈梦阳、董亚雷:《美国入侵伊拉克之罪二十年难消》,http://www.xinhuanet.com/2023-03/20/c_1129447788.htm,访问日期:2024年4月22日。)

2.案例指向

本案例重点指向教材"社会主义核心价值观的显著特征"部分,聚焦辨析和批判西方"普世价值"实质的部分内容。

3.案例解析

本案例较为详细全面地揭示了美国入侵伊拉克的前因后果及其所带来的惨痛恶果,为学生提供了辨析、批判与认清以美国为首的西方国家强势倡导和推行的"普世价值"实质的生动素材。所谓"普世价值",概括起来就是普遍适用、永恒存在的价值,是一种被认为打破了所有民族、种族、阶级、国家的界限，超越了一切文明、宗教、信仰的差异，并且不会因为时代的变迁、社会形态的更替而有任何改变的价值。"普世价值"是由以美国为首的西方国家在全球强势倡导和推行的，且这种强势倡导和推行的"普世价值"并非指人类道德评价、审美评价的普遍性或共性，而是特指资本主义价值观，推行的并不是人类共同的价值观，而是特定的价值观及其背后的经济政治文化制度。简言之，以美国为首的西方国家在全球强势倡导和推行的"普世价值"就是西方国家宣扬的资产阶级的自由、民主和人权。这种"普世价值"究竟是否真的普适呢？美国发动伊拉克战争的案例足以戳破这一巨大的谎言。

伊拉克陷入战火、持续动荡始于一场刻意编造的谎言，揭示了以美国为首的西方国家宣扬的"普世价值"的虚伪性。一方面，美国打着自由、民主和人权的幌子，以编造的谎言为由入侵伊拉克，证实了所谓的"普世价值"在理论上的虚伪性。伊拉克战争前，美国政府就信誓旦旦宣称伊拉克拥有"大规模杀伤性武器"。尽管从20世纪90年代至2002年，联合国派出数百个核查小组和数千名专家展开核查都未有报告断言伊拉克拥有此类武器，美国依旧难消开战的欲望。美国大举入侵伊拉克，使伊拉克陷入战火和持续至今的动荡，其背后实则是对自身所谓的"普世价值"的一种强势倡导和推行。在他们看来，建立在资本主义生产方式基础之上的，从抽象的"人性论"出发的自由、民主、人权等价值是普适的，是放之四海而皆准的"普世价值"，因而世界上所有国家都应遵循这一价值观及其背后的经济政治文化制度。倡导和推行这一特定价值观的所有行为都是正义的，甚至为此发动的战争也是正义和必需的。然而，世界上不存在抽象的人，不存在放之四海而皆准的价值观及其相应的制度，"每个国家的政治制度都是独特的，都是由这个国家的人民决定的，都是在这个国家历史传承、文化传统、经济社会发展的基础上长期发展、渐进改进、内生性演化的结果"①。美国不顾国际社会广泛反对，纠集盟友悍然入侵伊拉克，破坏伊拉克人民生活，并在战争中编造假故事，妄图用"正义对邪恶"的剧本误导世界舆论，充分揭示了他们所宣扬的"普世价值"在理论上的虚伪性，充分证明"美国的眼中没有人权和民主，只有胜者和败者，强者和弱者"。

另一方面，美国打着民主、人权的幌子入侵伊拉克所带来的种种恶果，充分证明了所谓的"普世价值"在实践上的虚伪性。美国入侵伊拉克，

---

① 习近平：《习近平谈治国理政》第2卷，外文出版社2017年版，第286页。

并没有带来民主和人权。实际上,他们用战争摧毁了伊拉克国家机器,打破了当地政治秩序和社会稳定,他们发动了"哈迪塞屠杀",杀害手无寸铁的平民。也正因为此次入侵,从 2003 年至 2021 年,约 20.9 万伊拉克平民死于战争和暴力冲突,约 920 万伊拉克民众沦为难民或被迫离开故土;在伊拉克费卢杰地区,人们至今饱受由战争带来的癌症和新生儿畸形高发之苦,根源就在于以美军为首的联军大量使用贫铀弹和白磷弹。更为恶劣的是,美国用战争破坏伊拉克政治秩序和社会稳定的同时,为恐怖主义提供了绝佳温床——极端组织"伊斯兰国"在伊拉克做大,至今都在威胁地区和平稳定。2014 年,"伊斯兰国"攻占伊拉克约 1/3 的土地,并在叙利亚占据大片领土,威胁中东地区安全;2022 年,有 18 个国家发生"伊斯兰国"恐袭死亡事件,单次袭击致死人数从 2021 年的 2.5 人增加到 2022 年的 2.9 人。美国打着"普世价值"的旗号,大举入侵伊拉克带来的种种恶果,与美国及其盟友所标榜的"普世价值"形成鲜明对照,他们所谓的"普世价值"并不能真正"普适",反而严重破坏着世界其他国家、地区的和平稳定。伊拉克战争的发生及其带来的惨痛后果,向世人证明滥用武力颠覆他国和强行嫁接"美式民主"的路子根本走不通,揭示了美国强势倡导和推行的"普世价值"在实践上具有极大的虚伪性,其实质是美国为了实现自身政治经济利益和霸权野心的借口。伴随"普世价值"而至的并非"自由""民主""人权"的春天,而是民不聊生、生灵涂炭的严冬。

总之,作为一种极具迷惑性、欺骗性并且带有鲜明政治倾向的价值观,"普世价值"既具有理论上的虚伪性,也具有实践上的虚伪性,我们一定要正确辨析与科学批判这种所谓的"普世价值"。要坚持以社会主义核心价值观为引领,运用马克思主义客观辩证地分析"普世价值"的实质,不断增强社会凝聚力和价值共识。将这一案例深度融入教材"社会主义核心价值观的显著特征"部分,通过播放或展示关于伊拉克战争前因后果的相关视频、数据和图片,深刻揭示"普世价值"的虚伪性实质,能够帮助学生认清所谓的"普世价值"实质,进一步理解和认同社会主义核心价值观,也能够引导和启示学生正确认识各个国家民族、各种价值观及其政治经济制度之间的差异,尊重世界文明多样性,批判和反对西方所谓的"普世价值",积极弘扬全人类共同价值。

(五)10年,青春在"一带一路"沿线绽放

1.案例呈现

2023年,是共建"一带一路"倡议提出十周年。十年来,一批批重大工程项目落地开花结果,一批批建设者倾情奉献。他们或远赴他乡,在奋斗中守护初心,或搭上机遇快车,在岗位上锤炼本领……

"干活听温度计的",拿出"绣花功夫"在沙漠上建起一座大学城。"在这里,干活得听温度计的。每年春节前后,就是干活的最好时段,我们必须抓紧作业、抢工期。"中国建筑承建的科威特大学城附属设施项目副经理薛彪笑着说。每年11月到次年2月,科威特白天气温22摄氏度左右;6月到9月,白天平均气温超过45摄氏度,当地要求上午11时到下午4时不能户外作业。同时要求混凝土浇筑必须有监理在场,且室外温度40摄氏度以下才可作业。对此,薛彪团队在夜间施工作业,每到混凝土浇筑时,更是争分夺秒。此外,薛彪团队还克服了一系列困难:为保证沙漠地质工程质量,有时检测就差百分之零点几也重新施工,直至100%。在沟通上,薛彪建立微信群、英语角,历经3个月,所有同事都能应付日常工作英语交流,甚至学会简单的阿拉伯语。如今,科威特大学城已为当地学子带去更加先进的教育设施和学习资源。

打败"不可能",连续6年奋战于两条铁路项目。2018年6月14日18:27,老挝楠科内河特大桥214号墩身顺利浇筑完成,标志中老铁路全线最长桥梁主体工程顺利完工。这是中铁二局第六工程有限公司总工程师徐州在"一带一路"沿线参与修建的第二条铁路。早在2012年6月,29岁的徐州远赴埃塞俄比亚,参与亚吉铁路(埃塞俄比亚首都亚的斯亚贝巴至吉布提首都吉布提,按照全套中国标准和采用中国装备建造的非洲第一条跨国现代电气化铁路)建设。一到任,徐州就面临路基填料难题。他带领12名成员,带上试验仪器,头顶烈日,每天徒步十几公里,取样,分析沿线土源。经过上千次配比实验,成功解决路基填料问题。亚吉铁路投入运营,使从吉布提至亚的斯亚贝巴的货运时间从3~7天缩减至十几小时。2017年5月,徐州转战老挝,负责包括中老铁路重点控制性工程——楠科内河特大桥在内的项目建设。雨季施工是该项目首个难题,徐州带领团队反复研究,完成多个"不可能":中老铁路全线第一个桥梁桩基成桩、第一个桥梁墩台成型、12天建成钢筋厂……如今,楠科内河特大桥已是中老铁路上一道绚烂长虹。

"工作总是需要人来做,我不能半路逃跑。""每当供水项目通水的那一刻,水哗哗向外涌流,我可以站在原地看好长、好长时间。"坦桑尼亚西北部锡米由供水项目负责人宁云峰说。坦桑尼亚位于非洲东部,锡米由供水项目可解决超 70 万当地民众的饮水难题。在坦桑尼亚维多利亚湖地区,中国土木先后实施并竣工移交北部供水一期和四期、森格拉玛供水等重点水务项目。2011 年,27 岁的宁云峰来到此处,一干就是 12 年。10 余年来,宁云峰的项目营地绕维多利亚湖不停挪动,但每到一处,他们都得先靠打井抽水或组装简易水处理装置来解决自己没有水用的难题。就没有想过离开吗?宁云峰语塞表示:"想过,经常会想……但工作总是需要人来做,我不能半路逃跑。"每当供水项目通水,村民便可在家直接使用清洁水源,孩子不用因取水而耽误上学,女性不用抱怨头顶水桶带来背痛,村子少了伤寒和霍乱患者。2020 年 9 月,中国土木东非水务在坦桑尼亚姆万扎地区挂牌成立,宁云峰任总经理。"未来还有很多项目要做。"宁云峰说,水务产业链条会逐步完善,服务更多当地居民。

10 年来,无数青年在"一带一路"共建国家和地区落地生根,正是有他们胸怀天下、放眼全球的责任和担当,"一带一路"倡议才得到越来越多国家和地区的拥护和支持。

(资料来源:牟昊琨、张金霞、李红卫:《10 年,青春在"一带一路"沿线绽放》,https://news.youth.cn/gn/202310/t20231018_14855871.htm,访问日期:2024 年 4 月 22 日。)

2.案例指向

本案例重点指向教材"弘扬全人类共同价值"部分。

3.案例解析

本案例以薛彪、徐州、宁云峰参与"一带一路"建设事迹为缩影,生动展示了中国青年扎根"一带一路"共建国家和地区,倾情奉献,推动一批批重大工程项目落地开花的先进事迹,为学生提供了学习和弘扬全人类共同价值的生动素材。2015 年 9 月 28 日,习近平总书记在第七十届联合国大会一般性辩论时提出"和平、发展、公平、正义、民主、自由,是全人类的共同价值,也是联合国的崇高目标",并强调"目标远未完成,我们仍须努力。当今世界,各国相互依存、休戚与共。我们要继承和弘扬联合国宪章的宗旨和原则,构建以合作共赢为核心的新型国际关系,打造人类命运共同体"①。中国坚持合作、不搞对抗,坚持开放、不搞封闭,坚持互利共赢、不搞零和博弈,坚定不移推进共建"一带一路"高质量发展,真诚呼吁世界各国,愿意并乐意同一切爱好和平的国家和人民一道,弘扬和平、发展、公平、正义、民主、自由的全人类共同价值。

"一带一路"是"丝绸之路经济带"和"21世纪海上丝绸之路"的简称。2013年9月和10月,习近平总书记分别提出建设"丝绸之路经济带"和"21世纪海上丝绸之路"的合作倡议,共建"一带一路"由此产生。截至2023年6月底,中国与150多个国家、30多个国际组织签署了230多份共建"一带一路"合作文件。2023年10月17—18日,第三届"一带一路"国际合作高峰论坛在北京举行,成为纪念"一带一路"倡议十周年最隆重的活动,此次活动主题为"高质量共建'一带一路',携手实现共同发展繁荣"。2023年11月24日,中国发布共建"一带一路"未来十年发展展望。"一带一路"是开放性、包容性区域合作倡议,而非排他性、封闭性的中国"小圈子",是务实合作平台,而非中国的地缘政治工具,是建立在双边或多边联动基础上,通过具体项目加以推进的共商共建共享的联动发展倡议,而非中国的对外援助计划。

"一带一路"合作倡议的提出与积极践行,充分证明中国及中国人民坚持合作、坚持互利共赢、不搞零和博弈,在全世界积极弘扬和平、发展、公平、正义、民主、自由的全人类共同价值。通过共建"一带一路"这十年内在共建国家和地区扎根的无数中国青年事迹、落实的一个又一个实际项目或工程的实际案例,我们能够清晰看到:中国和中国青年正在并将继续同一切爱好和平的国家和人民一道,致力于通过真切的实际行动,弘扬和平、发展、公平、正义、民主、自由的全人类共同价值。一方面,十年来在"一带一路"共建国家和地区落地生根的无数中国青年,彰显了中国人民弘扬全人类共同价值的毅力和决心。案例中呈现了三个代表性的青年:远赴科威特,带领项目团队克服高温作业条件和大大小小困难的中国建筑人员薛彪;远赴埃塞俄比亚,历经上千次配比实验只为解决亚吉铁路路基填料问题,而后转战老挝,带领团队克服雨季作业困难,打败一个又一个"不可能",在6年时间内奋战于两条铁路项目的中铁二局第六工程有限公司总工程师徐州;远赴非洲东部坦桑尼亚扎根水务工作12年,克服

---

① 习近平:《携手构建合作共赢新伙伴 同心打造人类命运共同体——在第七十届联合国大会一般性辩论时的讲话》,《人民日报》2015年9月29日第2版。

种种困难，完成大大小小水务项目，自觉亏欠家人但说出"工作总是需要人来做，我不能半路逃跑"的中国土木人员宁云峰。上述三位青年扎根在"一带一路"共建国家和地区的事迹，充分彰显了中国人民弘扬全人类共同价值的毅力和决心，充分彰显了新时代中国青年胸怀天下、放眼全球的责任和担当。

另一方面，无数中国青年十年来在"一带一路"共建国家和地区倾情奉献，建设落实的一批批重大工程项目，向全世界表明了中国对全人类共同价值的积极践行。从遵循当地政府作业要求和标准，克服高温、语言等种种困难如期完成的科威特大学城附属设施项目，到带领团队头顶烈日，每天徒步十几公里，取样，分析沿线土源，经过上千次配比实验解决路基填料问题，最终建成的按照全套中国标准和采用中国装备建造的非洲第一条跨国现代电气化铁路——亚吉铁路，使从吉布提至亚的斯亚贝巴的货运时间从3～7天缩减至十几小时，到带领团队反复研究，完成雨季施工等在内的多个"不可能"而建成的楠科内河特大桥，再到扎根坦桑尼亚维多利亚湖地区，完成的北部供水一期和四期、森格拉玛供水、锡米由供水等一个又一个供水项目。这一个个落地开花的重大工程项目，充分证明"一带一路"是开放性、包容性区域合作倡议，是务实合作平台，是共商共建共享的联动发展倡议，充分证明中国及中国人民坚持合作、不搞对抗，坚持开放、不搞封闭，坚持互利共赢、不搞零和博弈，坚持以实际行动践行和平、发展、公平、正义、民主、自由的全人类共同价值。

总之，"一带一路"是秉承"和平合作、开放包容、互学互鉴、互利共赢"基本原则而提出的重要倡议，各国都是平等的参与者、贡献者、受益者。开展更大范围、更高水平、更深层次的区域合作，打造开放、包容、均衡、普惠的区域经济合作架构，以人类前途为怀、以人民福祉为念，推动构建人类命运共同体，建设更加美好的世界。坚定不移推进共建"一带一路"高质量发展，是构建人类命运共同体的现实依托，是对全人类共同价值的积极践行。本案例中所列举的科威特大学城项目、亚吉铁路、中老铁路楠科内河特大桥、坦桑尼亚供水项目，是建立在和平合作与高度尊重共建国家和地区民主、自由决定、互利共赢基础上的，是以谋求地区发展、全球发展为第一要务的，充分彰显了世界各国人民对公平正义的价值追求。以视频、图片等多种方式充分展现关于"一带一路"建设的成就，有理有据地阐释全人类共同价值在其中的体现，能够帮助学生正确认识全人类共同价值的内涵与价值意蕴等重要内容，能够引导学生从身边做起、从小事做起,积极弘扬和平、发展、公平、正义、民主、自由的全人类共同价值,确立同一切爱好和平的国家和人民一道,携手同行,共同开创人类更加美好的未来、共建美好世界的远大理想与世界责任。

四、延伸阅读

1.习近平:《青年要自觉践行社会主义核心价值观——在北京大学师生座谈会上的讲话》,人民出版社2014年版。

2.《社会主义核心价值观学习读本》,新华出版社2013年版。

3.中共中央办公厅:《关于培育和践行社会主义核心价值观的意见》,人民出版社2013年版。

4.中共中央办公厅、国务院办公厅:《关于进一步把社会主义核心价值观融入法治建设的指导意见》,《人民日报》2016年12月26日第1、5版。

5.卫兴华:《掀开西方"普世价值"的面纱》,《人民日报》2015年11月30日第7版。

五、拓展研学

建议学生组成学习小组,结合以下选题,通过搜集文献、案例,展开辩论等形式,进行进一步深入探讨,并形成研学报告。

1.如何理解"人生的扣子从一开始就要扣好"?

2.大学生践行社会主义核心价值观,应如何在知行合一上下功夫?

3.为什么说西方"普世价值"是一种极具有迷惑性、欺骗性并且带有鲜明政治倾向的价值观?

第五章　培育道德观念，传承中华美德

一、教学主要目标

经过对教材第五章第一、二节内容进行全面的梳理，可以得出其逻辑主线是"阐发马克思主义道德观何以构成社会主义道德的理论基础，论证社会主义道德为什么是崭新类型的道德，并突出坚持社会主义道德'核心'与'原则'的必然性和必要性；从社会主义道德的源头活水、红色基因和外来镜鉴的角度分别论述传承中华传统美德和弘扬中国革命道德、道德成果的重要意义及主要内容"[①]。

基于这一逻辑主线，本章要实现的教学目标：(1)知识层面。帮助大学生清晰认识马克思主义道德观基本理论、深刻理解社会主义道德的核心与原则的基本内容，了解中华传统美德和中国革命道德，同时以开放的胸怀和视野吸收借鉴人类文明优秀道德成果，不断深化对社会主义道德的认识。(2)能力层面。引导大学生自觉遵守社会主义道德规范，做社会主义道德的践行者、示范者和引领者。(3)价值层面。引导和帮助大学生确立为人民服务的价值观念，为家庭谋幸福，为他人送温暖，为社会做贡献，不断引领社会风尚，提升道德境界。

二、教学重难点

本章教学重点：讲好社会主义道德的核心与原则等理论知识，在此基础上引导学生深入思考为什么要坚持社会主义道德、社会主义道德的先进性在哪里，引导学生成为社会主义道德的示范者和引领者。

本章教学难点：对学生在个人与集体关系问题上存在的疑问与困惑

---

① 李志强：《社会主义道德的基本理论、丰富资源和具体实践——谈〈思想道德与法治（2023年版）〉第五章的逻辑主线》，《思想教育研究》2023年第4期。

进行解答,通过对个人主义、利己主义、集体主义的对比分析和与学生深入探讨交流,引导学生摒弃个人主义、利己主义观念,帮助学生不断锤炼个人品德,践行社会主义道德。

三、教学案例

(一)三十四年后的追寻——"四有"书记谷文昌

1. 案例呈现

他已经去世34年,仍为当地民众深深怀念,他带领群众植下的满岛木麻黄,如今已长成防风固沙的茂密森林。习近平总书记撰文称赞他"在老百姓心中树起了一座不朽的丰碑";老百姓尊他为"谷公","先祭谷公,后祭祖宗",成为当地多年的习俗。他就是谷文昌,福建省东山县原县委书记。

刚刚过去的清明节,东山的父老乡亲,扶老携幼,络绎不绝,又一次拥至谷文昌墓前,献一捧自己采摘的花草,放一盘自家做的吃食,燃一根他生前最爱抽的香烟,寄托无限缅怀。

"我无论如何也想不到,在中国,在今天,一位共产党的县委书记,在他死后,居然会被当地的普通民众尊称为'公'。"到过东山的作家梁晓声,曾为所见所闻而慨叹。

金杯银杯,不如老百姓的口碑;金奖银奖,不如老百姓的夸奖。

谷文昌是河南林县人,1950年随部队南下至福建,在海岛东山县工作了14年,担任县委书记10年。后来任省林业厅副厅长,"文革"期间曾被下放劳动。凡是他工作和战斗过的地方,只要提起谷文昌,人们都有说不完的敬重、道不完的思念、言不尽的呼唤。

他以"不治服风沙,就让风沙把我埋掉"的胆魄,率领东山人民苦战十几载,遍植木麻黄,筑起绿色长城,硬是治服了"神仙都难治"的风沙,让海岛换了天地,让百姓换了人间。

他不仅把"不带私心搞革命,一心一意为人民"写在纸上,立下"不把人民拯救出苦难,共产党来干什么"的誓言,更是大事小情想到群众心底里,干到群众心坎上。他把功成不必在我的"潜绩",十几年如一日地变成了泽被东山后人的福祉。好日子来到了跟前,共产党走进了人心。

他为民高擎一把伞,为民敢扛一片天,对党和人民高度负责,实事求是,敢于担当。中华人民共和国成立初期他把"敌伪家属"改为"兵灾家属",一项德政,赢得十万民心。

他不论肩负重任还是身处逆境,从未忘记党员身份,从未褪去党员底色,从未动摇理想信念。他见不得群众受苦受难受委屈,容不得干部不想不干不作为。任何时候,任何境遇,他都相信党,相信组织,笃行宗旨。信仰,是从他心里长出来的。

他为官恪守两条原则:只要对百姓有利的事,哪怕排除万难也要做到;凡是对党的威信有害的事,哪怕再小也不能做。"当领导的要先把自己的手洗净,把自己的腰杆挺直!"对权力畏戒,对底线坚守,党性原则永远是个人头上的天。他以心中的"畏",博得了群众心头的"敬"。

心中有党、心中有民、心中有责、心中有戒,谷文昌堪称"四有"干部的楷模。

今天的东山,天蓝、水碧、海湾美、沙白、林绿、岛礁奇。谷文昌当年描绘的愿景——"举首不见石头山,下看不见飞沙滩,上路不被太阳晒,树林里面找村庄",早已变成现实。"我们的沙滩格外美",是东山人的骄傲;"国家级生态县",是东山岛的美誉。

"离开时,你带走的是两罐自腌的咸菜;留下的,是一片生机盎然的绿洲。这样的好官,谁不赞?""好书记""好干部"被人们传颂。

"我要和东山的人民、东山的大树永远在一起",谷文昌临终留下遗言。如今,谷文昌长眠在他当年率领干部群众战天斗地的赤山林场。50多年前栽下的木麻黄参天如盖,守护在墓旁。

"看见木麻黄,想起谷文昌。"谷文昌为东山留下千千万万的木麻黄,千千万万的木麻黄又从千千万万人的心里拔节而生。岁月的洗礼,让他的身影愈加清晰挺拔,他的精神穿越时空,历久弥新。

(资料来源:《谷文昌:三十四年后的追寻》,https://biaozhang.12371.cn/2015/04/07/ARTI1428355984417466.shtml,访问日期:2024年4月22日。)

2.案例指向

本案例指向教材第五章"遵守道德规范 锤炼道德品格"第一节"社会主义道德的核心与原则"第一目"坚持马克思主义道德观"、第二目"坚持以为人民服务为核心"。

3.案例解析

本案例主要讲述"四有"书记谷文昌的故事。2015年4月7日,《人民日报》在头版头条刊发文章《三十四年后的追寻——"四有"书记谷文昌》，记叙一直让习近平总书记念念不忘、撰文称赞"在老百姓心中树立起了一座不朽丰碑"的县委书记的生平事迹。谷文昌用坚守和奉献护佑一方平安，用实际行动写就社会主义道德内核。本案例还可延伸至"中国革命道德"部分，用以澄清"革命道德仅仅是革命或战争时期的道德"的错误认识。

社会主义道德是人类道德发展史上一种崭新类型的道德，是对人类社会以往道德形态的超越，具有显著的先进性特征。深刻理解以为人民服务为核心是社会主义道德的核心，有助于建立正确的道德认知。

第一，谷文昌的精神产生于生产实践之中，是在国家治理和社会生活中表现出来的社会意识形态。社会主义和共产主义道德，是人类道德合乎规律发展的必然产物。在以生产资料公有制为主体的社会主义社会，广大人民不仅在政治上实现了当家作主，而且在道德上实现了由被动到主动的转变。这种道德观念的转变不仅体现在个人层面的自我提升和自我约束上，更体现在集体意识和社会责任感的显著增强上。谷文昌主动带领村民治服风沙，为民高擎一把伞，为民敢扛一片天，对党和人民高度负责，实事求是，敢于担当，具有高度的集体意识和社会责任感。在社会主义道德观念的指导下，社会成员更加重视对公共利益的维护，积极参与到社会公益事业和志愿服务中，通过实际行动促进社会和谐与进步。谷文昌的言行举止，无不体现出他对共产主义道德的深刻理解和坚定践行。他那种"不带私心搞革命，一心一意为人民"的精神，展现了一个共产党员的高尚情操和为人民服务的坚定信念。同时，这种道德观也促使人们在面对社会矛盾和问题时，能够站在公平正义的立场上，秉持共同理想和信念，通过集体智慧和努力寻找解决方案，以达到社会的长期稳定与健康发展。总之，社会主义道德的核心是为人民服务。谷文昌的精神是对整个社会道德风尚的一种引领和塑造，是社会主义和共产主义道德的体现，也深刻地反映了在社会主义建设过程中，人们对于道德实践的高度重视和积极追求。

第二，社会主义道德是对人类优秀道德资源的批判继承和创新发展。以当代中国的社会主义道德体系为例，我们今天倡导的社会主义道德规范，不仅与中华传统美德相承接，与中国共产党人在革命战争年代创立的革命道德相延续，同时也是对人类优秀道德成果的吸收和借鉴。谷文昌精神作为社会主义道德建设的重要内容，其核心理念和实践行动都深刻地体现了马克思主义的基本原理和价值追求。这些精神不仅在理论上与马克思主义的立场、观点和方法相契合,而且在实践中也不断地推动着马克思主义在中国的具体化和时代化发展。社会主义道德的建设是一个既继承又创新的过程,它在批判地吸收人类历史上的优秀道德资源的基础上,结合时代特征和社会主义建设的实际需要,形成了具有鲜明时代特色和中国特色的社会主义道德体系。这一体系不仅承载着中华民族深厚的道德文化底蕴,也融合了中国共产党在长期革命斗争中培育和积累的宝贵道德财富,体现了对人类文明优秀成果的广泛吸收和深入借鉴。谷文昌精神正是这一体系中的杰出代表。谷文昌精神体现了共产党员的高尚品质和为民服务的宗旨,展现了社会主义道德建设对个人品德和社会责任的高度重视。

第三,为什么人服务是道德的核心问题,决定并体现着道德建设的根本性质和发展方向,规定并制约着道德领域中的所有道德现象。为人民服务,不仅是坚持历史唯物主义的必然要求,是中国共产党践行的根本宗旨,也是社会主义道德观的集中体现,是全体中国人民共同遵循的道德要求。大学时期是道德观形成和发展的重要阶段,在这个时期形成的道德观念对学生的一生具有重要影响。大学生作为祖国的未来与希望,必须树立马克思主义道德观,弘扬社会主义道德。大学生需要明晰社会主义道德与资本主义道德的区别,明晰社会主义道德的内核是为人民服务,明晰社会主义道德作为一种崭新的道德,具有先进性。大学生应积极向谷文昌学习,以之为榜样,感悟其光辉事迹,领悟其为人民服务的精神与品质,努力成为社会主义道德的践行者、弘扬者。

社会主义道德的核心是为人民服务,那么为人民服务的主体是谁?为人民服务是否高不可攀?通过对话德育,启发学生思考为人民服务的主体是谁。是否仅仅是像谷文昌一样的党员干部?

第四,为人民服务是先进性要求和广泛性要求的统一。为人民服务,既伟大又平凡,既高尚又普通,它并非高不可攀、遥不可及,而是可以通过不同层次、不同形式表现出来。每个人的力量是有限的,但只要我们万众一心、众志成城,就没有克服不了的困难;每个人的工作时间是有限的,但全心全意为人民服务是无限的。在今天,毫不利己、专门利人、无私奉献是为人民服务,顾全大局、先公后私、爱岗敬业、办事公道是为人民服务,同志间、师生间、同学间互相关心、互相爱护、互相帮助是为人民服务,热心公益、助人为乐、见义勇为、扶贫帮困、扶残助残是为人民服务,遵纪守法、诚实劳动并获取正当的个人利益同样也是为人民服务。那种认为为人民服务只适于党员干部而不能推广到全体人民的看法是一种误解,事实上,一个人只要时时处处想到他人、想到社会、想到国家,能够推己及人、与人为善,服务他人、奉献社会,使他人能够因自己的所作所为而得到益处,使社会可以因自己的努力而发生积极改变,就是在践行为人民服务。

(二)"两弹一星"元勋

1.案例呈现

"两弹一星"精神是第一批纳入中国共产党人精神谱系的伟大精神,是爱国主义、集体主义、社会主义精神和科学精神的集中体现。让我们一起走进"两弹一星"元勋们的故事,深切感受他们身上闪耀着的集体主义的光芒。

于敏:28年隐姓埋名,干惊天动地事

于敏是"中国氢弹之父"。1961年1月,副部长钱三强郑重地对于敏说:"咱们一定要赶在法国之前把氢弹研制出来,我这样调兵遣将,请你不要有什么顾虑,相信你一定能干好!"片刻思考之后,于敏紧紧握着钱三强的手,点点头:"国家需要我,我一定全力以赴!"于敏喜欢做基础研究,当时已经很有成绩,而核武器研究不仅任务重、集体性强,而且意味着他必须放弃光明的学术前途,对他个人而言是极大的损失。但他义无反顾,从那一天起,开始了长达28年隐姓埋名的生涯。一次核试验前的讨论会上,压力、紧张充斥整个屋子。这时,只听到"臣受命之日,寝不安席,食不甘味……臣鞠躬尽瘁,死而后已……"于敏和陈能宽两位科学家忽然你一句我一句地将诸葛亮的《后出师表》背诵到底。那一刻,在座所有人无不以泪洗面,所有人都真切地体会到个人奋斗与国家命运紧紧相连。功夫不负有心人,1967年6月17日8时,随着指挥员"起爆!"的指令,氢弹携着降落伞从空中急速落下。当日,新华社向全世界发布了《新闻公报》,庄严宣告:"我国在两年八个月时间内进行了五次核试验之后,今天,中国的第一颗氢弹在中国的西部地区上空爆炸成功!"从原子弹试验成功到第一颗氢弹爆炸成功,中国人只用了两年零八个月的时间,创造了研制氢弹的世界纪录!

(资料来源:《隐姓埋名的岁月》,http://cpc.people.com.cn/n1/2023/0516/c443712-32686963.html,访问日期:2024年4月22日。)

姚桐斌:甘当配角,赤诚报国情

20世纪50年代中期,我国根据国防建设需要,决定实施"两弹一星"

工程,并于1956年10月8日成立了我国第一个导弹研究机构——国防部第五研究院。1958年1月26日,回国后的姚桐斌,拒绝了清华大学、中国科学院沈阳金属研究所、北京钢铁学院(现为北京科技大学)等单位,无条件服从组织安排,到第五研究院工作,心甘情愿在航天系统当起了设计部门的配角。姚桐斌任七〇三所所长时,经常对所里的同志强调:要"为设计服务",要"甘当配角","我回来不是为了名誉和地位,而是为了将学到的知识贡献给国家建设。我愿意在基层做一些具体的事情,和大家一起为我国火箭上天贡献力量",并时常用《苏三起解》中梅兰芳和萧长华互相成就博得满堂彩的故事勉励身边的人。姚桐斌是这么说的,也是这么做的。

(资料来源:《姚桐斌:唯一一位在国外入党的"两弹一星"元勋》,http://cpc.people.com.cn/n1/2023/0621/c443712-40018577.html,访问日期:2024年4月22日。)

陈芳允:两弹元勋奠基北斗

陈芳允(1916—2000),我国卫星测量和控制技术的奠基人之一。他把自己的一生与祖国命运联系在一起。

第一阶段,知国之所望:人生定航。1941年,陈芳允抱着为抗日战争作出自己贡献的想法,研制发明了我国第一架无线电导航仪。1948年,陈芳允带着世界第一流的电子工程技术回国,在中央研究院生理生化所工作,研制出生物电子学方面的电子仪器设备。

第二阶段,应国之所需:测控定算。中华人民共和国成立后,发展科学技术成为当务之急。陈芳允除了继续从事电子学的研究外,还积极响应党的号召,参加各项政治活动,担任中国科学院上海分院工会主席。

第三阶段,谋国之所向:战略定策。陈芳允始终以战略科学家的眼光密切关注世界科学技术的发展趋势,1983年,陈芳允等科学家提出,利用2颗同步定点卫星进行定位导航的设想,只用2颗卫星即可完成基本定位功能。这是根据我国自己的需求和当时经济实力确定的。该系统后来被称为"双星定位系统"。

第四阶段,成国之所尚:楷模定格。"四十京兆一技人,爱研求实不爱名,一称专家已过誉,惭愧国人赶超心。"这是陈芳允对自己的自勉自谦。在长期的科研实践中,陈芳允恪守为人民服务的理念,体现出严谨创新的科学风格、勤勉奉献的高尚人格和忠诚担当的政治品格。

(资料来源:《陈芳允:两弹元勋奠基北斗》,http://cpc.people.com.cn/n1/2023/0208/c443712-32619756.html,访问日期:2024年4月22日。)

2.案例指向

本案例指向教材第五章"遵守道德规范 锤炼道德品格"第一节"社会主义道德的核心与原则"第三目"坚持以集体主义为原则"。具体指向国家利益、社会整体利益和个人利益的辩证统一以及集体主义三个层次的道德要求。

3.案例解析

"两弹一星"又称"两弹一星"工程,是中国于20世纪50年代后期开始组织研制核弹(原子弹、氢弹)、导弹和人造卫星工程的简称。这项工程涉及精密而又繁复的数据演算,其背后的故事长期涉密,不为人知,直到2021年电视剧《功勋》之《无名英雄于敏》播出,观众才感受到了"两弹一星"元勋们的集体主义、爱国主义等精神。本案例主要选取了三位"两弹一星"元勋的故事,分别是于敏、姚桐斌、陈芳允,通过三位元勋的故事,回应教材第五章第一节第三目"坚持以集体主义为原则"的知识点。同时,本案例还可以延伸至教材第五章的"发扬中国革命道德"部分。

集体主义的发展经历了几个不同时期。最早的集体主义是原始社会中原始居民所信奉的原始共同体主义。进入阶级社会后,原始集体主义瓦解,代之为统治阶级的阶级利己主义。近代以来,工人阶级诞生,社会主义运动兴起,产生了作为先进阶级的工人阶级的道德原则——工人阶级、社会主义的集体主义。

社会主义道德以集体主义为原则,强调国家利益、社会整体利益和个人利益的辩证统一:

第一,个人离不开集体,集体把每个劳动者的智慧和力量凝聚在一起,形成巨大的创造力。经过著名的"百日会战",于敏率领的团队实现了从原理、材料到构型完整的氢弹物理设计方案,并定型为中国第一代核武器。如果没有集体的力量,仅靠个人无法完成核武器的任务。正是集体把每个劳动者的智慧和力量凝聚在一起,才能够只用两年零八个月的时间研制出氢弹,创造研制氢弹的世界纪录。

第二,集体主义强调国家利益、集体利益高于个人利益,但也重视和保障个人的正当利益。个人与集体同心同向、与国家同频共振,时代才可能向前,国家才可能向上。而集体的发展不会遮蔽个人价值,只会提供更大的舞台,赋予个体追求自身幸福更多元的维度。也只有在"大国崛起"的中国梦中,每个人才能守好"我的家",实现"我的梦"。钱三强郑重地对于敏说:"咱们一定要赶在法国之前把氢弹研制出来,我这样调兵遣将,请你不要有什么顾虑,相信你一定能干好!"片刻思考之后,于敏紧紧握着钱三强的手,点点头:"国家需要我,我一定全力以赴!"国家的利益高于个人的利益,于敏选择与集体同心同向,与国家同频共振,同时国家也重视并保障于敏个人的正当利益,帮助解决他所面临的其他方面的困难。

　　第三,当个人利益与国家利益和社会整体利益发生矛盾尤其是发生激烈冲突的时候,个人应当以大局为重,使个人利益服从国家利益、社会整体利益,在必要时作出牺牲。集体主义并不是随意要求个人为国家、为社会作出牺牲,只有在不牺牲个人利益就不能保全国家利益与社会整体利益的情况下,才要求个人作出牺牲。社会主义集体主义之所以强调个人利益服从国家利益和社会整体利益,归根到底是为了维护国家、社会的共同利益,最终也是为了维护个人的根本利益和长远意义。从基础研究转向氢弹研究,对于敏个人而言是很大的损失。于敏喜欢做基础研究,当时已经很有成绩,而核武器研究不仅任务重、集体性强,而且意味着他必须放弃光明的学术前途。从那一天起,于敏开始了长达 28 年隐姓埋名的生涯,直到 1988 年解密。当个人利益与国家利益产生冲突时,于敏放弃了个人利益,甚至隐姓埋名 28 年;姚桐斌拒绝了到清华大学、中国科学院沈阳金属研究所、北京钢铁学院(现为北京科技大学)等单位就职的机会,无条件服从组织安排,到第五研究院工作,心甘情愿在航天系统当起了设计部门的配角;陈芳允根据国家所需,积极主动响应国家号召。这些元勋们都将国家利益和社会整体利益放在了首位,甘愿牺牲个人利益。

　　有人认为,集体主义已经过时,过自己的小日子、"小确幸"就已经足够,反正"缺我一个也不少"。也有人认为集体主义仅仅关心集体的利益,忽视个人利益,甚至阻碍个人利益,认为集体主义教育是虚的,不能给人们带来实际利益的满足,从而转向个人主义,进而成为精致利己主义者。要解决此部分的问题,不仅需要讲清楚集体主义,也需要明晰个人主义和利己主义的内涵及其危害,以此纠正部分学生对集体主义的一些误解,引导大学生不做"精致利己主义者",唤醒、培育大学生的集体主义意识,使其在生活实践中发挥集体主义精神。

　　首先,清楚辨析个人主义的概念。在哲学上,个人主义理论有两个重要传统。一是以康德为代表的理性传统,它强调主体内在的、超验的纯粹自我,以及每个自我都应有的人性尊严和普遍人性所要求的道德义务,后来发展为理性的个人主义;二是以洛克、边沁为代表的功利主义传统,它强调主体外在的、现象的经验自我,认为每个自我拥有实体属性和自然权利,后来发展为功利取向的个人主义。这两种个人主义的主要区别在于:前者将自我框定在纯粹理性的道德人格之中,强调个人的人格尊严的同时也承认个人的局限性,将注意力集中在道德义务之上;后者则伴随现代资产阶级的兴起而逐渐形成,以自然状态的生物个体为人性基础,辩护的是经验的自我和经济人的权利主张,认为个人先于社会而存在,社会则摧毁和压抑了个人自由。

其次,精准认识个人主义带来的危害。法国社会学家涂尔干最早发现,威胁社会团结、阻碍个性解放的是片面地将社会原子化、主张个人利益至上的功利个人主义,而非康德式个人主义对人性尊严和道德义务的追求。个人主义将个体置身于经验自我的物质基础和社会现实中,在资本主义发展早期阶段,对于维护个人权利、推动经济发展发挥了重要作用。然而,随着消费主义的兴起,以经济利益为导向的功利主义不断蔓延,脱离理性内核、主张个人利益至上的功利个人主义诉求不断扩张,个人权利及其心理感受(如快乐、享受)被神圣化,功利个人主义那种忽视理性自我和进取精神、过分强调利益和欲望的特点遭到放大,进而导致功利过度扩张、理性逐渐式微,甚至会造成人性异化和文化扭曲,引发各种社会问题与自我迷失。

马克思对个人主义予以批判,指出作为历史出发点的个人不是抽象孤立的个人,而是需开展物质生产实践并在与他人的社会关系中才能呈现出现实的存在,也即成为"现实的个人",而"现实的个人"又通过实践活动历史性地形成了"人类社会"。个人主义作为资本主义意识形态的总汇,影响着社会生活的方方面面,伴随着资本主义社会基本矛盾运动,个人主义思想理论的内在矛盾也始终在以不同的形式显露出来。具体而言,个人主义的危害可以总结为以下几点:其一,个人主义隐含着原子主义的社会还原论思想,可能导致现代性社会的碎片化;其二,个人自由权利的空泛性,会造成对个人权利之现实性、历史性、社会性的忽视,难以积淀为社会制度体制,内化为社会的公共理性,无法成为真实的自由权利;其三,包含着个人与社会两极对立的隐患;其四,仅以个人权利作为一切善(好)价值合理性的最终依据,弱化了对人们内在心灵善的关注;其五,个人主义如果不受到抑制,也会走向利己主义,即只关心自己的利益,以自我为中心,自私自利。

再次,结合我国国情和热点事件进一步讲清楚个人主义对我国青年的影响,引导学生分析原因并给予其价值引导。随着现代化进程在全球的展开,个人主义价值观传到中国,给我国的集体主义信念带来了极大的冲击,这种冲击与侵害波及高校,使青年大学生群体出现了利己、功利、拜金、历史虚无主义的价值取向。个人主义与其他错误人生价值观往往捆绑在一起。例如,部分大学生受个人主义思潮过度侵蚀,对个人得失锱铢必较,不顾个人理想的实现和社会价值的彰显,成为"躲进小楼成一统"、放弃奋斗、沉迷享乐主义之中的"蛰居青年""躺平青年"。又如,部分大学生受到网络营销号的影响,打着"爱自己"的名义,购买不符合自己消费实际的奢侈品和服务以满足个人欲望,陷入消费主义和拜金主义思潮,不得不诓骗父母钱财或使用网络高利贷服务。这些例子表明,个人主义会诱发如享乐主义、拜金主义等其他错误的人生观。

最后,还需启发学生思考于敏、姚桐斌、陈允芳等两弹元勋的高尚境界为何值得当代年轻人学习。通过在课堂上追问学生,如果这些元勋们只看重个人前途,选择成为个人主义或利己主义者,我国的"两弹一星"事业会怎样,我国的国家安全会怎样,没有国家的安全保障,我们将会是怎样的处境等问题,根据学生回答进行总结,凸显集体主义的价值与个人主义的危害,从而说服大学生理解和接受集体主义。倘若有同学认为"集体主义的道德要求太高,自己不是科学家,作不出什么贡献,不需要具备集体主义道德"时,需要向学生阐释清楚社会主义的集体主义三个层次的道德要求:一是无私奉献、一心为公。即时时处处为集体利益着想,并甘愿为集体牺牲一切。这是集体主义的最高层次,是优秀党员、先进分子应努力达到的道德目标。二是先公后私、先人后己。即自觉把集体利益放在个人利益之上,在维护集体利益的前提下,实现个人的正当利益。这是已经具有较高社会主义道德觉悟的人能够达到的要求,具有广泛的社会基础。三是顾全大局、遵纪守法、热爱祖国、诚实劳动,以正当合法的手段保障个人利益。这是对公民最基本的道德要求。结合案例可以分析得出,"两弹一星"的元勋们,处处为国家利益、集体利益着想,都达到了前两个层次的道德要求。大学生要在第三个道德层次的基础上努力向"两弹一星"的元勋们看齐,以他们为榜样,争取达到前两个层次的道德要求。

维护人类和社会整体的共同利益,这一理念深植于社会主义道德之中,是人类文明发展的基石之一。在当今全球化和信息化日益加深的时代,我们面临着许多前所未有的挑战,如全球气候变化、资源枯竭、网络安全问题等,这些问题的解决需要新时代年轻人尤其是大学生群体的共同努力和协作。因此,培养和弘扬集体主义道德原则,不仅是对传统的继承,更是对未来的投资。

(三)王阳明道德文章穿越时空的价值

1.案例呈现

王阳明(1472—1529),名守仁,字伯安,浙江余姚人,是明代哲学家、思想家、军事家、政治家、教育家。

王阳明的一生充满传奇色彩。王阳明十二岁时,开始拜师读书。他经常捧书沉思,思考人生真谛。有一天,他突然问书塾老师:"何为(人生)第一等事?"老师回答说:"唯读书登第(做官)耳!"王阳明疑惑地说:"登第恐未为第一等事,或读书学圣贤耳!"这个"读书学圣贤"的心愿,表达了少年王阳明要做圣贤的远大志向。王阳明的人生目标,大概就是在这个时候确定的。

王阳明三十五岁时,司礼太监刘瑾专权跋扈,结党营私,排斥异己。时任兵部主事的王阳明挺身而出,抗疏力救,刘瑾遂逮阳明下诏狱,廷杖四十,贬为贵州龙场驿驿丞。出狱以后,王阳明将赴谪所。但刘瑾派人尾随其后,意欲加害。王阳明设置投江自尽假象,并作《绝命诗》迷惑阉党。经过一番曲折历险,终于在正德三年(1508年)春天,到达龙场驿。

在贬谪龙场期间,王阳明经历了身体与心灵的"百折千难",但他并未被种种天灾人祸所击垮,而是自强不息,从容应对。面对种种困境,他常常思考"圣人处此,更有何道"的问题。在一个风雨交加的深夜,他突然大彻大悟《大学》"格物致知"之旨,不禁欢呼雀跃,"始知圣人之道,吾性自足,向之求理于事物者误也"。这便是所谓"龙场悟道",其关键在于领悟了"圣人之道,吾性自足"的道理,其结论是求理于心,而非求理于外。这标志着王阳明主体意识的觉醒,也为他日后在讲学中形成心学奠定了心灵觉悟的基础。

正德五年(1510年)三月,王阳明经历了两年贬谪生活后被朝廷起用,升为庐陵知县。他以民为本,推行了多项德政,特别是冒着被罢官的风险蠲免了困扰境内百姓的苛捐杂税,深得民众拥护。同时,他敦励风俗,推行孝道,以儒家道德人文精神教化民众,使民风归于淳厚。钱德洪《阳明先生年谱》记王阳明:"为政不事威刑,惟以开导人心为本。……绝镇守横征,杜神会之借办,立保甲以弭盗,清驿递以延宾旅。至今数十年犹踵行之。"可见其治理庐陵成效卓著。

正德十四年(1519年)六月十四日,宁王朱宸濠在南昌起兵反对朝廷。当时,王阳明正在奉命到福建的途中,仓促闻变,立即回军吉安,调兵"勤王"。在王阳明的精心调度与策划之下,竟能"以万余乌合之兵,而破强寇(宁王)十万之众",这在军事史上创下了以少胜多的奇迹,也成就了王阳明立德立功立言"三不朽"和文武双全的历史声名。

我们从阳明学的基本精神可以揭示其当代价值之所在:

第一,阳明学确立以道德良知为核心的道德自觉精神,对于救治当今社会道德滑坡、唯利是图、物欲横流的非人性化弊端无疑是一剂对症良药。

第二,阳明学提倡"明德亲民"的民本政治主张,继承了早期儒学的"民惟邦本"的思想,并启发了明清之际以黄宗羲为代表的"天下为主,君为客"的思想倾向。

第三,阳明学折中朱陆、会通佛老的和而不同精神,体现了一种多元和谐的文化取向,为全球化时代的多元文化交流、沟通提供了历史的借鉴。

第四,阳明学知行合一、力行实践的精神为我们坚持实事求是的思想路线和改革开放的既定国策,不断开创现代化建设的新局面提供了一种科学务实的思维方法和精神动力。

总之,王阳明的心学并不是僵死的学问,而是具有强大生命力和实践意义的鲜活文化。我们应当深入发掘并加以发扬光大。

(资料来源:吴光:《王阳明的人生与学问》,《光明日报》2017年4月30日第6版。)

2.案例指向

本案例指向教材第五章"遵守道德规范 锤炼道德品格"第二节"吸收借鉴优秀道德成果"第一目"传承中华传统美德"中的第一部分"中华传统美德的基本精神"。

3.案例解析

社会主义道德并非无根之木、无源之水,中华传统美德是中华文化的精髓,蕴含着丰富的道德资源。传统美德是历史上不同时代人们的行为方式、风俗习惯、价值观念和文化心理的集中体现,理解中华传统美德是对其进行吸收借鉴的基础前提。中华传统美德是人类文明发展的重要精神财富,是社会主义道德建设的源头活水。其基本精神如下:

第一,重视整体利益,强调责任奉献。在中华传统道德的发展演化中,我们始终强调整体利益、国家利益和民族利益的重要性。如王阳明曾受过他人陷害流放至龙场,但是在国家危难时刻,他仍将个人得失抛之脑后,毅然决然前去平定内乱,体现了王阳明的家国情怀,也充分说明了传统道德中的核心义利观体现为"公义胜私欲"。

第二,推崇仁爱原则,注重以和为贵。推崇仁爱、崇尚和谐是中华民族的优良传统和高尚品德。从仁爱精神出发,古人强调社会和谐,讲求和睦友善,倡导团结互助,追求和平共处。"仁爱"原则在王阳明思想中的体现是"亲民"思想,该思想继承了孟子的"亲亲而仁民,仁民而爱物"的思想,他以亲民的实践作为检验良知的标准之一。他说:"夫圣人之心,以天地万物为一体,其视天下之人,无外内远近,凡有血气,皆其昆弟赤子之亲。"

第三,注重人伦关系,重视道德义务。中华传统美德十分重视每个人在人伦关系中的地位及其价值,强调每个人都必须根据规范的要求来尽自己应尽的义务。中国古代历史上有许多思想家提出各种原则与德目,不断强化在人伦关系中每个人的责任与义务,强调人伦价值的重要意义。王阳明在任职庐陵知县时,以民为本,推行了多项德政,特别是冒着被罢官处分的风险蠲免了困扰境内百姓的苛捐杂税,深得民众拥护。同时,他敦励风俗,推行孝道,以儒家道德人文精神教化民众,使民风归于淳厚。

第四,追求精神境界,向往道德人格。中华传统美德主张在物质生活基本满足的情况下应追求崇高的精神境界,把道德理想的实现看作人生多种需要的最高层次。王阳明以自身经历阐述道德人格培育的重要性。在贬谪龙场期间,王阳明经历了身体与心灵的"百折千难",但他并未被种种天灾人祸所击垮,而是自强不息,从容应对。面对种种困境,他常常思考"圣人处此,更有何道"。在一个风雨交加的深夜,他突然大彻大悟《大学》"格物致知"之旨,不禁欢呼雀跃,"始知圣人之道,吾性自足,向之求理于事物者误也"。这便是所谓"龙场悟道",其关键在于领悟了"圣人之道,吾性自足"的道理。自此,王阳明以"良知"为德性本体,以"致良知"为修养方法,以"知行合一"为实践功夫,以"明德亲民"为政治应用的良知心学。

第五,强调道德修养,重视道德践履。中国古代的思想家大都认为,在修身养性的过程中,最重要的就是要使社会的道德原则和规范转换为自身的思想品德和行为实践。王阳明在十二岁时就已经明确"成圣"的人生目标,并在生活中不断身体力行,推动"知行合一"。王阳明的"知行合一"说有三个要点:其一,知行只是一个功夫,不能割裂。所谓"功夫",就是认知与实践的过程。其二,知行关系是辩证的统一:知是行的出发点,是指导性的,而真正的"知"不但能"行",而且是已在"行"了;行是知的归宿,是实现知的,而真切笃实的"行"已自有明觉精察的"知"在起作用了。其三,知行功夫中"行"的根本目的,只是要彻底克服那"不善的念"而达于至善,说明王阳明的良知学在本质上是道德哲学。

该部分知识点讲解中,案例需要以新形式呈现,如以 AI 人工智能、抖音短视频的王阳明生平事迹的再创造作品、央视节目《典籍里的中国》中的经典片段等,展现传统美德在当代的创造性转化与创新性发展,让学生感悟"传统美德并没有过时",建立文化自信。

(四)周恩来:大贤秉高鉴,公烛无私光

1.案例呈现

周总理的一生,是为党和人民无私奉献的光辉一生,是矢志不渝追求革命真理、为党和人民事业鞠躬尽瘁死而后已的一生。50 多年革命生涯,26 年总理任期,他日理万机,把全部的精力都奉献给了祖国和人民,直到生命的最后一刻,他是中国共产党人永远的政治楷模。

周恩来的初心:为中华之崛起而读书

周恩来小时候在淮安,除了得到养母陈氏的文化教育外,还在私塾读书学文化,到东北求学后开始接触西学。周恩来于 1946 年 9 月在接受美国记者李勃曼采访时说:"十二岁那年,我离家去东北,这是我生活和思想转变的关键,没有这一次的离家,我的一生一定也是无所成就,和留在家里的弟兄辈一样,走向悲剧的下场。"到东北上学,周恩来开阔了眼界,知道了外国的一些情况,也初步看到了国弱民穷受欺凌的国内现状,当听到辛亥革命爆发、推翻清朝统治的消息后,他在学校率先剪去象征清朝臣民的辫子。在魏校长问同学们为何读书的时候,他说:"为中华之崛起!"魏校长听到一惊,又问一次,周恩来又加重语气说:"为中华之崛起而读书!"周恩来的回答让魏校长大为赞赏。

从小学时立志"为中华之崛起而读书",到从南开学校毕业时与同学们互赠"愿相会于中华腾飞世界时"的留言,到去日本留学又回国参加五四运动,再到前往欧洲勤工俭学又回国投身革命……周恩来一直为中华之崛起而奋斗。少年定下初心,之后为之奋斗终身,周恩来这种坚定的理想信念和执着的人生追求永远是共产党人学习的典范。

(资料来源:《周恩来的初心:为中华之崛起而读书》,http://dangshi.people.com.cn/n1/2019/0111/c85037-30516609.html,访问日期:2024 年 4 月 22 日。)

外国政要眼中的外交家周恩来

周恩来是中国共产党和中华人民共和国的主要缔造者和领导人之一,也是举世公认的杰出外交家。周恩来以非凡的才能,卓有成效地贯彻执行,使社会主义新中国一扫旧中国任人欺凌的屈辱面貌,以崭新的姿态出现在世界舞台上,赢得了国际上的普遍尊敬和赞扬,很多世界政要都称赞他是"一位卓越的谈判家""世界上罕见的伟大外交家"。

尼克松评价周恩来:"他是一名杰出的外交家。"尼克松曾于1972年和1976年两度访华,是第一位访问中华人民共和国的美国总统。尼克松给予周恩来很高的评价,他谈道:"在我们所有的会谈中,他始终镇定自若,从未失态。……1976年,我对周恩来的夫人说,她的丈夫给我印象特别深刻的是他始终态度坚定而不失礼,他越是'手中有硬牌',讲起话来越是平和。我认为他之所以能这样从容镇定,在很大程度上应当归因于他所受的锻炼和阅历,但是也反映了他的成熟和自信。"可见,周恩来对社会主义和共产主义的信仰与追求体现在他的各项政治工作中。

(资料来源:《外国政要眼中的外交家周恩来》,http://dangshi.people.com.cn/n1/2017/0825/c85037-29494274.html,访问日期:2024年4月22日。)

周恩来的自我定位:"我是人民的总服务员"

周恩来作为国家领导干部,鞠躬尽瘁践行"为人民服务"。他经常说:"我是人民的总服务员。"他要求各级政府管理者都要服务好老百姓,当好人民的服务员。1972年5月,周总理被确诊为膀胱癌,可是他仍继续坚持超负荷工作。在住院前的5个月里,他一共带病工作了139天,其中工作18小时以上的就有130天,有时甚至24小时不休息。在生命最后的587天里,周总理一共做了大小手术13次,输血89次,体重仅有61斤。他面孔瘦削灰黄、眼睛深深凹陷,在承受病魔蹂躏的同时,坚持会见外宾65批,在医院召开会议20次,出院开会20次,找人谈工作200次以上……哪怕在生命最后一刻,周总理还亲自交代:"把我的骨灰撒到江河大地去做肥料,这也是为人民服务。活着为人民服务,死后也要为人民服务。"习近平总书记在周恩来同志诞辰120周年大会上对周恩来一生经历和作为进行高度肯定和赞扬,习近平总书记谈道:"大贤秉高鉴,公烛无私光,周恩来同志一生心底无私、天下为公的高尚人格,是中华民族传统美德和中国共产党人优秀品德的集中写照,永远为后世景仰。"①

（资料来源：《燕子声声里,相思又一年——送别周总理45周年》,http://tv.cctv.com/2021/01/08/ARTIGDv6rF3E9232EluaraLn210108.Shtml,访问日期：2024年4月22日。）

2.案例指向

本案例指向教材第五章"遵守道德规范 锤炼道德品格"第二节"吸收借鉴优秀道德成果"第二目"发扬中国革命道德"。

3.案例解析

中国革命道德萌芽于五四运动前后,发端于中国共产党成立以后蓬勃发展的伟大工人运动和农民运动,经过土地革命战争、抗日战争、解放战争和社会主义革命、建设、改革的长期发展,逐渐形成并不断发扬光大。

周恩来是我国的开国元勋,被称为"人民的好总理"。了解周恩来的相关事迹,感悟其高尚道德品质,以此引导和帮助学生学习理解中国革命道德的主要内容。

第一,为实现社会主义和共产主义的理想而奋斗。坚持社会主义和共产主义理想信念是革命道德的灵魂。无数革命先烈,正是为了实现这样一个崇高的理想,毫不犹豫地献出了自己的生命。周恩来在13岁立下"为中华之崛起而读书"的远大志向,加入中国共产党后坚定了共产主义信念,更是用此后一生的时间来实现自己的信念。作为中国共产党主要领导人之一,周恩来领导发动南昌起义,打响了武装反抗国民党反动派的第一枪；西安事变之后,周恩来根据党中央的方针,亲赴西安,推动西安事变和平解决,促成第二次国共合作的新局面；新中国成立前夕,周恩来筹备召开中国人民政治协商会议,主持起草了《中国人民政治协商会议共同纲领》,为新中国的筹建作出卓越贡献。中华人民共和国成立后,在艰辛探索的过程中,周总理协助毛主席治党、治国、治军,在内政和外交各个领域都倾注了巨大心血。他为让世界认识中国而奔走,独立自主的和平外交政策、和平共处五项原则,成为我国外交政策的基石……

第二,全心全意为人民服务。中国革命道德一开始就特别强调要为群众服务、为大众谋幸福、为人民利益献身,并认为这是对一个革命人士和先进分子的要求。周恩来作为国家领导干部,鞠躬尽瘁践行"为人民服务"。他经常说："我是人民的总服务员。"他要求各级政府管理者都要服

---

① 习近平：《在纪念周恩来同志诞辰120周年大会上的讲话》,http://politics.people.com.cn/n1/2018/0302/c1001-29842678.html,访问日期：2024年4月22日。

务好老百姓,当好人民的服务员。

第三,修身自律,保持节操。中国革命道德还体现在共产党人对自身道德修养的重视方面。加强个人道德修养是影响革命成败的大事,践行中国革命道德的重要环节就是共产党人修身自律、保持节操。周恩来毕生保持共产党人的高风亮节,坚持不懈地进行自我改造、自我批评、自我约束,不断完善自己、提高自己。1943年3月18日是周恩来的45岁农历生日,在重庆红岩村,中共中央南方局的同志们为其准备茶点庆生。但周恩来没有出席,只是简单吃了一碗面条就回到办公室,撰写了《我的修养要则》作为自己的生日箴言。他不仅以高道德标准严格要求自己,处处以身作则、率先垂范,还以"十条家规"严格要求亲属,以严爱相济的真情对待身边工作人员,做到了严于律己、清正廉洁、光明磊落,展现出高尚的品德力量,是中国革命道德中"修身自律、保持节操"的生动体现。

除了上述三点之外,中国革命道德的内容还包括始终把革命利益放在首位、树立社会新风、建立新型人际关系等,凸显了革命历史时期的智慧与力量。

今天,我们学习和了解中国革命党人的先锋事迹,具有如下意义:

第一,有利于加强和巩固社会主义和共产主义的理想信念。中国共产党人强调初心使命,中国共产党人的初心是为中国人民谋幸福,使命是为中华民族谋复兴。中国共产党自1921年成立以来,就带领中国人民进行了各项艰苦卓绝的斗争,带领人民经历了从站起来、富起来到强起来的伟大飞跃,体现了中国革命道德中的"为实现社会主义事业和共产主义理想而奋斗""全心全意为人民服务"的高尚品质。这一精神品质是我们为实现中华民族伟大复兴的中国梦、实现共产主义事业而不断奋斗的精神支柱与力量源泉。

第二,有利于培育和践行社会主义核心价值观。中国革命道德是先进价值观在道德领域的集中体现,蕴含着培育和践行社会主义核心价值观的丰富思想资源。革命历史时期形成的道德品质在新时代并没有过时。在新的历史条件下,继承和弘扬中国革命道德,对于帮助人们深刻理解社会主义核心价值观的科学内涵和历史底蕴,增强价值观认同,为中国特色社会主义事业提供攻坚克难的强大精神支柱,具有重要意义。

第三,有利于引导人们树立正确的道德观。一个革命者只有牢固树立并自觉坚持革命道德观,才能在革命事业的艰难困苦中经受住严峻的考验;身处逆境时仍坚韧不拔,保持应有的革命情操,才能视国家利益和民族利益为最大价值而为之不懈奋斗。在今天,发扬光大革命道德,能够引导人们正确对待个人利益和社会整体利益、国家利益的关系,能够帮助人们在深刻把握历史、认识社会、审视人生的基础上,以昂扬姿态投入全面建设社会主义现代化国家的进程中。

第四,有利于培育良好的社会道德风尚。在新时代,我国道德领域呈现积极健康向上的良好态势,仍然存在着诸如金钱至上、诚信缺失、奢侈浪费等不良问题,严重损害群众利益,腐蚀人们灵魂,污染社会风气。解决道德领域出现的突出问题,要充分发挥革命道德的精神力量,培育良好的社会道德风尚,净化社会人际关系,抵制各种不良思潮,凝聚正能量。

中国革命道德作为一种精神力量对中国的革命、建设、改革事业发挥着极其重要的作用。在革命战争时期,中国共产党之所以能够在非常困难的情况下战胜千难万险取得革命的胜利,能够保证革命事业的发展和壮大,就是因为有革命的理想和信念,有革命的精神和道德情操。20世纪50年代,我国社会主义建设之所以取得举世瞩目的成绩,一个重要原因就是继承和弘扬了中国革命道德传统,广大党员和人民讲理想、讲纪律、讲为人民服务、爱党、爱国家、爱社会主义。同样,在20世纪60年代的困难时期,中国共产党之所以能够带领全党和全国人民团结奋斗、渡过难关,也正是因为继承和弘扬了中国革命道德传统。总之,中国革命道德并没有过时,其中蕴含着巨大的精神力量,激励着一代又一代中国人不断奋斗。

四、延伸阅读

1.毛泽东:《为人民服务》,《毛泽东选集》第3卷,人民出版社1991年版。

2.朱金瑞等:《新时代中国特色社会主义道德建设研究》,人民出版社2020年版。

3.韦冬:《比较与争锋:集体主义与个人主义的理论、问题与实践》,中国人民大学出版社2015年版。

4.王岩:《整合·超越:市场经济视域中的集体主义》,中国人民大学出版社2003年版。

5.冯友兰:《中国哲学简史》,北京大学出版社2013年版。

6.王阳明:《传习录》,中华书局2021年版。

7.《增广贤文》,李冲锋译注,中华书局2021年版。
8.《周恩来选集》,人民出版社1984年版。
9.金一南:《苦难辉煌》,作家出版社2020年版。
10.罗广斌、杨益言:《红岩》,中国青年出版社2000年版。

五、拓展研学

建议学生结成学习小组,结合以下问题深入学习和研讨,并形成研学成果。

1.大学生如何践行社会主义道德?

组织学生结合本章关于社会主义道德的核心与原则等理论内容,搜集相关文献资料、案例,进行小组交流研讨,提出大学生践行社会主义道德的具体措施,将交流讨论结果形成小组研学报告。

2.精致利己主义的危害?

组织学生分享一些典型的精致利己主义行为,鼓励学生通过深入校园进行问卷调查和访谈等形式,对精致利己主义的实质和危害以及对策等问题进行深入研究,形成小组调研报告。

3.中华传统美德是否已经过时?

组织学生结合本章所学中华传统美德的相关知识点,就"中华传统美德是否过时"展开辩论,以此加深学生对传统道德价值的理解,摆正立场,树立文化自信与文化自觉。

4."内耗""躺平"是否可取?

组织学生针对网络中"内耗""发疯文学""躺平""佛系"等反映社会形态的热点词语,以小组的形式进行资料收集、现象观察,并在课堂上对其进行解读。同时,每位同学结合自身实际撰写心得体会。

第六章　投身道德实践，锤炼道德品格

一、教学主要目标

本章内容与教材的第五章第三节相对应。党的二十大报告指出："实施公民道德建设工程，弘扬中华传统美德，加强家庭家教家风建设，加强和改进未成年人思想道德建设，推动明大德、守公德、严私德，提高人民道德水准和文明素养。"[①]社会生活的主要领域均有对应的相关道德规范，公共生活、职业生活、家庭生活、个人生活对应着社会公德、职业道德、家庭美德、个人品德。2019年10月，中共中央、国务院印发《新时代公民道德建设实施纲要》，明确了新时代公民道德建设的着力点，强调在道德领域要加强社会公德、职业道德、家庭美德、个人品德的建设，引导和鼓励人们在社会中做一个好公民，在工作中做一个好建设者，在家庭中做一个好成员，在日常生活中养成个人的好品行。《新时代公民道德建设实施纲要》为公共生活、职业生活、家庭生活和个人修养树立了新时代道德的风向标。

本章教学目标：（1）知识层面。帮助大学生深入理解社会公德、职业道德、家庭美德、个人品德的含义与基本要求。（2）能力层面。引导大学生深刻领悟在社会上怎样做一个好公民、在工作中怎样做一个好建设者、在家庭里怎样做一个好成员、在日常生活中怎样养成个人的好品行。（3）价值层面。促进大学生深化树立崇德向善的自觉意识。

---

① 习近平：《高举中国特色社会主义伟大旗帜 为全面建设社会主义现代化国家而团结奋斗——在中国共产党第二十次全国代表大会上的报告》，https://www.gov.cn/xinwen/2022-10/25/content_5721685.htm，访问日期：2024年4月22日。

二、教学重难点

本章教学重点:第一,社会公德方面,回答怎样在社会上做一个好公民;第二,职业道德方面,回答怎样在工作中做一个好建设者;第三,家庭美德方面,回答怎样在家庭里做一个好成员;第四,个人品德方面,回答怎样在日常生活中养成个人的好品行。

本章教学难点:如何引导大学生自觉讲道德、尊道德、守道德,在实践中真正做到崇德向善,积极推进社会公德、职业道德、家庭美德、个人品德建设,努力做社会主义道德的践行者、示范者、引领者。

三、教学案例

(一)"她刚失去孩子,又遭网暴":武汉小学生母亲自杀案

1.案例呈现

这是一场令人唏嘘不已的悲剧。孩子在学校里被车撞离世后,孩子的母亲亦坠楼身亡!

2023年5月23日,武汉汉阳区弘桥小学月湖校区内发生一起车祸,一名一年级的小学生谭某被老师驾驶的车辆撞伤,后送医抢救无效不幸离世。当时涉事教师刘某下午要外出参加一个培训活动,他从地下车库将车子开到离校门口十多米的位置停下,等候另外一名老师同行。学校的学生在13:45结束午休,自由活动15分钟后,会在14:00开始下午的第一节课。知情人说:"老师停车期间,这个孩子跑到车前边蹲了下来,不知道是在系鞋带还是做什么。然后车子启动,可能因为孩子在其视线盲区,老师开车碾轧到孩子,左侧两个车轮碾轧过去之后车子停下。"5月25日,汉阳区教育局发布通报,向家长、社会表示诚恳的道歉,同时涉事教师刘某已被公安机关刑事拘留,校长和副校长被免职。

但令人震惊的不仅是小学生在校内遭遇车祸身亡这件事,没过多久又发生了孩子的母亲杨女士坠楼身亡的事件。车祸发生后仅过了11天,6月2日,孩子的母亲杨女士在所住的小区内,从24楼跳下身亡。杨女士坠楼身亡的消息传出后,迅速登上微博热搜第一位。这位年轻的母亲,除了遭遇丧子剧痛,还遭遇了可怕的网暴。

车祸发生后,受害者母亲杨女士前往医院,后又在学校门口维权,并接受相关采访,在社交平台发布维权视频,质疑事故中几个疑点。杨女士出镜接受采访,本为引得大众关注,为死去的孩子要个说法。但谁知,在相关视频下方的评论区,网络暴力言论却恶意相向,说法十分离谱,大嚼人血馒头,令人发指。

杨女士从事房产销售,形象姣好,工作要求须配备妆容与工装。在相关视频中她穿着职业工装赶到现场,在接受采访时胸前还挂着工牌,明显是刚从工作岗位赶到现场。孩子出事了,难道还让她卸妆换装后再去吗?不管是接受采访,还是在自己发布的视频中,杨女士谈吐不俗、逻辑清晰。在肇事者面前,她能克制情绪,详细询问事故经过,并阻止丈夫冲动动手。在媒体面前,她详述自己发现的疑点,声明自己希望得到大众关注的诉求。她强撑着让自己保持冷静,只是想给儿子讨个公道。但是,就因为镜头中的她面容姣好、衣着得体,没有蓬头垢面,没有哀嚎痛哭,不符合刻板印象中的受害者形象,就遭到了恶意满满的"解读"。部分网民不关注事件本身,却对杨女士的长相、身材、穿着、妆容等肆意评论,评论区的"画风"被逐渐"带歪":"化着精致妆容,像是特意打扮一番后才赶了过来。""都这种情况了,还有心思化那么好的妆。""这是后妈吗?打扮得那么漂亮。""说真的是蛮漂亮的。""身材真好。""三天换了两双香奈儿的鞋子,换了两套黑色套装,应该不差钱。"……

还有人质疑杨女士的维权动机,认为她是为了提高赔偿金额:"这样做的目的是什么,单纯就是为了出口气,还是索要更多的赔偿?"有人说她"故意炒作花钱买热度,就是希望把事情闹大好获得更多赔偿","眼里没有一点悲伤,大概想着大额赔偿款","更像是想借机敲诈一笔或者博热度为了以后好带货","就是想借机当网红"。孩子母亲杨女士在视频中表现出的冷静,被说成"夸夸其谈具备谈判能力,谈判能力强的人会审时度势,权衡利弊",更有甚者,还说她"好淡定,像在说别人家的事","这么冷静,一点都不像是亲生母亲"。各种揣测恶意诋毁杨女士。

杨女士跳楼去世后,有人又将矛头瞄准了接连痛失两位至亲的孩子父亲,冷血且阴阳怪气地臆测"最多一个月,孩子爸爸就会另找新欢"。

正经历丧子之痛,同时又遭遇了可怕的网暴,这给杨女士造成了不小的心理压力。杨女士轻生的原因可能是多方面的,但网络暴力带给她的心理压力,无疑对其厌世起到推波助澜的作用。"她才刚刚失去了孩子,又遭受网络暴力。"接受采访的小区居民无不对杨女士的遭遇感到同情和气愤。网上亦有不少网民发声痛斥网暴,呼吁"网暴者应受到严厉处罚"。

事件中多个发布恶意言论的账号已被平台禁言,其中有的账号被永久禁言。然而这些网暴者所受到的惩罚也仅仅是禁言、封号。搞网暴的账号消失了,但网暴消失了吗?

(资料来源:《小学生校内被撞离世后,母亲坠楼身亡!"她刚失去孩子,又遭网暴"》,https://mp.weixin.qq.com/s?__biz=Mzg3OTgwODM2NA==&mid=2247980890&idx=1&sn=db1b906122bb8736a890aa423ed115ba,访问日期:2024年4月22日。)

2.案例指向

本案例主要指向是社会公德中的"网络生活中的道德要求"。

3.案例解析

社会公德,即公共生活中的道德规范,包括网络生活中的道德要求。社会公德,是指人们在社会交往和公共生活中应该遵守的行为准则,是维护公共利益、公共秩序、社会和谐稳定的一般道德要求,涵盖了人与人、人与社会、人与自然之间的关系。没有规矩不成方圆,社会公德作为社会公共生活中应当遵守的行为准则,在维护公共秩序方面具有重要的作用。社会公德的基本要求是文明礼貌、助人为乐、爱护公物、保护环境、遵纪守法。

我国是互联网大国,我国网民总体规模超过10亿,网民数量高居全球榜首。2022年8月31日,中国互联网络信息中心(CNNIC)发布的第50次《中国互联网络发展状况统计报告》显示,截至2022年6月,我国网民规模达10.51亿,互联网普及率达74.4%。而"00后"大学生被称为"网络原住民",其主要行为场域和生活空间已经被"一网打尽"。网络交往实质仍然是人与人的现实交往,网络生活也是人的真实生活的一部分,因此,网络生活作为公共生活的一个重要领域,同样需要建立相应的网络公共秩序。

建立网络公共秩序,需要遵守"网络生活中的道德要求"。"网络生活中的道德要求"是人们在网络生活中为了维护正常的网络公共秩序而需要共同遵守的基本道德准则,是社会公德在网络空间的运用和扩展。网络道德的基本要求是正确使用网络工具、加强网络文明自律、营造良好网络道德环境。网络道德要求我们抵制网络"四害",即网络谣言、网络诈骗、网络暴力、网络黄色。网络文明倡议维护"指尖文明",传播"正能量",反对网络暴力,不做"键盘侠""喷子""杠精""网络水军"等。网络生活中出现的种种失范行为,归根结底是部分网民自身的公共意识、底线意识、自律意识、法律意识薄弱造成的。

网络"四害"现象之一的网络暴力（简称"网暴"），是指网民在网络上的暴力行为，是社会暴力在网络上的延伸，网络暴力借助网络的虚拟空间用语言文字等对他人进行伤害与诬蔑。这些恶语相向的言论、图片、视频通常都具有恶毒残忍、尖酸刻薄、无理下流等特点，已经超出了正常的评论范围，不但对事件当事人进行人身攻击，恶意诋毁，更将这种伤害行为从虚拟网络转移到现实社会中，对事件当事人进行"人肉搜索"，将其真实身份、姓名、照片、生活细节等个人隐私公布于众。网暴的内涵不仅限于虚假捏造，而且包括对事实的歪曲。在网暴事件中经常能看到断章取义的内容，这些内容再配上耸人听闻的标题，很容易造成大量不明真相的网民"围观"，进而形成舆情热点。这不但严重地影响了事件当事人的精神状态，更破坏了当事人正常的工作、学习和生活秩序，甚至会造成伤亡事件等严重后果。

一位妈妈轻生去世了，生前遭遇网暴。这令有良知者感到震惊、伤心、气愤，同时也再次警醒人们，网络暴力与人身暴力一样伤人。一起校园车祸本应成为反思未成年人保护、校园安全的严肃话题，却被网暴者带偏了方向，转向为对一位母亲的诽谤、攻击。这起事件不禁让人想起多年以前鲁迅笔下所描述的"人血馒头"现象，这说明有些人内心的人性阴暗面始终还存在着，一旦失去了伦理道德的约束，丑陋的一面就会暴露出来。网络表达的隐匿性，降低了某些人的文明阈值，不自觉就暴露出灵魂深处的自私、刻薄、嫉妒、戾气、贪欲……

事件中这些不负责任的评论，带着满满的恶意去肆意诋毁、妄加揣测一位刚失去孩子的母亲，仅仅就是因为她化了精致的妆、换了一双鞋、戴了耳坠、长得漂亮、在镜头前表现得冷静……甚至悲剧发生后还轻飘飘甩出一句"这人抗压能力真差！"当人家陷入失去孩子的突然变故与伤痛时，这些人不仅不去安慰，反而向其扔石头、泼脏水，这近乎残忍的网暴是对正在承受丧子之痛的家长的二次伤害，这是十足的恶。

网暴者不仅对别人的痛苦和困境毫无怜悯与共情，而且还通过肆意评判获得心理优越感，将公众注意力从事故本身转向非理性的指责。从公共理性的层面看，这种舆论偏转也是一种社会公害。当不少人沉溺于这种近乎八卦的无聊讨论时，悲剧不见了，反思消失了，社会对受害者应有的同情与抚慰也没有了，它在消磨人们对生命意义的感知，似乎再不幸的状况都可以用一种娱乐化的方式消解。

因不堪网暴而去世的刘学州,以及"粉发女孩"郑林华,还有杭州那个因为取快递被造谣出轨的女子……近年来,类似的情况一再上演,不断冲击社会大众的道德底线。身处舆论场,每个人都不可能置身事外,这样的恶意有可能会因为意想不到的事件降临到任何一个人头上。网络并非法外之地,每个发言者都应考虑自己的言语是否符合事实,是否尊重他人,是否会带来"次生灾害",是否会造成"环境恶化"……营造良好的舆论环境固然需要依法监管,但绝离不开网络参与者的良知、公德和责任。

近年来,屡次在网络上发生的网络暴力事件一再给人们敲响了警钟。言论自由,但绝非没有底线,更不意味着个体或者组织可以信口雌黄、颠倒是非、恶语伤人。尤其在这个自媒体横行的时代,言论的威力是巨大的,其造成的影响与损失往往难以估量。每个人都要为自己的言论负责,不要心存法不责众的侥幸。发言评论应当尽可能做到真实客观,这应该是每一个网民的基本素养,应该保持对他人基本的善意。

网络暴力已经成了网络生活中的一大顽疾。抑制网暴、惩治网暴已成为社会共识,但是,在历次网暴事件中,少有人因为网暴而承担法律责任,大多情况下涉事账号只是被禁言几天或销号了事。对于网络暴力必须加大整治力度,不能停留在口头谴责,不能仅是禁言了事,否则不足以起到警示作用。

首届中国网络文明大会于2021年11月19日在北京召开,习近平总书记向大会致贺信,信中写道:"网络文明是新形势下社会文明的重要内容,是建设网络强国的重要领域。近年来,我国积极推进互联网内容建设,弘扬新风正气,深化网络生态治理,网络文明建设取得明显成效。要坚持发展和治理相统一、网上和网下相融合,广泛汇聚向上向善力量。各级党委和政府要担当责任,网络平台、社会组织、广大网民等要发挥积极作用,共同推进文明办网、文明用网、文明上网,以时代新风塑造和净化网络空间,共建网上美好精神家园。"[①]

良好的网络环境,需要网民的共同努力。要营造清朗的网络空间,不让网暴事件一再重演,需要加强法律的规范和治理,需要大家更加自觉遵守网络生活中的道德要求。网络空间虽然是虚拟的,但运用网络空间的主体却是真实的。同现实生活一样,网络空间不是法外之地和道德荒漠,网民身处其中同样需要遵守道德规范并接受法律约束。网络生活中的道

---

① 习近平:《习近平谈治国理政》第4卷,外文出版社2022年版,第319页。

德要求是社会公德规范在网络空间的运用和拓展,而道德的基础是人类的自律精神。如果没有网络自律,一切规范和原则就会形同虚设。网络的虚拟性以及网络行为主体的隐匿性特点,确实不利于对网络行为进行有效的监督制约,使得网络道德规范的外在约束力明显不足。这就要求在网络环境中的每个人要增强网络道德自律,做到恪守道德底线、法律底线,维护网络公共秩序,文明用网、诚信用网、健康用网、安全用网、规范用网,促进网络生活的健康与和谐。

纷繁复杂的网络言论如果得不到正确引导,势必会引发各种社会问题。大学生应当成为网络文明的倡导者、践行者和维护者。大学生要正确使用网络工具,既要提高获取信息的能力,也要加强辨识能力,增进信息应用能力。大学生要加强网络文明自律,文明上网,遵德守法,文明互动,理性表达,远离不良网站,防止沉迷网络,自觉维护良性网络秩序。大学生要为营造良好网络道德环境作出表率。一方面要加强网络道德自律,自觉抵制网络欺诈、造谣、诽谤、谩骂、歧视、色情、低俗等内容,反对网络暴力行为,维护网络道德秩序;另一方面还应当带头引导网络舆论,对违背事实的言论要及时厘清,对怨气怨言要及时化解,对错误的观点要及时纠正,积极维护网络空间的清朗和安宁。总之,大学生要自觉遵守网络生活中的道德要求,增强明辨是非的能力,要从自身做起,自觉抵制网络暴力,成为营造清朗网络空间的正能量。

(二)著名教育家潘懋元先生的事迹

1.案例呈现

潘懋元(1920—2022),男,广东揭阳人,中共党员,教育家,中国高等教育学学科开拓者与奠基人,厦门大学文科资深教授,博士生导师。

潘懋元15岁开始从教,初中毕业的他在家乡的一所小学当老师,教三年级国文和算术;1945年毕业于厦门大学教育系;1946年受聘厦门大学教育系助教;1956年加入中国共产党,先后任厦门大学教务处教务科科长、教育系教育学教研室主任、教务处副处长、教务处处长、副校长等。

2022年12月6日,潘懋元先生逝世。这位中国高等教育学学科开拓者与奠基人,把一生毫无保留地奉献给了中国的高等教育事业,走完了他103年的人生。

1920年8月4日,潘懋元出生于广东揭阳。1941年秋,他考入厦门大学教育系,毕业后留校任教。1951年,他由厦大保送至中国人民大学、北京师范大学教育学研究系,进修研究生课程。再次回到厦门大学后,刚过而立之年的潘懋元就已敏锐地察觉到大学必须要有自己的教育理论,"不能把大学生当成小学生、中学生一样来教育"。因此,他倡议建立高等教育学新学科并为之付诸实践,开展高等教育学的研究工作。自此,他的一生就和中国高等教育结下了不解之缘。

1957年,潘懋元在厦门大学《学术论坛》上发表《高等专业教育问题在教育学上的重要地位》,论述了高等专业教育与普通教育的不同之处,并建议建立"高等学校教育学"或"高等专业教育学"。1978年,大地回春,潘懋元紧紧抓住高等教育研究的发展机遇,在《光明日报》刊发《开展高等教育理论的研究》,在《厦门大学学报》刊发《必须开展高等教育的理论研究——建立高等教育学科刍议》,这两篇文章振聋发聩,激荡起了层层浪花。同年5月,我国第一个以高等教育为研究对象的专门机构——厦门大学高等教育问题研究室正式成立。六年后,高等教育学正式被列为二级学科,标志着一门新学科就此诞生。

从而立到花甲,这位"领跑者"带着建设高等教育学的使命感,奔波于各高校之间,作了近百场专题报告,付出了诸多努力,把发展中国高等教育学作为毕生的事业来开拓,也终于迎来了"人生第二个青春"。

"板凳甘坐十年冷,文章不写半句空。"潘懋元秉持这样的人生信条,将教育强国梦作为毕生不渝的追求,开创了中国高等教育界的众多"第一":创建我国第一个高等教育研究机构;他主编的《高等教育学》是中国第一部公开出版的高等教育学专著;他也是我国第一位高等教育学的硕士生和博士生导师。

他曾说:"我选择高等教育研究作为终身事业,就是因为国家的发展、社会的进步需要我们更多的人研究并解决高等教育发展中存在的真问题。"择一业,终一生。我国高等教育学的开拓者和奠基人潘懋元用一辈子的时间躬耕在高等教育广袤的田野上,成就一树繁花似锦。潘懋元的名字,和中国高等教育紧紧地联系在一起。

潘懋元数十年如一日躬耕于教学科研第一线,是"全国教书育人楷模",也见证了中国近百年教育的发展。从小学教师、小学校长、中学教师、中学教务主任到大学教授、大学副校长,潘懋元自15岁初登讲台,从教87载,倾其一生奉献给了学生。"值得欣慰的是,我当过小学生、中学生、大学生、硕士生、博士生的老师。学生既是我的教育对象,也是我的精神支柱与生活源泉。"他的心中,涌动的不只是思想和智慧,更是对待教育的赤诚。他主张平等和谐的师生关系,鼓励学生在学术问题上展开研讨。潘懋元有着一整套系统的"学习—研究—教学实践"三位一体的课程教学法。他尊重实践,善于在实践中发现问题、解决问题,师生之间互相讨论,相互问难质疑。这一教学模式被推广至校外,并于2001年获得我国高等教育学科第一个国家级教学成果一等奖。2014年,潘懋元获得全国教书育人楷模荣誉称号,颁奖典礼的颁奖辞写道:"十五从教,他历八十载春秋,鲐背之年仍居教学科研第一线;爱生如子,他关怀晚辈,作育英才,桃李满天下;敢为人先,他开创新学,尊为中国高等教育学科奠基人;杏坛传道,他著作等身,荣膺中国高等教育研究终身成就奖;从教乐教,他治学严谨,无愧中国教育界的示范楷模。一心研学,当任治学先锋,新学泰斗。"

94岁的潘懋元先生获得"全国教书育人楷模",前往北京领奖前,他仍然惦记着给学生上课:"我马上要上课了,我得马上备课。"上了几十年的课,他仍然认真仔细把新知识、新问题加进去,全力以赴对待每一次备课。

潘懋元先生常说:"我一生最欣慰的是,我的名字排在教师的行列里。""如果没有学生,我会很寂寞。""'得天下英才而教育之',是为师者最大的乐事和至高的回报。"

(资料来源:《103岁潘懋元:如果有来生,我还想当老师》,《厦门日报》2022年12月8日第B03版。)

2.案例指向

本案例主要指向职业道德之爱岗敬业。

3.案例解析

职业是指人们由于社会分工所从事的具有专门业务和特定职责,并以此作为主要生活来源的社会活动。职业道德,即职业生活中的道德规范,是指从事一定职业的人在职业生活中应当遵循的具有职业特征的道德要求和行为准则,涵盖了从业人员与服务对象、职业与职工、职业与职业之间的关系。

职业活动不仅是人们谋生的手段,而且是人们奉献社会、完善自身的必要条件。职业道德不仅对各行各业的从业者具有引导和约束作用,而且是促进社会持续健康、有序发展的必要条件。中共中央、国务院印发的《新时代公民道德建设实施纲要》明确规定了各行各业应当共同遵守的五项职业道德基本规范,即推动践行以"爱岗敬业、诚实守信、办事公道、热情服务、奉献社会"为主要内容的职业道德,鼓励人们恪守职业道德,在工作中做一个好建设者。

爱岗敬业是职业道德的基础和最基本要求。爱岗就是热爱自己的工作岗位,为做好本职工作勤勤恳恳,尽心尽力。敬业,就是用一种恭敬严肃的态度对待自己所从事的职业,对自己的工作认真负责,精益求精。爱岗敬业,就是要求干一行、爱一行、专一行,尽职尽责,体现的是从业人员热爱工作,对工作负责,敬重自己所从事的职业的职业道德操守,是从业者对工作勤奋、努力、恪尽职守的行为表现。

爱岗敬业绝不是一句空洞的口号,有着实实在在、深刻而丰富的内涵。从潘懋元先生的事迹中,可以看出爱岗敬业在四个方面所具有的内涵:

第一,爱岗敬业是一种态度。潘懋元先生把发展中国高等教育学作为毕生追求的事业,正如潘懋元先生所说:"我选择高等教育研究作为终身事业,就是因为国家的发展、社会的进步需要我们更多的人研究并解决高等教育发展中存在的真问题。"择一业,终一生。我国高等教育学的开拓者和奠基人潘懋元用一辈子的时间躬耕在高等教育广袤的田野上,成就一树繁花似锦。

第二,爱岗敬业是一种精神。潘懋元数十年如一日躬耕于教学科研第一线,是"全国教书育人楷模"。他主张平等和谐的师生关系,鼓励学生在学术问题上展开研讨。他有着一整套系统的"学习—研究—教学实践"三位一体的课程教学法。他尊重实践,善于在实践中发现问题,解决问题。鲐背之年的他仍居教学科研第一线。

第三,爱岗敬业是一种境界。潘懋元先生自15岁初登讲台,从教87载,倾其一生奉献给了学生。一生爱生如子,关心晚辈,培育英才,桃李满天下。他自认"一生最欣慰的是,我的名字排在教师的行列里",把"得天下英才而教育之"视为为师最大的乐事和至高的回报。他对教育的投入和收获都达到了令人钦佩至极的境界。

第四,爱岗敬业是一种修养。潘懋元先生治学严谨,始终秉持"板凳甘坐十年冷,文章不写半句空"的信条。他将教育强国梦作为终生不渝的追求,开创了中国高等教育界的众多第一:创建我国第一个高等教育研究机构;公开出版我国第一部高等教育学专著;担任我国第一位高等教育学的硕士生和博士生导师;获得我国高等教育学科第一个国家级教学成果一等奖。

工匠精神是一种极致的爱岗敬业的表现。从潘懋元先生身上我们还感受到了工匠精神。关于工匠精神,习近平总书记概括了四点主要表现:

执着专注、精益求精、一丝不苟、追求卓越。① 潘懋元先生能够成为中国高等教育学科的奠基人、学界泰斗,正是由于其孜孜不倦对高等教育领域的毕生钻研,具备了执着专注、精益求精、一丝不苟、追求卓越等特点。

类似潘先生这样爱岗敬业令人感佩的前辈人物还有不少。新时代的大学生在发展学业、谋划未来职业的时候,应当从前辈们的事迹里汲取力量、获得启迪。

第一,要养成职业道德。职业道德是从事一定职业的人在职业生活中应当遵循的道德要求和行为准则。要在职业生活中做一个好的工作者,就必须努力践行爱岗敬业、诚实守信、办事公道、热情服务、奉献社会等职业道德规范。

第二,要树立崇高的职业理想。职业活动不仅是人们谋生的手段,而且是人们奉献社会、完善自身的必要条件。树立崇高的职业理想是自觉践行职业道德的重要内驱力。

第三,要服从社会发展的需要。职业选择固然要考虑个人的兴趣和意愿,但同时也要充分考虑现实的可能性和社会的实际需要,应当把自己对职业的期望与社会的需要、现实的可能结合起来。

(三)家风、家教的正面与反面案例

1.案例呈现

(1)正面案例:周恩来总理的"十条家规"

中华人民共和国成立后,不少故乡亲友给身为总理的周恩来写信,要求进京做事,在新政府里谋得一官半职。周恩来总理十分反感这种任人唯亲的腐败作风,认为新社会不能再搞旧社会的那种裙带关系。为此,他专门召集身边亲友开了一个家庭会议,并定下了著名的"十条家规"。

"十条家规"写道:"一、晚辈不准丢下工作专程来看望,只能在出差顺路时去看看;二、来者一律住国务院招待所;三、一律到食堂排队买饭菜,有工作的自己买饭菜票,没工作的由总理代付伙食费;四、看戏以家属身份买票入场,不得用招待券;五、不许请客送礼;六、不许动用公家的汽车;七、凡个人生活上能做的事,不要别人代办;八、生活要艰苦朴素;九、在任何场合都不要说出与总理的关系,不要炫耀自己;十、不谋私利,不搞特殊化。"

---

① 习近平:《在全国劳动模范和先进工作者表彰大会上的讲话》,《人民日报》2020年11月25日第2版。

侄儿周尔辉的父亲是烈士，周恩来将其接到北京抚养。当时北京办有干部子弟学校，是专门培养烈士、高级干部子女的。但周恩来没有让周尔辉上这样的学校，而是让他到普通的二十六中学住校学习，还特意嘱咐无论是领导谈话、填写表格，还是同学交往，千万不要说出与他的这层关系。后来，周尔辉在北京钢铁学院任教，1961年结婚，学院领导帮助他解决了夫妻分居的难题，把他爱人从江苏淮安调到学院子弟小学任教。周恩来知道后批评道："这几年遭受自然灾害，中央调整国民经济，北京市大量压缩人口，国务院也正在下放、压缩人员，你们为什么搞特殊化，不带头执行？"邓颖超也给侄儿、侄媳做工作："伯伯是抓压缩城市人口工作的，他要带头执行这项政策。"在周恩来夫妇的耐心说服下，侄儿、侄媳一起调回了淮安工作。

（资料来源：《【清廉家风故事】百年党史中的清廉家风故事》，https://www.thepaper.cn/newsDetail_forward_22660651，访问日期：2024年4月22日。）

（2）反面案例：徐卫东父子受贿案

徐卫东系江苏省常州市公安局原副局长。2022年12月12日，徐卫东因犯受贿罪，被判处有期徒刑十年，并处罚金100万元。徐卫东有40年警龄，35年党龄，曾经的徐卫东不畏艰险、敢打敢拼，凭着一腔热血，忘我奋战在公安一线。然而，随着对自己要求的放松，他的私欲加速膨胀，渐渐把神圣职权异化成了个人特权，大讲江湖义气，大搞享乐主义，最终因严重违纪违法跌倒在退休前夕。1998—2021年，徐卫东长期利用职务的便利或职权、地位形成的便利条件，为一些老板在案件查办、纠纷处置、大型活动审批以及工程衔接等事项中谋取利益，单独或共同收受财物986.6万元。由于徐卫东自身不正、家风失范，其子徐某在父亲影响下逐步腐化堕落。徐某身边的一些商人老板"闻风而动"，向徐某送钱送物，以此为突破口，由徐某向徐卫东转达请托事项。在徐卫东收受的巨额财物中，有234.8万元系徐卫东与徐某共同受贿。有了徐卫东的放任纵容，徐某在违法犯罪的道路上恣意妄为，愈陷愈深。2022年12月27日，其子徐某因犯受贿罪，被判处有期徒刑三年，缓刑五年，并处罚金100万元。徐卫东后悔道："子不教，父之过。最后儿子跟我一起犯了错，这是我一生最大的失败。"

（资料来源：《以案为鉴｜家风不正，父子双双落马》，https://www.ccdi.gov.cn/yaowenn/202305/t20230517_264543.html，访问日期：2024年4月22日。）

2.案例指向

本案例主要指向家庭美德之家风、家教。

3.案例解析

家庭美德,即婚姻家庭中的道德规范,家庭美德以尊老爱幼、男女平等、夫妻和睦、勤俭持家、邻里互助为主要内容,在维系和谐美满的婚姻家庭关系中具有重要而独特的功能。

家庭美德亦写入法律。例如,我国《民法典》第1043条规定:"家庭应当树立优良家风,弘扬家庭美德,重视家庭文明建设。夫妻应当相互忠实,互相尊重,互相关爱;家庭成员应当敬老爱幼,互相帮助,维护平等、和睦、文明的婚姻家庭关系。"

为什么家庭美德要求注重家庭、家教、家风的建设?中华民族历来重视家庭、家教、家风,注重以家风传承育人兴家。古往今来,家庭美德铭记在中国人的心灵中,融入中国人的血脉里,是支撑中华民族生生不息、薪火相传的重要精神力量。家是最小国,国是千万家。家庭是社会的基本细胞,也是每个人幸福生活的港湾。家庭的前途命运同国家和民族的前途命运紧密相连。汇聚起全国4.9亿户家庭、14亿多人民的智慧和热情,就能汇聚起实现第二个百年奋斗目标、实现中华民族伟大复兴中国梦的磅礴力量。家庭是人生的第一个课堂,父母是孩子的第一任导师。家庭教育最重要的是品德教育,是如何做人的教育。家风传承的不仅是一个家庭的记忆,更是一种家庭共有的精神内核。每个家庭里的家风,都会潜移默化地影响着我们的言行举止,家风以一种隐性的形态,存在于每个家庭的日常生活中。爱岗敬业、勤俭持家、乐于助人、善良正直……这些习性是一个家庭的传承,是我们一生中隐形的导师,使这个家庭能一脉传承、普泽后世。同时,家风是社会风气的重要组成部分。良好的家风,对家庭成员的个人修养产生着重要的作用,也对整个社会道德风尚的形成产生着重要的影响。

周恩来总理订立的"十条家规"感人至深,令人敬佩。这"十条家规"不仅体现了周总理自身严于律己的道德情操和高风亮节,而且体现出周家风清气正、清正廉洁的纯正浓厚家风。我们应当学习和继承革命前辈的红色家风,大力营造崇德向善、见贤思齐的浓厚社会氛围。

建设好家风是中国共产党的优良传统。毛泽东、周恩来、朱德等老一辈革命家在这方面都以身作则、作出表率。对于毛主席来说,青年人代表着未来,要为他们的思想把好关。对自己的孩子,毛主席的要求十分严格。作为高干子女,他们必须有着较高的思想觉悟,毛主席对子女的教育要求非常严格,在当时的领导干部家风建设和干部子弟教育中堪称楷模。周恩来总理将经常佩戴在身上的"为人民服务"像章传给侄女周秉德,希望她继续传承"为人民服务"的家风,朱德元帅生前亲笔书写"革命到底",告诫后辈:"你们是革命的后代,要热爱老一辈的事业,不应该关注老一辈的财产,你们是我们事业的接班人,而不应该是我的财产的继承人,我没有财产,我这里的一切包括我的生命都是属于党和人民,没有党便没有我的一切。"

与此形成鲜明对照的是,某些领导干部的腐败问题,正是由于对自身的要求不高、对子女的教育不严。从徐卫东父子的受贿案中就能明显看出,治家不严、家风不正极易诱发腐败问题。

党的十八大以来,以习近平同志为核心的党中央高度重视家庭家教家风建设,推动社会主义核心价值观在家庭落地生根,使千千万万个家庭成为国家发展、民族进步、社会和谐的重要基点。习近平总书记对家庭、家教和家风建设有许多重要论述,这些重要论述启示我们要高度重视家风传承与家教建设,注意家庭文化熏陶,并且要久久为功。

习近平总书记指出:"家庭和睦则社会安定,家庭幸福则社会祥和,家庭文明则社会文明。"①2016年12月12日,习近平在会见第一届全国文明家庭代表时的讲话中指出:"无论时代如何变化,无论经济社会如何发展,对一个社会来说,家庭的生活依托都不可替代,家庭的社会功能都不可替代,家庭的文明作用都不可替代。无论过去、现在还是将来,绝大多数人都生活在家庭之中。我们要重视家庭文明建设,努力使千千万万个家庭成为国家发展、民族进步、社会和谐的重要基点,成为人们梦想启航的地方。"②习近平总书记强调:"广大家庭都要弘扬优良家风,以千千万万家庭的好家风支撑起全社会的好风气。特别是各级领导干部要带头抓好家风。"③

千家万户都好,国家才能好,民族才能好。家庭是人生的第一个课堂,父母是孩子的第一任老师,有什么样的家教,就有什么样的人。家风是社会风气的重要组成部分,它是民风和社风在家庭的映射,反过来也影

---

① 习近平:《习近平谈治国理政》第2卷,外文出版社2017年版,第353~354页。
② 习近平:《习近平谈治国理政》第2卷,外文出版社2017年版,第353页。
③ 习近平:《习近平谈治国理政》第2卷,外文出版社2017年版,第355~356页。

响着民风和社风。

家庭是社会的基本细胞,是人生的第一所学校。正是这个课堂,塑造了习近平的家国情怀,也成为他修身齐家治国理政的信念源泉。2001年春节,习近平的母亲齐心与时任福建省省长的习近平通了一次电话。这一年的春节,习近平没能回家跟父母团聚。齐心对习近平说:"你这么多的工作,妈听着还挺高兴的,关键还不在于你来不来,只要你把工作做好了,就是对你爸爸妈妈最大的孝心。这是对家庭负责,也对你自己负责,这都是一致的。"当听到儿子是因为工作无法回家的时候,齐心反而是高兴的。2001年,家人为习仲勋举办88岁寿宴,亲朋欢聚一堂,唯独时任福建省省长的习近平缺席。由于公务繁忙、难以脱身,习近平抱愧地给父亲写了一封祝寿信。习仲勋读了习近平的来信后,对他因工作繁忙而不能参加寿宴,表示非常理解,还向家人、子女和亲朋们说:"还是以工作为重,以国家大事为重。""为人民服务,就是对父母最大的孝。"①从习近平同志的家庭教育中,我们能够体会到深刻的教益和启示。

家风正则民风淳,民风淳则社风清,社风清则社稷安。不论时代发生多大变化,不论生活格局发生多大变化,我们都要重视家庭美德建设,注重家庭、注重家教、注重家风,积极培育向善向上的新时代民风社风。

(四)无血缘关系的"准女婿"为"老父亲"索赔案

1.案例呈现

成都市大邑县大安路288号,43岁的郑冬已在这里居住了将近18年。他经营着一家桶装水送水店,每天他的三轮车都满载着桶装水行驶在大邑城区。以往,"老父亲"王正昌会在他出门送水时,坐在门口的小板凳上,守着门店,等待"儿子"归来。但如今,小板凳上的人已经不在了。三年前的一个夜晚,王正昌被一辆冲入人行道的轿车撞倒,身负重伤,次日不治身亡。

尽管郑冬与王正昌以"父子"相称,共同生活,但事实上,两人并无血缘关系也非近亲关系。郑冬只是王正昌的"准女婿",这源于一份承诺。2002年,王正昌的独生女王静因患白血病去世,当时郑冬许下诺言,决定代替女友王静供养她的父母,为其双亲继续尽孝。在之后的14年里,"准

---

① 《听习近平的家风故事》,http://cpc.people.com.cn/n1/2022/0202/c164113-32344759.html,访问日期:2024年4月22日。

女婿"郑冬一直替亡故女友供养其父母,担负起了两位老人的衣食起居,直到两位老人先后过世。也正因为这一特殊关系,在王正昌遭遇车祸去世后,并非死者近亲属的郑冬是否具有死亡赔偿金和精神损害抚慰金的赔偿请求权成为关注的焦点。

在处理完"老父亲"的丧葬事宜后,郑冬将肇事司机姜某某以及保险公司告上了法庭,提出包括死亡赔偿金、精神抚慰金、丧葬费、医疗费等在内共计 30 多万元的赔偿请求。

不过,这一事发过程清晰、责任明确的交通事故,在诉讼过程中却一度遭到保险公司拒赔。保险公司称,王正昌的老婆以及独生女儿均已经过世,而郑冬与王正昌并无血缘关系,也非近亲属,又非合法收养关系,因此郑冬并不具备诉讼主体资格,保险公司不应承担赔偿责任。

但是,最终法院的判决还是支持了郑冬的善意付出。法院审理后认为履行了主要扶养义务的非近亲属,要求侵权人支付死亡赔偿金等合理诉求,法院应予以支持。

(资料来源:《"名不正言不顺"准女婿 法院支持他获赔 30 万元》,https://sichuan.scol.com.cn/cddt/202101/58018366.html,访问日期:2024 年 4 月 22 日。)

2.案例指向

本案例主要指向个人品德以及司法实践中法治与德治相结合的问题。

3.案例解析

个人品德是个体人格完善的重要标志。2014 年 5 月 4 日,习近平总书记在北京大学师生座谈会上指出:"道德之于个人、之于社会,都具有基础性意义,做人做事第一位的是崇德修身。"[1]个人品德是通过社会道德教育和个人自觉的道德修养所形成的稳定的心理状态和行为习惯。个人品德包括公民个人在修养身心、规范举止方面的基本道德依循,调节和规范着人与自身、人与人、人与社会等关系。《新时代公民道德建设实施纲要》对个人品德的基本要求是爱国奉献、明礼遵规、勤劳善良、宽厚正直、自强自律。个人品德在社会道德建设中具有基础性作用。无论是社会的和谐有序,还是个人的人格健全,都有赖于个人品德的不断提升。在现实生活中,社会公德、职业道德和家庭美德都要以个人品德的养成为基础。

百善孝为先,孝是德之本。郑冬的孝行体现了家庭美德的要求,而郑

---

[1] 习近平:《习近平谈治国理政》第 1 卷,外文出版社 2018 年版,第 172~173 页。

冬所具有的家庭美德又来自其自身具备的良好个人品德。孝的基础在爱，孝的实践在赡养父母。十几年来"准女婿"郑冬信守诺言，代替亡故女友赡养其父母直至为老人家送终，这样的关系背景，让郑冬的爱心孝行更加令人感动，体现出了郑冬善良、诚信等优秀的个人品德，彰显了中华民族传统美德里敬老扶弱、扶危济困等优秀美德，体现出中华民族传统伦理中的孝道精神，是新时代家庭美德之孝道的具体展现，符合当今时代社会主义核心价值观的友善、和谐等价值取向。

法安天下，德润人心。在司法实践中，应当正确理解和处理法治与德治的关系，坚持法治与德治相结合，把社会主义核心价值观融入法治之中，这是中国特色社会主义法治的重要特征。从道德与法律的关系看，中国特色社会主义法治的一个鲜明特点，就是坚持法治（依法治国）和德治（以德治国）相结合。既要强化道德对法治的支撑作用，重视发挥道德的教化作用，提高全社会文明程度，为全面依法治国创造良好环境，又要把道德要求贯彻到法治建设之中，以法治承载道德理念，善用法治手段解决道德领域里矛盾突出的问题。立法、执法、司法都要体现社会主义道德要求，都要把社会主义核心价值观融入其中，使社会主义法治成为良法善治，引导全社会崇德向善。可以说，本案的法院裁决很好地体现了这一鲜明特点。

《民法典》开篇第1条规定："为了保护民事主体的合法权益……弘扬社会主义核心价值观，根据宪法，制定本法。"开宗明义将"弘扬社会主义核心价值观"写入第1条，确立了我国民法的基本价值导向。《民法典》是彰显社会主义核心价值观融入法治、法治与德治相结合的具体典范，是社会主义核心价值观在立法上的表达，体现了我国民事法律制度的价值取向。把平等、自由、公正、诚信、和谐等理念植入《民法典》，反映了社会主义核心价值观的要求。在用法律规范人们行为的同时，也给人们更加明确的价值导向，引导人们自觉践行社会主义核心价值观。正因为秉持这样的立法精神，《民法典》第1131条作出了"酌情分得遗产权"的规定，明确规定尽到主要扶养义务或尽到较多扶养义务的非法定继承人可适当分得被继承人的遗产。因此不能简单地以郑冬与死者之间没有血缘关系、近亲属关系而排除其主张权利的主体资格。本案例可以说就是一个把法治与德治相结合、社会主义核心价值观融入法治的具体生动的写照，符合社会主义道德的要求，也符合维护公序良俗、权利和义务相一致等法律上的原则以及法治精神。

法律的基本价值在于维护社会的公平正义,因此法律必须维护基本的伦理,支撑道德的底线。一方面固然要有法必依、严格执法,另一方面在执行法律的过程中不能罔顾伦理道德,搞机械执法,这易导致"做好人没好报""做好事没好报"等社会不公现象,公正司法理应追求实质正义与程序正义相统一。所以,本案中法院的判决是既合法又合理,妥善处理了道德与法律的关系,体现了法治与德治相结合、社会主义核心价值观融入法治的原则和精神。

涵养高尚的个人道德品格重在践行、贵在坚持。要形成正确的道德认知和道德判断,理性辨析各种复杂的社会现象和问题。激发正向的道德认同和道德情感。亲近真善美,抵制假丑恶。强化坚定的道德意志和道德信念。道德修养的根本途径在于实践,提高道德实践能力尤其是自觉践行能力尤为重要。道德的运用,首先在于对自己行为的约束,因此道德重在自觉,唯有加强自律精神的培养,道德修养才能水到渠成。"自律"是行为主体在认同、内化社会道德规范的基础上对自身行为进行的自我控制和自我调节,并最终成为自我信仰和自觉尊崇的一种行为习惯。同时,学思并重、省察克治、慎独自律、知行合一、积善成德等积极有效的传统道德修养方法值得借鉴。

大学生投身崇德向善的道德实践,就要自觉加强道德修养,向道德模范学习,积极参与志愿服务活动,大力弘扬时代新风。学校德育应当贯穿着感恩、利他、奉献、责任等基本理念。大学生要注重培养助人为乐、见义勇为、诚实守信、敬业奉献、孝老爱亲的道德品质,要弘扬真善美,贬斥假恶丑,做社会主义道德的示范者和引领者,促进知荣辱、讲正气、作奉献、促和谐的社会风尚。

四、延伸阅读

1.中共中央党史和文献研究院:《习近平关于注重家庭家教家风建设论述摘编》,中央文献出版社2021年版。

2.《新时代公民道德建设实施纲要》,人民出版社2019年版。

3.马克思:《青年在选择职业时的考虑》,《马克思恩格斯全集》第1卷,人民出版社1995年版。

4.梁启超:《德育鉴》,北京大学出版社2011年版。

五、拓展研学

建议学生组成学习小组,结合以下选题,通过搜集文献、案例,开展调查、访谈,展开辩论等形式,作进一步的深入探讨,并形成研学报告或拍摄成短视频。

1.探讨大学生在网络生活中应当如何遵守道德要求。

2.结合自身职业生涯规划,探讨应当树立怎样的劳动观、择业观和创业观。

3.分析当代青年对待婚姻、恋爱的不同态度,探讨应当树立怎样的婚恋观。

4.结合参加志愿服务等自身实际经历,探讨大学生如何涵养高尚道德品质。

第七章　学习法律基础，领会法律之本

一、教学主要目标

本章与教材第六章第一节"社会主义法律的特征和运行"相对应，这一部分从法律基础理论入手，着重阐述"法律是什么""法律从何而来"等问题，并遵循"法的历史"演进的纵向逻辑，从整体性视角分析解读人类社会发展史上出现的各种法律类型及其内在差异，由此深入揭示我国社会主义法律的本质特征及其在运行过程中体现的突出优势。

本章要实现的教学目标：(1)知识层面。引导和帮助大学生在学习马克思主义法学原理的基础上，科学掌握法律的含义及其历史发展的基本知识。(2)能力层面。深入分析我国社会主义法律的本质特征，帮助大学生充分认识我国社会主义法律对中国特色社会主义建设的重要保障作用，引导大学生理解我国社会主义法律体现党的主张和人民意志相统一的原因，强化大学生的法治思维，提高他们的守法与用法能力。(3)价值层面。引导大学生正确认识中国特色社会主义法律的时代价值，不断增强他们建设社会主义法治国家的责任感和使命感，引导其自觉做社会主义法治的忠实崇尚者、自觉遵守者、坚定捍卫者。

二、教学重难点

本章教学重点：讲清楚法治是人类文明进步的重要标志，是治国理政的基本方式。在此基础上启发学生深入思考法律的基本概念是什么，它是如何发展而来的，又具有怎样的特征。

本章教学难点：讲好我国社会主义法律对中国特色社会主义建设具有重要保障作用。本章通过对相关问题的理论阐释和与学生的对话互动，让学生掌握我国社会主义法律的运行所包含的基本环节、各个环节的定义与区别，让学生厘清不同的环节所应遵循的原则，以及它们在全面依法治国的总体布局中所具有的重要意义。

三、教学案例

(一)商鞅变法

1.案例呈现

商鞅变法是战国时期秦国的秦孝公任用商鞅进行的一次具有重大影响和历史意义的变法活动,也是战国时期影响最大、效果最为突出的变法。秦国以农、猎为生,经济、文化等都比较落后。公元前361年,秦孝公即位。他发奋图强,推行变法,还下令征聘主持变法者。商鞅从魏国入秦国前去应聘。商鞅(约前390年至前338年),卫国人,姓公孙氏,名鞅,故又称公孙鞅或卫鞅,后因在秦国变法有功,受封于商,亦称商鞅。他从小就爱好法学,即"好刑名之学",有比较深厚的法学功底。他提出了废除井田制、重视农桑、奖励军功、建立县制等一整套变法主张,前后共持续了二十一年。商鞅变法的内容涉及政治、经济、文化等各方面,既有广度,又有深度,较为突出的是以下方面。

(1)改法为律,制定秦律

商鞅入秦应聘时,携带《法经》。变法就包括以《法经》为基础制定秦律。商鞅主持制定的秦律成为秦国的主要法典,其内容比较系统、完整,适用范围较为广泛,并且保持相对稳定。同时,秦律的内容比《法经》更为丰富,也更符合秦国的实际情况。

(2)鼓励农战,增强国力

为了增强国力,商鞅主持制定一些鼓励农战的法律,包括《分户令》和《军爵令》等。《分户令》规定:"民有二男以上不分异者,倍其赋。"这一规定的实质在于扩大农业生产单位,鼓励更多农民从事农业生产,为国家增加赋税收入。《军爵令》规定:"斩一首者爵一级,欲为官者为五十石之官;斩二首者爵二级,欲为官者为百石之官。"这一规定把军功和官爵官职联系在一起,立下军功越多官爵就越高,官职也越高。以此鼓励官兵奋勇杀敌,增强军队的战斗力。

(3)轻罪重罚,通过增设酷刑来提高刑罚的严厉性

商鞅提出轻罪重罚的理论,明确说"禁奸止过,莫若重刑",即通过轻罪重罚来提高法律的威慑力,以此来达到制止犯罪的目的。其一,对轻罪

用重刑。商鞅对犯轻罪者不用轻刑而用重刑,以此来增强用刑力度。《汉书·五行志》记载的"商君之法,弃灰于道者"就是一个例证。其二,增设酷刑,通过增设酷刑来提高刑罚的严厉性。腰斩、车裂、枭首、凿颠等酷刑都在那时被使用。

商鞅在秦国进行了较为彻底的变法,意义深远。一方面,商鞅变法为秦国的崛起奠定了重要基础。商鞅变法顺应了封建社会发展的潮流,促进了秦国社会的发展,起到了良好的社会效果。秦国人民在商鞅变法中受益,拥护这一变法。商鞅虽死但其所制定的法制仍被采用,百年之后,秦终于完成统一大业,建立了中国历史上第一个统一的、多民族的、中央集权的王朝。后人对此也有评说,东汉王充曾说:"商鞅相孝公,为秦开帝业。"

另一方面,商鞅变法在中国古代法制史上起到了承前启后的作用。商鞅携《法经》入秦,改《法经》为秦律,使得《法经》的体例、内容成为秦国法制的一部分,进而在秦国得到传承。同时,商鞅还通过改法为律,首创"律"这一法律形式,使得秦律成了中国法制史上的第一部律。从此以后,"律"便成为中国封建朝代的主要法典。秦朝的秦律、汉朝的汉律,直到明朝的《大明律》、清朝的《大清律例》等都是如此。商鞅变法的这种承前启后的作用使中国法制的传统和特色得到了延续和传承。

(资料来源:《中国法制史》编写组:《中国法制史》,高等教育出版社2019年版,第48~52页。)

2.案例指向

本案例指向法律的含义及其历史发展。

3.案例解析

第一,法律是由国家创制和实施的行为规范。商鞅携《法经》入秦,改《法经》为秦律,使得《法经》的体例、内容成为秦国法制的一部分,并在秦国得到传承。同时,商鞅还通过改法为律,首创"律"这一法律形式,使得秦律成了中国法制史上的第一部律。这些措施,不但使秦国的中央集权制度得到了进一步加强,也让秦国的国力不断增强,最终统一了六国,建立了中国历史上第一个大一统的封建王朝。商鞅变法之所以能够顺利实施并取得成功,很大程度上是因为他得到了最高统治者的全力支持。秦孝公对于商鞅的支持信任可以说是变法成功的最为重要的因素。这体现了法律规范是国家制定或认可的,并由国家强制力保证实施的行为规范。

第二,法律由一定的社会物质生活条件决定。法律作为上层建筑的重要组成部分,不是凭空出现的,而是产生于特定社会物质生活条件基础之上。社会物质生活条件是指与人类生存相关的物质资料生产方式、地理环境和人口因素等。在阶级社会中,有什么样的生产关系,就有什么性质和内容的法律。奴隶制生产关系、封建制生产关系、资本主义生产关系和社会主义生产关系,相应地产生了四种性质的法律。战国时期,铁制农具和牛耕在农业生产上进一步推广,新兴地主阶级势力壮大,要求废除贵族的世袭特权,掌握国家政权。商鞅变法顺应了封建社会发展的潮流,通过废除井田制、重视农桑、奖励军功、建立县制等一系列措施,推动奴隶制社会向封建制社会转型,符合新兴地主阶级的利益,大大推动了社会进步和历史的发展。这些都表明,秦国的立法者不是在创造法律,而是在表述秦国的物质生活条件的客观性,因为立法者不可能决定法律怎样产生,法律是由客观的社会物质生活条件决定的,并非人主观所能决定的。

第三,法律是统治阶级意志的体现。马克思主义法律观认为,统治阶级就是掌握国家政权的阶级,统治阶级的意志就是掌握国家政权的阶级的意志,法所体现的国家意志也就是掌握国家政权的阶级的意志。秦国以农猎为生,经济、文化等都比较落后。商鞅变法以法律形式废除奴隶制的土地制度,开阡陌,肯定了封建土地所有制的合法性;商鞅变法还打破了奴隶主世袭贵族的特权,确定了封建等级制度,发展和壮大了地主阶级政治势力。此外,秦朝中央集权的实行,巩固了地主阶级对劳动人民的统治,发展了封建经济,壮大了地主阶级经济力量。以上都体现了商鞅变法维护地主阶级的利益,为秦国的崛起奠定了重要基础。可见,法律的确是统治阶级意志的体现,但需要认真注意的是,法律所体现的统治阶级意志具有整体性,不是统治阶级内部个别人的意志,也不是统治者个人意志的简单相加,而是统治阶级意志中的共同部分。① 当然,统治阶级意志上升为国家意志、被奉为法律之后,在其实施过程中还会遇到来自被统治阶级的阻力。这种阻力会作为一种反馈信息,促使统治阶级调节其立法政策和法律规定。

第四,法律不是从来就有的,也不是永恒存在的。法律作为上层建筑的重要组成部分,是人类社会发展到一定阶段才出现的社会现象,它具有阶级性和意识形态性,其基本内容和性质总是与所在社会的生产关系相适应。它随着私有制、阶级和国家的产生而产生,也将随着私有制、阶级

---

① 邵晓红、刘树海、郭捍华:《法律基础教程》,清华大学出版社2005年版,第2页。

和国家的消亡而消亡。商鞅变法期间,实施了一系列严格的法律和刑罚制度,通过增设酷刑来提高刑罚的严厉性,腰斩、车裂、枭首、凿颠等酷刑都在那时被使用,体现了奴隶制社会刑罚方式的残酷性在封建社会的残留,与当时社会政治经济变革的要求相适应。随着人类社会生产力的发展,社会形态的变更,法的历史类型由低级类型向高级类型依次更替。奴隶制法律、封建制法律、资本主义法律都是建立在私有制经济基础上的剥削阶级类型法律,是统治阶级少数人意志的体现。而社会主义法律是人类历史上唯一以公有制为基础的新型的法律制度,有着与以往剥削阶级类型法律制度不同的经济基础与阶级本质,实现了对历史上各种类型法律制度的超越。

(二)网约车立法保障社会主义经济健康发展

1.案例呈现

随着城市化进程的加速和人口数量的不断增加,传统出租车越发无法满足大众的出行需求,比如,高峰时段打不到出租车,偏远、新开发地区罕有出租车行驶等问题日益凸显。此时,网约车作为一种全新的出租车行业新业态出现在大众眼前,在很大程度上解决了"打车难"的问题,赋予了乘客更多的选择权,可以让乘客体验到更加符合心意的服务。网约车虽然改善了市民出行情况,但同时也暴露出承运人责任主体不明确、乘客安全和驾驶员权益得不到保证、个人信息泄露风险较高等问题。在监管层面,需要考量出租车业态的生存、城市道路负荷能力和社会稳定状况;在市场层面,需要弥补公共交通供给能力的不足,遏制出租车服务质量下降的趋势;不同城市在出行方面面临的挑战也不尽相同。

2016年7月28日,交通运输部在国新办召开新闻发布会,正式公布了《网络预约出租汽车经营服务管理暂行办法》。这是首部为"互联网+"、分享经济立法和正名的法规,体现了政府对网约车新业态的认可和支持,是一部具有划时代意义的行政法规。中国成为全球第一个在立法层面肯定网约车合法化的创新国家。在此次法律制定过程中,交通运输部等部门充分听取了各方意见建议和发展诉求,体现了国家鼓励创新、开放包容的发展理念和思路。网约车新政通过"开门立法"吸收社会意见,减轻了改革阻力。更为关键的是,这部法规赋予了网约车合法地位,为打破依附于传统出租车上的利益格局、迫使出租车业加快改革创造了条件。这种变革方式对于互联网时代共享经济的成长,具有里程碑式的政策导向意义。

现在,共享经济方兴未艾,在商业、住宿、交通、教育、生活服务、旅游等与民生息息相关的领域,都展现出强大的生命力,新模式、新业态不断产生,为提高社会财富的使用效率、扩大消费需求、吸收过剩产能和冗余人员提供了难得的机遇。正是因此,共享发展成为发展的新理念。但是,在新旧业态融合、金融服务支持等方面,共享经济还面临许多障碍。网约车新政,为制度、互联网与产业的协调和相互促进,树立了一个可资借鉴的范本。实际上,鼓励新事物新业态新市场发展,以帕累托改进的方式逐步"破冰",正是改革开放以来许多领域取得成功的原因所在。从这个角度讲,网约车合法化体现了制度层面改革和创新的中国经验。

(资料来源:孙冰:《出租车改革方案出台 明确网络约车合法地位》,《中国经济周刊》2016年第30期。)

2. 案例指向

本案例指向教材第六章第一节第二目"我国社会主义法律的本质特征"。

3. 案例解析

第一,我国社会主义法律维护人民的根本利益,巩固中国共产党的领导地位,体现了党的主张和人民意志的统一。一方面,这次网约车立法是按照党中央、国务院有关改革的总体决策部署,充分落实创新、协调、绿色、开放、共享的新发展理念,充分适应"互联网+"和分享经济发展的需要而推进的。自从2014年中国政府提出"大众创业、万众创新"的号召,倡导"互联网+"对传统业态改造升级以来,网约车等新经济业态迅速完成了海量用户的积累、市场混战洗牌,并深刻影响了传统的出租车等行业。中国对网约车没有"一禁了之",而是出台了在国家层面上的全球第一个网约车的监管法规,通过量身定制监管模式,给予其合法的身份,支持其规范发展。这体现了党中央和国家鼓励创新、开放包容的发展理念,也体现了我国坚持在法治轨道上推进国家治理体系和治理能力现代化的治理决心。

另一方面,网约车新政出台有助于更好地满足人民群众出行需求,保障乘客合法权益。作为社会上出现的新兴事物,在网约车合法化之前,由于没有相应的法律法规对其规制统一标准,网约车行业的发展受到运营安全管理及运营合规性等问题的深刻制约。《网络预约出租汽车经营服务管理暂行办法》的制定,有助于加强网约车管理,满足社会公众多样化、差异化的出行需求,保障好乘客的安全出行和合法权益,使人民群众享有更多获得感。同时,网约车立法的出台,必然涉及多方的利益,如何处理好改革、发展和稳定的关系,成为政策制定者必须权衡的课题。在网约车新政出台过程中,交通运输部等部门反复调研,充分听取了各方意见建议和发展诉求,上海、义乌等地也积极探索,各个省市充分讨论,网约车平台与出租车公司更是各抒己见,使得基本上符合各方利益最大公约数的新政最终出炉。可以说,网约车立法对于更好地维护人民权益,不断增加人民群众获得感、幸福感和安全感具有十分重要的意义,体现了社会主义法律维护人民根本利益的法治立场。

第二,我国社会主义法律具有科学性和先进性。从法律的实质内容来看,我国社会主义法律既是广大人民意志和利益的反映,又是社会历史发展规律的反映,具有科学性和先进性。一方面,社会主义法律坚持体现工人阶级领导下的全体人民的意志和利益,而不是仅体现少数人的意志和利益,这是社会主义法律科学性的重点所在。此次网约车立法改革坚持以乘客满意为导向,通过推动深化传统出租汽车行业改革,规范发展网约车,构建多样化的服务体系,提升出租汽车服务质量,更好地满足人民群众出行需求,目的是让人民群众共享改革的成果,有更多实实在在的获得感,体现了社会主义法律制定的科学性和合理性。

另一方面,我国社会主义法律的先进性体现在坚持以开放的胸怀和谦虚的态度对待前人和他人的宝贵经验,既注意继承我国传统法律文化中的优秀部分,又注意借鉴外国法律发展的成功经验,坚持将传承历史传统、借鉴人类文明成果和立足本土进行制度创新有机结合,同时还在立法体制、立法程序和立法技术等方面不断改革创新。在此次网约车立法过程中,立法部门也坚持了开放立法、开门立法,先后赴21个不同类型的城市进行调研,研究了美国、日本等很多国家以及我国香港、台湾地区出租汽车的法律法规,召开了百余次不同范围、不同层面的座谈会、论证会、咨询会听取意见,反复论证以后才形成了《网络预约出租汽车经营服务管理暂行办法》,体现了社会主义法律制定的先进性和严谨性。

第三,中国特色社会主义建设离不开社会主义法律的引领、规范和保障。我国法律维护和巩固社会主义经济制度,促进社会主义市场经济持续健康发展,保障现代化经济体系建设顺利推进。"网约车"犹如一块试金石,不仅涉及政府职能转变、简政放权的问题,还关系到中国经济寻找新的增长点、谋求转型升级的发展战略。综观世界近现代史,一些国家虽然一度实现快速发展,但并没有顺利迈过实现现代化的门槛,而是陷入这样或那样的"陷阱"不能自拔,出现经济社会发展停滞甚至倒退的局面,这在很大程度上与法治不彰有关。《网络预约出租汽车经营服务管理暂行办法》的出台,对于促进中国网约车行业健康、有序发展具有重要的积极意义。反观一些西方国家在网约车立法方面走在中国后面,甚至一些国家明确反对网约车、互联网支付等新兴业态经济。这充分表明了:新中国成立70多年来,我国创造了世所罕见的经济快速发展和社会长期稳定的两大奇迹,而且成功走出中国式现代化道路,同我们不断推进社会主义法治建设有着十分紧密的关系。

(三)昆山正当防卫案

1.案例呈现

"昆山正当防卫案"发生于一个初秋之夜,起于道路行车纠纷。2018年8月27日晚间,刘海龙驾驶车辆在昆山市震川路西行至顺帆路路口时与同向骑自行车的于海明发生争执,刘海龙从车中取出一把砍刀连续击打于海明,后被于海明反抢砍刀并捅刺、砍击数刀,刘海龙身受重伤,经抢救无效死亡。后"昆山宝马车驾驶员砍人被反杀"视频在网络上被转载扩散,并迅速成为微信、微博的热门话题,引发网民热议。

根据《刑法》第20条,为了使国家、公共利益、本人或者他人的人身、财产和其他权利免受正在进行的不法侵害,而采取的制止不法侵害的行为,对不法侵害人造成损害的,属于正当防卫,不负刑事责任。警方根据司法鉴定、监控视频等方面认为,在本案中,刘海龙先行动手并且持刀伤人,就连作案工具也是其拿出来的,于海明的捅刺、劈砍、追砍等一系列行为,应当属于正当防卫。

最终,司法机关在深入分析案件证据、准确适用相关法条的基础上,认定于海明的行为构成正当防卫。

2019年3月12日,最高人民检察院检察长张军在第十三届全国人民代表大会第二次会议上作最高检工作报告时,有多处报告内容得到了代表们的掌声赞许。其中一处就包括"昆山正当防卫案"。与这起案件一同出现在报告中的还有一句被网友奉为金句的"法不能向不法让步",在网络上引发大量关注、转发。曾被称为"僵尸条款"的正当防卫制度开始被激活,成为司法机关和民众之间良性互动的"桥梁"。

(资料来源:史兆琨:《昆山反杀案:法不能向不法让步》,《检察日报》2023年2月6日第2版。万春:《法不能向不法让步:正当防卫类案纵横》,中国检察出版社2022年版,第11~21页。)

2.案例指向

本案例指向"司法的基本要求是正确、合法、合理、及时"。

3.案例解析

第一，人民法院和人民检察院根据法律法规公正司法，保护自然人、法人和其他组织的合法权利，解决法律纠纷，惩治违法犯罪行为，维护法律秩序。公正司法是新时代法治建设十六字方针的重要内容。党的二十大报告进一步对"严格公正司法"作出重大部署，明确指出"公正司法是维护社会公平正义的最后一道防线"。[1] 这精辟而深刻地阐明了公正司法之于社会公平正义的底线作用，划定了新时代司法工作的重心和方向，也对新时代司法工作和司法体制改革提出了新的更高要求。"昆山正当防卫案"的办理，是司法机关依法履职、勇于担当的鲜活例证，司法机关在深入分析案件证据、准确适用相关法条的基础上，认定于海明的行为构成正当防卫，给正当防卫案件的办理带来了震撼性的启示，打破了正当防卫司法实践领域沉寂已久的静默。这既有利于促使各级公安司法机关正确认识特殊正当防卫制度的立法初衷和制度功能，改变以前对正当防卫认定过严的问题，也有利于鼓励人们在面对严重暴力犯罪时勇敢地进行正当防卫，制止违法犯罪，保护自己、他人合法权益以及国家、社会公共利益，弘扬中华民族自古以来惩恶扬善的美德。

第二，此案体现了司法机关贯彻落实习近平法治思想，关注正当防卫案件背后的社会问题。习近平法治思想是顺应实现中华民族伟大复兴时代要求而生的重大战略思想，是马克思主义法治理论中国化最新成果，是新时代全面依法治国的根本遵循。党的十八大以来，习近平总书记正确认识、分析、解决新时代推进公正司法的问题，科学回答了为什么要公正司法、实现什么样的公正司法以及怎样实现公正司法等一系列重大理论和实践问题，形成了习近平法治思想的公正司法观，推动各级司法机关为大局服务、为人民司法、为法治担当，让公平正义更加可见可感。"昆山正当防卫案"中，于海明的反击行为引发了广泛的社会讨论。一方面，公众普遍同情于海明的遭遇，认为他在极端情况下的自卫行为是出于无奈；另一方面，也有人质疑于海明反击的必要性和合理性，认为他的行为可能超

---

[1] 习近平：《高举中国特色社会主义伟大旗帜 为全面建设社会主义现代化国家而团结奋斗——在中国共产党第二十次全国代表大会上的报告》，https://www.gov.cn/xinwen/2022-10/25/content_5721685.htm，访问日期：2024年4月22日。

出了正当防卫的范畴。这一争论实际上反映了社会对正当防卫法律界限的不同理解和看法。在此案最终的判决中,于海明被认定为正当防卫,无罪释放。这一判决在社会上引起了积极的反响,被视为正当防卫法律实践的进步。它不仅为于海明个人带来了正义,更在法律层面上为公众提供了关于自我保护权利的清晰指引,彰显了司法机关捍卫法治尊严、维护社会公平正义的决心和毅力,并真正把习近平法治思想中提倡"公平正义"这一法治价值追求贯穿到了司法的全过程和各方面。

第三,从立法精神来讲,"昆山正当防卫案"是在强化公民正当防卫权利,鼓励公民与违法犯罪行为作斗争。关注度高的案件结果很大程度上影响着人们的行为尺度,审判的标准很大程度上决定着社会的道德水准。在一些具有标杆意义的案件上,决不能搞"和稀泥",决不能让群众产生司法不公的疑虑、在道德标准上出现模糊。"昆山正当防卫案"的处理结果可以说实现了法律效果和社会效果的统一,成为一堂全民共享的法治公开课。"昆山正当防卫案"不仅激活了正当防卫制度的适用,及时保障了当事人的合法权益,有力震慑了犯罪分子,而且向公众昭示了正当防卫制度的生命力,捍卫了法治,振奋了人心。这个案件也告诉我们,我国社会主义法律的运行可以发挥良好的教育、评价、指引、规范功能,通过对舆论进行引导,让公众明确情感、道德与法律之间的界限,让维护法律和公共利益的行为受到鼓励,让违反法律和社会公德的行为受到惩戒。此外,"昆山正当防卫案"依法正确适用正当防卫制度,旗帜鲜明鼓励公民同违法犯罪行为作斗争,也进一步弘扬了社会主义核心价值观,对于维护社会秩序、培育良好的社会道德风尚有重要作用。由此可见,我们国家的司法机关应当深刻认识刑法的社会功能,立足形势发展变化,主动回应社会关切,对电信诈骗、危害公共安全等群众反映强烈的犯罪依法予以严惩,把严格公正司法落到实处。

(四)基因编辑犯罪行为的法律应对

1.案例呈现

贺某某是南方科技大学原副教授,拥有多学科交叉的背景,并在基因测序仪研究、CRISPR 基因编辑、生物信息学等多个领域取得研究突破。2018 年 11 月,贺某某团队逾越科研和医学伦理道德底线,违法进行"基因编辑婴儿"实验事件被爆出,引发了轩然大波。早在克隆羊"多莉"出现时,全球的基因研究机构就强烈建议不要对人类进行相关基因编辑实验,但贺某某的行为无疑走在了全人类的对立面。

2019年1月,广东省"基因编辑婴儿事件"调查组初步查明,贺某某团队在明知违反国家有关规定和医学伦理的情况下,以通过编辑人类胚胎CCR5基因可以生育免疫艾滋病的婴儿为名,将安全性、有效性未经严格验证的人类胚胎基因编辑技术应用于辅助生殖医疗。为此,贺某某制定了基因编辑婴儿的商业计划,并筹集了资金。该事件系贺某某为追逐个人名利,自筹资金,蓄意逃避监管,私自组织有关人员,实施国家明令禁止的以生殖为目的的人类胚胎基因编辑活动。2017年8月起,经贺某某授意,张某某违规对6对夫妇的受精卵注射基因编辑试剂,之后对培养成功的囊胚取样送检。贺某某根据检测结果选定囊胚,由张某某隐瞒真相,通过不知情的医生将囊胚移植入母体,使得A某、B某先后受孕,A某生下双胞胎女婴,B某生下1名女婴。

2019年12月30日,"基因编辑婴儿"案在深圳市南山区人民法院一审公开宣判,法院认为,"贺某某等3名被告人未取得医生执业资格,追名逐利,故意违反国家有关科研和医疗管理规定,逾越科研和医学伦理道德底线,贸然将基因编辑技术应用于人类辅助生殖医疗,扰乱医疗管理秩序,情节严重,其行为已构成非法行医罪"。贺某某被依法判处有期徒刑3年,并处罚金人民币300万元。

为有效应对以上情况,2020年《中华人民共和国刑法修正案(十一)》将人类遗传资源的非法行为以及基因编辑纳入刑法规制范围。

(资料来源:余秋莉:《论人体生殖系基因编辑行为的刑法应对——兼评贺某某"基因编辑婴儿"案》,《法律适用》2020年第4期。王攀、肖思思、周颖:《科研幌子难掩非法行医事实 名利动机驱使恶意逃避监管》,http://www.cdqyjcy.gov.cn/zfxw/142312.jhtml,访问日期:2024年4月22日。)

2.案例指向

本案例指向我国始终坚持科学立法、民主立法、依法立法,法律制定能够随着经济社会的发展而发展。

3.案例解析

一方面,运用司法手段解决道德领域突出问题。法律的有效实施有赖于道德的支持,道德的践行也离不开法律的约束。法治和德治不可分离、不可偏废,国家治理需要法律和道德协同发力。我们国家擅于运用法治手段解决道德领域突出问题,我国的立法、执法、司法各环节始终都体现社会主义道德要求,都把社会主义核心价值观贯穿其中。因而,针对科学研究中出现的不良现象,必须用法治的方式进行调整。《中华人民共和国刑法》第336条规定:"未取得医生执业资格的人非法行医,情节严重的,处三年以下有期徒刑、拘役或者管制,并处或者单处罚金;严重损害就诊人身体健康的,处三年以上十年以下有期徒刑,并处罚金;造成就诊人死亡的,处十年以上有期徒刑,并处罚金。"本案被告人在未取得医生执业资格的情况下实施医疗行为,违反国家禁止性规定,把不成熟的技术非法用到人类身上,已属于情节严重,符合非法行医罪的构成要件。法院以非法行医罪对被告人判决相应的刑罚,符合罪责刑相适应的刑法基本原则。虽然基因编辑技术在疾病治疗方面会给人类带来好处,但如果不对这种技术进行限制或者控制,可能产生诸多不利影响,如使人类丧失对自然变化的抵抗力等。贺某某等三人在法律不允许、伦理不支持、风险不可控的情况下,采取欺骗、造假手段,恶意逃避国家主管部门监管,多次将基因编辑技术应用于辅助生殖医疗,造成多名基因被编辑的婴儿出生,严重扰乱了医疗管理秩序,应属情节严重。若予放任,甚至引起效仿,将对人类基因安全带来不可预测的风险。因而,本案的判决为基因技术研究明确了不可逾越的边界,是对人类的伦理底线和价值尺度的坚决捍卫,强化了法律对道德建设的促进作用。

另一方面,我国始终坚持科学立法,以科学立法引导良法善治。贺某某案件判决之后,有专家提出该案中贺某某等人仅是进行基因编辑实验是否属于"非法行医"?法院以非法行医罪定罪也显示出司法的无奈——缺乏相关规范,审判人员只能以其他罪名甚至类推定罪,因而该事件也正式推动基因编辑被纳入刑法的调整范围。针对这一疑问,我国刑法的修订予以积极回应。《中华人民共和国刑法修正案(十一)》新增了非法植入基因编辑、克隆胚胎罪,明确规定:"将基因编辑、克隆的人类胚胎植入人体或者动物体内,或者将基因编辑、克隆的动物胚胎植入人体内,情节严重的,处三年以下有期徒刑或者拘役,并处罚金;情节特别严重的,处三年以上七年以下有期徒刑,并处罚金。"现代社会,随着个人自由的倡导和各种新技术的广泛应用,利益与价值观念的多元化日益显著,各种不可控的风险因素急剧增加,做好风险的事前预防工作,刑法应该有所作为。科技强国并不意味着科技滥用,《中华人民共和国刑法修正案(十一)》的及时修订,可以有效防止可控实害结果的发生。

(五)交警教科书式执法被赞"警界李云龙"

1.案例呈现

近日,江苏海安一名交警的"硬气执法"火了。一名车主因涉嫌车辆脱保,被交警处理。车上一名自称车主的男性乘客却不满,声称自己是刚刚出院的癌症病人,质问交警想扣车是什么意思,还拿出手机拍摄以示威胁。警官陶其冬冷静解释相关法律法规,不惧违法行为人的叫嚷威胁,坚决执法。视频被上传至网络后,立即引来广泛关注。交警陶其冬铁骨铮铮的形象被网民认为神似电视剧《亮剑》的主人公李云龙。

毫无疑问,依法开展执法活动值得点赞,也是底线。这要求执法必须文明、正当、适度,执法人员不得随意苛责当事人,不得随意使用武力,不得侮辱当事人人格。但是,如果执法行为不被尊重,可以随便讨价还价或者被恶意挑衅、阻挠,执法行为显然无法顺利开展,执法现场将陷入混乱。这将极大地提高执法成本,降低公众安全感。海安交警的硬气执法获网民怒赞,彰显出公众在面对公共事务时的朴素正义观和是非观。任何稍有社会常识、法律思维规则意识、道德意识的人都知道,法律平等地保护所有人的权利。只有果断及时地制止、惩戒违法者和阻碍执法者,方能尽快修复受到损害的社会秩序,让人们更有安全感。

(资料来源:《"警界李云龙"的"教科书式"执法,你怎么看?》,https://www.thepaper.cn/newsDetail_forward_2651761,访问日期:2024年11月23日。)

2.案例指向

本案例指向"法律执行"。法律执行是指国家行政机关及其公职人员执行法律的活动,也被称为行政执法。

3.案例解析

一方面,行政执法是法律实施和实现的重要环节,必须坚持合法性、合理性、信赖保护、效率等基本原则。遵守交通规则是每个交通参与者的责任和义务。无论是机动车驾驶员、非机动车驾驶员还是行人,在日常的交通参与当中难免违章,这可能是无意,也可能是有意,交警会根据当事人行为的主客观因素以及违章情节的轻重给予适当的处罚,这无可厚非。但是由于缺乏对交警工作的了解、对执法行为的不满、个别交警的不当行为以及媒体的报道偏差等,很多人对交警的执法行为很不理解,甚至抵触情绪很大,这无疑增加了二者之间的矛盾和对立。实际上,交警的严格执法是为了让人们更加自觉地遵守交通法律法规,共同维护良好的交通秩序,为人们的安全出行提供保障。警官陶其冬"硬气执法",使用规范的法言法语霸气回应违法者,充分维护法律的权威,演绎规范执法的内涵,得到了群众的拥护。因此,行政机关及其执法人员在执法过程要做到既文明规范,有理有据,又理直气壮,排除干扰,不惧威胁,这样才能体现出法律的威严和执法的规范,同时也要对当事人也给予尊重,才能有效避免被恶意挑衅,保证执法活动的顺利实施。

另一方面,严格公正执法与规范文明执法犹如一个硬币的两面,共同决定着执法的质量和效果,关系到政府形象与公信力。遵守道路交通法规是每个公民的义务。交警执勤查纠交通违法行为,是法律赋予交通警察的职责,见到交通违法行为不制止和处罚就是交警的失职。而陶警官之所以被大家叫好点赞,正是因为他作为一名交警能够抵住威胁,果敢执法。他以一身正气对违规者进行有理有据有节的执法,赢得了人们的赞誉。"李云龙"式民警得到公众点赞,恰恰凸显出公众对其"教科书式"执法的认同和违法必究行为的支持。"执法硬气"并不是没有章法的野蛮无理,也不是人性化缺失的简单粗暴,而是有邪不压正的浩气、法律刚性的锐气、敢于碰硬的勇气和规范执法的正气。试想如果违法行为和违法行为人没有得到处理,任由其逃逸在法律之外,或者说是逍遥在法网之外,这些人没有得到有效的规训,就会在社会上产生不良的风气,那么对于守法者来说,这就是一种不公,并且会最终威胁到法治的权威。因此,必须深刻认识到执法行为的内在强制性,认识到依法执法、敢于执法才是正确的文明执法,严格执法使人们发自内心地崇敬宪法和法律,积极主动地去遵守法律、运用法律,切实树立起宪法和法律的权威。

(六)厦门生态文明建设的法治实践

1.案例呈现

生态文明的厦门实践

厦门是习近平生态文明思想的重要孕育地和实践地。1988年,时任厦门市委常委、常务副市长的习近平同志主持启动"综合治理筼筜湖",到现在已历经5期整治。36年来,厦门市久久为功,一张蓝图绘到底,筼筜湖综合治理实现了从点到面、从水下到岸上、从单一治理到联合共治的转变,探索出一条协同推进高质量发展和高水平保护的生态文明实践路径。

如今,信步厦门筼筜湖,两岸绿树成荫,秀丽逶迤的湖面上白鹭点点,人与白鹭和谐共处,厦门人都称这座湖是自家的"城市新客厅"。但就在

30多年前,筼筜湖并不是这样。当时,城市污水大量排入,水体发黑发臭、垃圾遍地、鱼虾白鹭绝迹……筼筜湖的污染问题是当时摆在厦门面前的一道发展课题——要不要以生态环境为代价换取经济增长？面对不断恶化的筼筜湖生态,1988年3月,习近平同志主持召开"综合治理筼筜湖"专题会议,组建了筼筜湖治理领导小组,创造性地提出了"依法治湖、截污处理、清淤筑岸、搞活水体、美化环境"的"二十字方针"。"二十字方针"为筼筜湖治理指明了方向,从1989年厦门市政府颁布《筼筜湖管理办法》,到后来的升级版《厦门市筼筜湖管理办法》,再到实施地方性法规《厦门市筼筜湖区管理办法》《厦门经济特区筼筜湖区保护办法》,厦门以最严格制度最严密法治推进治湖。1994年获得经济特区立法权后,厦门制定的首部实体性地方性法规就是《厦门市环境保护条例》。制度体系不断完善,实现了从点到面、从水里到岸上、从单一治理到联合共治的转变,为山水林田湖草沙一体化保护和综合治理提供强有力的法治保障。如今,生态环境优美的筼筜湖已经成为厦门高颜值生态花园城市、人与自然和谐共生的典范。

厦门是全国第一批垃圾分类处理试点城市,也是第一个出台全链条垃圾分类法规的城市。2017年8月25日,经厦门市第十五届人大常务委员会第六次会议通过,《厦门经济特区生活垃圾分类管理办法》共七章五十三条,自2017年9月10日起施行。法者,治之端也。这部法规立足于提升生活垃圾减量化、资源化、无害化处理水平,力求"立得住、行得通、真管用",进行总体制度设计,实现生活垃圾分类全链条管理、全过程控制,努力打造可复制可推广的厦门样本。

参与垃圾分类,不仅是厦门市民的文明自觉行动,也是一项必须履行的法律义务。2017年,厦门出台实施全国首部全链条管理的生活垃圾分类管理法规——《厦门经济特区生活垃圾分类管理办法》。同时,配套了《厦门市大件垃圾管理办法》《厦门市餐厨垃圾管理办法》等16项制度。根据规定,垃圾不分类或随意投放垃圾,前期以劝导教育为主,如果在限定期限内拒不改正,或改正不到位,单位或者个人都将收到垃圾分类罚单,多次违规者将被纳入信用"黑名单"。此外,厦门还通过组织专项考评,随机抽取区域进行抽检,明察、暗访、逐层检查等方式一应俱全,考评成绩与相关单位年终绩效挂钩。

厦门在生活垃圾分类处理方面通过立法引领,先行先试,探索城市管理的新模式,让厦门市民的生活习惯悄然改变,低碳生活成为新时尚。

（资料来源：《生态文明的厦门实践》，https://cunguan.youth.cn/cgxw/202402/t20240220_15085560.htm，访问日期：2024年4月22日。《厦门：垃圾分类政策"跑"起来 全民参与分类新时尚》，http://xm.wenming.cn/wmsxf/202101/t20210115_6909326.htm，访问日期：2024年4月22日。《垃圾分类先行先试，人居环境持续改善》，https://mp.weixin.qq.com/s?__biz=MzAwMzg2NzEzMw==&mid=2651122311&idx=3&sn=c8242232867cb775 dc7050fb3ed208b3&chksm=80c4e215b7b36b0395f5d838d1eb836262b8c8a36d09fc cf72dc 62472ab6b38db490a00746e0&scene=27，访问日期：2024年4月22日。）

2. 案例指向

本案例指向教材第六章第一节第三目"我国社会主义法律的运行"。

3. 案例解析

社会主义法律的运行是一个从创制、实施到实现的过程，包括了法律制定、法律执行、法律适用、法律遵守等环节。厦门生态文明建设的法治实践，充分体现了社会主义法律运行的全过程，具有鲜明的中国特色。

立法方面，从36年前时任厦门市委常委、常务副市长的习近平同志主持"综合治理筼筜湖"开始，按照"依法治湖、截污处理、清淤筑岸、搞活水体、美化环境"的"二十字方针"率先从立法入手，1989年厦门市政府颁布《筼筜湖管理办法》。该办法是中国第一个关于生态文明保护的地方政府规章。而2017年厦门市人大常委会通过的《厦门经济特区生活垃圾分类管理办法》则是地方性法规。

法律制定是指有立法权的国家机关，依照法定职权和程序制定规范性法律文件的活动，是法律运行的起始性和关键性环节。根据《中华人民共和国宪法》和《中华人民共和国立法法》的规定，设区的市的人民代表大会和它们的常务委员会，在不同宪法、法律、行政法规和本省、自治区的地方性法规相抵触的前提下，可以依照法律规定制定地方性法规，报本省、自治区人民代表大会常务委员会批准后施行。省、自治区、直辖市、设区的市的人民政府可以依据法律、行政法规和本省、自治区、直辖市的地方性法规，制定地方政府规章。1994年3月，全国人大授予厦门特区地方立法权，厦门市人民代表大会及其常务委员会以及厦门市政府的立法权便据此拥有。

法律执行，广义上，法律执行是指国家机关及其公职人员，在国家和公共事务中依照法定职权和程序，贯彻和实施法律的活动；狭义上，法律执行是指国家行政机关及其公职人员执行法律的活动，也被称为行政执法。行政执法是法律实施和实现的重要环节，必须坚持合法性、合理性、信赖保护、效率等基本原则。把菜叶、鱼骨、食品包装纸、药盒等不同类别的垃圾塞进同个垃圾袋里,结果当事者收到50元的罚单,还被批评教育了一番。2020年4月24日,湖里区城管局殿前中队开出的这一罚单告诫市民,厦门在垃圾分类上动真格不是一阵风,而这也正是法律执行实现立法意图的体现。

法律适用,是指国家司法机关及其公职人员依照法定职权和程序适用法律处理案件的专门活动。司法机关包括国家审判机关和检察机关。2023年1月,厦门筼筜湖保护中心的工作人员发现,公园很多地方都染上了一些不明污渍。中心立即报警,公安机关迅速抓获作案人员林某。性格极端的林某,因与筼筜湖公园附近保安发生争执,心情不佳,为了发泄不满情绪多次携带装有油漆、机油等液体的矿泉水瓶到筼筜湖周边,并将瓶内的油漆、机油等液体随意泼洒在广场、雕塑、湖边栏杆、环湖步道等处,致使筼筜湖附近公共休闲区域环境受到污染,经评估确定造成了经济损失2.2万余元。厦门市思明区法院经审理认为,林某为了发泄情绪,在公共场所随意泼洒油漆、机油等液体,损毁公私财物,情节严重,法院以寻衅滋事罪判处林某有期徒刑,并将赔偿款发还厦门市筼筜湖保护中心。①

本案中,法院充分发挥司法在环境资源保护中的作用,依法对破坏污染筼筜湖水域及周边环境的行为严加惩处,为筑牢生态安全屏障提供更加有力的司法服务和保障。

法律遵守,是指国家机关、社会组织和公民个人依照法律规定行使权力或权利以及履行职责或义务的行为。守法是法律实施和实现的基本途径。一切组织和个人都必须遵守宪法和法律。随着《厦门经济特区生活垃圾分类管理办法》的颁布实施,为了转变居民的观念,厦门依托报社、电视台、网络等媒体,开展全方位、多层面、密集型的宣传,不断将垃圾分类知识和法律规定宣传潜移默化地融入居民日常生活中。厦门全市9300多个党组织、3.2万名党员志愿者积极开展垃圾宣导和知识普及活动,潜移默化地强化居民垃圾分类意识。目前,厦门市民的垃圾分类知晓率达100%,参与率90%以上,准确率80%以上,垃圾分类已成为厦门市民的文明习惯和守法行为。

综上,厦门生态文明建设的法治实践充分体现了社会主义法律运行

---

① 《事发筼筜湖!他被判刑!》,https://m.gmw.cn/2024-06/10/content_1303759086.htm,访问日期:2024年4月22日。

的全过程,突出了法治为生态文明建设保驾护航的制度保障作用,为今后我国其他地区的生态文明建设提供了可借鉴的成功经验。

四、延伸阅读

1.《中国法制史》编写组:《中国法制史》,高等教育出版社 2019 年版。

2.《法理学》编写组:《法理学》,人民出版社 2021 年版。

3.何勤华:《外国法制史》,法律出版社 2023 年版。

4.熊明辉、杜文静:《科学立法的逻辑》,《法学论坛》2017 年第 1 期。

5.章志远:《习近平法治思想中的严格执法理论》,《比较法研究》2022 年第 3 期。

五、拓展研学

1.联系自己身边的一些事例,谈谈为什么说我国社会主义法律是党的主张和人民意志的共同体现?

2.一些地方出现了"钓鱼执法"的情况,请结合法律的运行谈谈这种情况的危害。

3.如何理解法律是统治阶级意志的体现?

第八章 全面依法治国,建设法治中国

一、教学主要目标

本章对应教材第六章第二节内容,主要包括全面依法治国的根本遵循、坚持中国特色社会主义法治道路以及如何建设法治中国三个问题。全面依法治国,必须坚持以习近平法治思想为指导思想和根本遵循,坚定不移走中国特色社会主义法治道路,建设中国特色社会主义法治体系,建设社会主义法治国家。

本章教学目标:(1)知识层面。帮助学生了解为何要全面依法治国以及依法治国的根本遵循,深刻理解习近平法治思想的科学内涵和指导意义,明晰全面推进依法治国的总目标以及新时代全面依法治国的基本格局。(2)能力层面。引导大学生了解法治是现代国家治国理政的基本方式,是实现国家治理体系和治理能力现代化的必由之路,坚定走中国特色社会主义法治道路的信心。(3)价值层面。理论联系实际,增进大学生对全面依法治国方略的理解、认同和支持。

二、教学重难点

本章教学重点:帮助和引导学生正确认识和理解中国特色社会主义法治的核心要义和基本内容,全面了解坚持中国特色社会主义法治道路的基本原则,正确认识法律至上原则的意涵,深刻认识法律是治国之重器、公正是法治的生命线以及法律的权威源自人民的内心拥护和真诚信仰,深刻理解严格执法、公正司法是法治国家的必然要求,厘清法律与道德的界限,坚持依法治国和以德治国相结合的推进路径。

本章教学难点:如何从学理层面讲清楚全面依法治国的新理念、新思想、新战略,并从实践层面讲清楚如何落实中国特色社会主义法治的核心要义和基本原则。

三、教学案例

(一)郑某等买卖公民个人信息案和全国首例"人脸识别"民事公益诉讼案

1. 案例呈现

从 2020 年 9 月开始,被告人郑某利用某即时通信软件组建群组,在该群组及微信群、QQ 群中向不特定社会公众发布广告,称可提供"查头"和"过脸"①业务。

据郑某交代,他以每张照片 15～20 元的价格,通过社交平台向不特定上家求购某些身份证号码对应的个人照片。任某、戴某、陈某通过郑某所组建的群组,以每张照片 50～100 元不等的价格先后向郑某购买公民个人信息,利用人工智能软件制作虚假人脸动态识别视频,完成点头、眨眼等动作,用于解封账号、验证一些 App 的实名认证,从中非法获利。

据郑某交代,破解人脸识别系统后,不法分子可以进入他人微信等手机应用软件账号,获取相关聊天记录、支付记录、行动轨迹等个人隐私信息并继续向下家出售。

法院经审理认为,四名被告人非法获取公民个人信息,伪造人脸识别视频,破解人脸验证系统,违反了实名制网络安全管理制度。在实施侵权行为过程中,涉案四人利用某软件阅后即焚功能删除大量信息和交易记录,致使受害人数量、身份、信息去向、用途均无法核实。虽然受害人无法特定化,但已泄露的个人信息仍在网络黑灰产市场流通,不特定公众的人格性权益、财产性权益、安全性权益都存在被侵犯的危险。

经法院审理认定,涉案四人非法处理个人信息 2000 余条,违法所得 10 万余元,构成侵害公民个人信息罪,判处有期徒刑一年二个月至一年不等,并各处罚金。

---

① 所谓"查头"就是根据买家的需要,只要买家能够提供姓名、身份证号码等个人信息,就可以获取到查找对象含有人脸信息的身份证的高清照片、手机号码、家庭住址等个人的敏感信息。所谓"过脸"就是将人脸信息通过软件合成的方式生成模拟真人动态的动态视频。比如人脸验证环节中所需要的左右看、张嘴、抬头等动作,都可以通过人脸合成视频生成,只要视频中人脸的清晰度达到相应要求,系统会判定为真人操作,从而通过人脸验证环节,达到破解账号的目的。

除了刑事处罚外,检察机关还以四名被告人的行为侵害了社会公共利益为由,依法向法院提起个人信息保护民事公益诉讼①。在该案民事公益诉讼的判决中,四名被告除了被判处注销用于侵权的互联网账号、解散或退出用于传授犯罪方法的通信群组、支付公益损害赔偿金共计 10 万余元、公开赔礼道歉外,还被判令通过与个人信息保护相关的警示教育、公益宣传、志愿服务等方式进行行为补偿,并视行为的修复效果对公益损害赔偿金进行折抵。

(资料来源:钟亚雅、肖晓涵、彭葵葵:《广东首例涉人脸识别个人信息保护民事公益诉讼案宣判》,https://www.spp.gov.cn/spp/zdgz/202207/t20220713_563649.shtml,访问日期:2024 年 4 月 22 日。)

2.案例指向

本案例指向教材第六章第二节第一目"全面依法治国的根本遵循"。我国依法治国的根本遵循是习近平法治思想,其核心要义包含"十一个坚持",其中,坚持人民主体地位、坚持中国特色社会主义法治道路、坚持建设中国特色社会主义法治体系都是核心内容。本案指向了这部分内容,其处理结果反映了人民愿望,维护了人民权益,增进了人民福祉,而与此相关的法律制度的建构则是从中国的国情和实际出发,是中国特色社会主义制度的法律表现形式,是全面深入推进依法治国、建设法治中国过程中的新举措。

3.案例解析

本案既是侵害公民个人信息案件,也是全国首例"人脸识别"民事公益诉讼案件。人脸识别、人工智能……这些技术的广泛应用,不仅给人们的生活带来便利,而且为不法分子实施犯罪活动提供了机会。目前,个人信息泄露已成为违法犯罪发生的重要源头之一,给广大人民群众的信息安全和切身利益带来极大威胁。

本案被告人郑某在未取得信息主体授权同意的情况下,通过所谓"查头""过脸"的手段对不特定社会公众的人脸信息进行非法收集、买卖、使用,侵害了不特定公众的信息自决权、隐私权和人格尊严。与此同时,他们的行为造成大量个人信息泄露,这些信息在网络黑灰产市场非法流通,让不特定公众的人格性权益、财产性权益、安全性权益处于"裸奔"状态,

---

① 民事公益诉讼是指检察机关根据法律的授权,为了维护公共利益,对违反法律,侵害社会公共利益的行为,向人民法院提起诉讼,由法院按照民事诉讼程序依法审判并追究违法者法律责任的诉讼。

许多人变成了"透明人",成为潜在受害人,而他们自己还没有意识到自身的权利处在随时可能被侵犯的境地,这就不仅侵害了个人利益,实际上也为更多侵犯个人信息的下游犯罪提供机会,形成对公共利益和公共秩序的挑战和破坏。

为此,本案中,司法机关判定了郑某等涉案的四人有罪并判处刑罚,但这不是追责的终点,检察机关还提起民事公益诉讼。本案中,郑某等人除了被追究刑事责任失去人身自由外,还须支付公益损害赔偿金,并且以特定实际行动"行善抵过",从而付出应有代价。这种刑事和民事诉讼相结合的"组合拳"方式,可以弥补单一刑事打击的短板,更有利于全面维护公民个人信息安全和社会公共利益,从而构建了具有中国特色的个人信息保护法治体系。

保护个人信息安全需要运用法律武器,以法治力量来守护。法治实际上包含了许多层面的含义,法治既是指一种法律价值、法律精神、社会理想,也是指通过这种治国的方式、原则和制度的实现而形成的一种社会状态或秩序,此外,它还是一种治国方略和社会调控方式,法治是与人治相对立的一种治国方略。法治强调依法治国、法律至上,法律具有最高的地位,其实质意义强调"法律至上""权力制约""保障权利"的价值、原则和精神。对个人信息安全的守护正是法治中"保障权利"原则的具体体现。

党的二十大报告明确指出"加强个人信息保护",并将其作为提高公共安全治理水平的重要内容进行部署,这不仅是维护个人权利的生动体现,而且是维护社会稳定的重要保障。《中华人民共和国民法典》《中华人民共和国个人信息保护法》等相关法律均规定,人脸信息系归属于个人信息范围的生物识别信息,具有强烈的人身属性,反映的是信息主体独有的生物特征,具有不可更改的性质,与个人核心隐私密切相关,这正是个人信息泄露带来各种风险的核心问题所在,其重要性远超一般个人信息,因此适用敏感信息保护规则[①],以强化对个人信息的保护。《中华人民共和国刑法修正案(九)》将"出售、非法提供公民个人信息罪"和"非法获取公民个人信息罪"整合为"侵犯公民个人信息罪",进一步加大了对公民个人信息的保护力度。

---

① 根据《民法典》和《个人信息保护法》的规定,敏感个人信息的处理除应满足单独同意规则与监护人同意规则之外,还应受到特定目的、充分必要性以及采取严格保护措施之规定的三重约束。

本案对社会公众也起到警示作用。保护公民个人信息，个体的警觉也是关键，广大公众应擦亮双眼，提高个人信息防护意识，既保护好身份证号、银行卡号、体检报告等重要个人信息，也守护好人脸、虹膜、声纹、指纹等生物特征信息，筑牢保护个人信息的坚固防线。

本案以刑事附带民事公益诉讼的方式来处理，既保护了特定被害人的合法权益，也保护了广大不特定人民群众的利益，更好地维护了社会公共利益。不仅如此，民事公益诉讼还为人民参加国家事务管理提供了现实途径和司法保障。允许社会组织和公民个人在公共利益受到侵害时提起公益诉讼，可以将对国家各机关权力的监督纳入法治化轨道，规范其行为，防止公务人员滥用公共权力，避免由于权力集中而出现人治的局面，极大地促进法治建设。这一切都充分体现了以人民为中心的习近平法治思想。

法治为谁、法治建设为了谁，决定着法治与法治建设的宗旨和性质。习近平总书记指出，推进全面依法治国，根本目的是依法保障人民权益。习近平法治思想坚持把人民立场作为根本立场，把为人民谋幸福作为根本使命，把坚持全心全意为人民服务作为根本宗旨，深刻地回答了全面依法治国为了谁、依靠谁的重大问题。坚持以人民为中心，坚持人民主体地位，始终把依法维护人民群众权益放在第一位，把促进社会公平正义、增进人民福祉作为出发点和落脚点，这是习近平法治思想的重要内容，也是中国特色社会主义法治的基本属性。在新的时代，人民群众对民主、法治、公平、正义、安全、环境等方面的要求日益增长，全面依法治国就要积极回应人民群众的要求和期待，解决好人民群众反映强烈的突出问题，依法保障人民合法权益，用法治保障人民安居乐业。设立民事公益诉讼制度就是把习近平法治思想贯彻到中国特色社会主义法治建设进程中的重要体现，是践行以人民为中心的法治思想的生动诠释，它体现了人民利益、反映了人民愿望、维护了人民权益。

（二）仇某侵害英雄烈士名誉、荣誉暨附带民事公益诉讼案

1. 案例呈现

被告人仇某在卫国戍边官兵誓死捍卫国土的英雄事迹被报道后，为博取眼球，使用其新浪微博账号"辣笔小球"（粉丝数250余万），于2021年2月19日先后发布2条微博，歪曲卫国戍边官兵祁发宝、陈红军、陈祥榕、肖思远、王焯冉等同志的英雄事迹和英雄精神。上述微博在网络上迅

速扩散,引发公众强烈愤慨,造成恶劣社会影响。截至仇某删除微博时,上述微博阅读量共计20万余次。

江苏省南京市建邺区人民检察院认为,犯罪嫌疑人仇某利用信息网络贬低、嘲讽英雄烈士,侵害英雄烈士的名誉、荣誉,社会影响恶劣,情节严重。根据《中华人民共和国刑法》第299条之一的规定,依法以涉嫌侵害英雄烈士名誉、荣誉罪对犯罪嫌疑人仇某批准逮捕。同时,为维护英烈的合法权益,南京检察机关还在军事检察机关的支持配合下,决定提起刑事附带民事公益诉讼,请求判令被告人仇某通过国内主要门户网站及全国性媒体公开赔礼道歉,消除影响。

2021年5月31日,江苏省南京市建邺区人民法院经审理认为,被告人仇某公然蔑视国家法律和社会公德,在网络上采用侮辱、诽谤方式侵害英雄烈士名誉、荣誉,造成恶劣社会影响,严重破坏社会秩序,损害社会公共利益,情节严重,构成侵害英雄烈士名誉、荣誉罪。附带民事公益诉讼被告人仇某发表不当言论,亵渎英雄烈士事迹和精神,侵害英雄烈士名誉、荣誉,应当承担民事侵权责任,遂作出刑事附带民事判决:被告人仇某犯侵害英雄烈士名誉、荣誉罪,判处有期徒刑八个月;附带民事公益诉讼被告人仇某通过国内主要门户网站及全国性媒体公开赔礼道歉,消除影响。

(资料来源:《涉英烈权益保护十大典型案例》,https://www.chinacourt.org/article/detail/2022/12/id/7056996.shtml,访问日期:2024年4月22日。)

2.案例指向

本案例指向教材第六章第二节第二目"坚持走中国特色社会主义法治道路"。习近平总书记在2020年11月16日中央全面依法治国工作会议上指出:"要坚持依法治国和以德治国相结合,实现法治和德治相辅相成、相得益彰。"坚持依法治国和以德治国相结合,是中国特色社会主义法治道路的鲜明特征,是建设社会主义法治国家必须遵循的基本原则。法律和道德是现代国家治理不可缺少的两种重要手段,是人类交往与合作得以共存共处不可或缺的行为规范体系。法治重在他律,规范社会成员的行为;德治重在自律,滋润社会成员的心灵。坚持依法治国和以德治国相结合,既可以发挥法律的规范作用,又可以发挥道德的教化作用。本案例指向了坚持中国特色社会主义法治道路必须遵循的原则之一——坚持依法治国和以德治国相结合原则,其审理及相关的法律制度很好地发挥了德治和法治两方面的作用。

3.案例解析

习近平总书记指出:"我们比历史上任何时期都更加接近实现中华民族伟大复兴的目标。实现我们的目标,需要英雄,需要英雄精神。"①英雄先烈是民族的脊梁、时代的先锋,是民族最闪亮的坐标,是时代精神的价值高地。他们的事迹和精神是中华民族共同的历史记忆与宝贵的精神财富,是我们不断开拓前进的勇气和力量所在。因此,我们应铭记一切为中华民族和中国人民作出贡献的英雄们,崇尚英雄,捍卫英雄,学习英雄,关爱英雄,任何歪曲、丑化、亵渎、诋毁英雄烈士的行为不仅应受到谴责,而且应受到法律的制裁,这是中国特色社会主义法治的应有之义。

近些年来,一些人以"学术自由""还原历史""探究细节"等为名,歪曲历史,恶搞英烈,诋毁先辈,散布历史虚无主义,他们罔顾事实,混淆是非,恶意解构,造成恶劣社会影响,引起社会各界强烈愤慨。以往,这些行为往往被视为言论自由的道德问题,在法律层面也仅作民事案件处理。因为没有司法机关介入,违法成本低、威慑力小,所以有些人有恃无恐地对英烈进行侮辱和亵渎,败坏了社会风气,这对青少年的危害尤为严重。

人们不禁要问,网络"恶搞"底线在哪里?国家利益与社会公共利益底线又在哪里?

为了回应社会关切,回击丑化、诋毁英雄烈士的恶劣行为,国家开始加大保护力度,以法治力量捍卫英烈荣光。根据《中华人民共和国民法典》第185条、第1000条规定,侵害英雄烈士等的姓名、肖像、名誉、荣誉,损害社会公共利益的,应当承担消除影响、恢复名誉、赔礼道歉等民事责任,且应当与行为的具体方式和造成的影响范围相当。《中华人民共和国英雄烈士保护法》则规定,以侮辱、诽谤或者其他方式侵害英雄烈士的姓名、肖像、名誉、荣誉,在英雄烈士纪念设施保护范围内从事有损纪念英雄烈士环境和氛围的活动,侵占、破坏、污损英雄烈士纪念设施等,构成违反治安管理行为的,由公安机关依法给予治安管理处罚。《中华人民共和国刑法修正案(十一)》增设的"侵害英雄烈士名誉、荣誉罪"更是给予有力的回答,为诋毁英烈的行为画出法治的红线。这些法律的出台,对英烈权益从民事、行政、刑事三位一体全方位进行保护,既明确了捍卫英烈权益的法律底线,也彰显了弘扬英烈精神的价值导向。

---

① 习近平:《在颁发"中国人民抗日战争胜利70周年"纪念章仪式上的讲话》,《人民日报》2015年9月3日第2版。

由于英雄烈士事迹和精神所凝聚的民族感情和历史记忆已经成为社会公共利益的重要组成部分，侵害英烈的行为挑战的是社会价值观和民族精神。英烈的个人权益带有鲜明的国家性和公益性，对英烈侮辱、亵渎行为不仅对英雄烈士个人人格利益造成侵害，同时也对社会公共利益造成损害，其实质是动摇中国共产党的执政根基和否定中国特色社会主义制度。为此，《中华人民共和国英雄烈士保护法》建立了对侵害英雄烈士名誉、荣誉的民事公益诉讼制度，起诉的主体可以是英雄烈士的近亲属，没有近亲属或者近亲属不提起诉讼的，检察机关可以依法向人民法院提起诉讼。这一规定确认了保护英烈权益是国家责任，意味着捍卫英烈是整个民族的共同职守。民事公益诉讼既彰显国家权力介入保护英雄烈士，加大对侵犯英雄烈士名誉、荣誉的违法行为的惩罚力度，同时也彰显一种价值取向，重在教育和引领社会价值，从而充分发挥法律的指引和规制作用，教育引导全社会捍卫英雄、学习英雄、关爱英雄。这是新时代中国特色社会主义法治建设进程中的重要举措，向社会传递了"英烈不容诋毁、法律不容挑衅"的强烈信号，体现出我国对英雄烈士权益强有力的保护，以及严厉打击抹黑英雄烈士形象行为的决心，在网络空间弘扬了社会主义核心价值观。

本案是增设"侵害英雄烈士名誉、荣誉罪"后的全国第一案。被告人仇某也成为"侵害英烈名誉罪"获刑第一人，其诋毁、贬损英勇牺牲的戍边官兵的行为，不仅损害英雄烈士的人格权，严重损害卫国戍边军人形象，而且伤害了社会公众的民族情感，损害了公共利益。人民法院依法认定仇某的行为构成侵害英雄烈士名誉、荣誉罪，通过科处刑罚，保护英烈权益，弘扬英烈精神，回应社会关切，发挥教育、警示作用，具有首案引领意义。

本案的审理实际上已成为一堂生动的道德法治课，起到了良好的示范效应，发挥了多方面的作用。首先是警示作用，本案通过司法裁判庄严宣告，任何亵渎、抹黑英烈的违法犯罪行为都将付出应有的代价，通过构建捍卫英雄烈士的法治力量和社会氛围，进而筑起不可逾越的法律屏障。司法裁判也给公民树立了法律预期、行为边界及后果认知，从而形成一种预警机制，使民众增强法治思维和法治意识，明白哪些能做、哪些不能做，而且让民众知道违法是有成本的，这对构建尊重英烈的社会氛围意义重大。

其次是评价作用。本案表明，对侮辱、诋毁英烈行为的评价基础不再仅是道德还有法律,法治手段可以解决道德领域的一些突出问题。本案的审理结果充分体现了道德为法律提供了价值基础,而法律则为道德提供制度保障,体现了依法治国与以德治国的结合。两者的结合既可以发挥好法律的规范作用,以法治体现道德理念,强化法律对道德的促进作用,也能发挥好道德的教化作用,以道德滋养法治精神,强化道德对法治的支撑作用,从而为法治有效实施创造良好条件。法安天下,德润人心,法律的有效实施有赖于道德支持,道德践行也离不开法律约束,法治和德治不可分离、不可偏废,法律和道德需要协同发力,从而相互补充、相互促进、相得益彰。被告人仇某在网络平台发帖公然歪曲历史,侮辱、诋毁英烈,伤害公众情感,严重破坏社会公共秩序,不仅逾越道德底线,还触犯法律红线,情理法皆不容。

再次是教育作用。本案表明,网络不是法外之地,在网络空间和社交媒体上的言行受到法律约束,所谓言论自由从来都是有边界的,言论自由不能超越道德范围,更不能超越法律的界限,任何人不存在脱离法律管制之外的自由,每个人言论应以法律边界为限,不能突破法律的底线。本案不仅教育当事人,还能教育社会公众,起到一般预防和个别预防相结合的作用,使得公众感悟到、体会到英雄烈士人格利益保护的重要意义。因此,本案的审理结果既有力打击损害英烈名誉、荣誉行为,维护英雄权益,体现弘扬英烈精神,捍卫英烈尊严的坚定立场,又教育社会公众崇尚英雄、捍卫英雄、学习英雄,充分彰显中国特色社会主义法治的价值导向作用。

最后是引导作用。本案具有价值引领作用,旗帜鲜明地维护广大人民群众对英烈事迹和英烈光辉形象的认同,表明了捍卫英雄烈士的鲜明价值导向,宣示了尊崇、铭记英雄烈士的国家意志和国家立场。它一方面引导全社会传承和弘扬英烈精神、爱国主义精神,不断激发实现中华民族伟大复兴中国梦的强大精神力量,另一方面推动培育和践行社会主义核心价值观,树立正确的历史观、民族观、文化观,在全社会营造缅怀、崇尚、学习英雄烈士的正气和浓厚氛围,让学习英雄、致敬英雄、传承英雄精神成为全社会每一个人自觉的行动。

(三)于欢故意伤害案

1.案例呈现

被告人于欢的母亲苏银霞在山东省冠县经营源大公司。苏银霞及丈夫于西明共向吴学占、赵荣荣借款135万元,双方口头约定月息10%,后苏银霞共还款183.8万元。2016年4月14日16时许,赵荣荣先后纠集郭彦刚、严建军、程学贺、李忠、郭树林、杜志浩、杜建岗等人到源大公司讨债。当晚21时许,杜志浩等人进入接待室讨债,杜志浩用污秽语言辱骂苏银霞、于欢及其家人,将烟头弹到苏银霞胸前衣服上,将裤子褪至大腿处裸露下体,朝坐在沙发上的苏银霞等人左右转动身体。在马金栋、李忠劝阻下,杜志浩穿好裤子,又脱下于欢的鞋让苏银霞闻。杜志浩还用手拍打于欢面颊,其他讨债人员实施了揪抓于欢头发或按压于欢肩部不准其起身等行为。民警朱秀明接警后带领辅警宋长冉、郭起志到达源大公司接待室,警告双方不能打架,然后到院内寻找报警人。于欢、苏银霞欲随民警离开接待室,杜志浩等人阻拦,并强迫于欢坐下,于欢拒绝。杜志浩等人卡于欢颈部,将于欢推拉至接待室东南角。于欢持刃长15.3厘米的单刃尖刀,警告杜志浩等人不要靠近。杜志浩出言挑衅并逼近于欢,于欢遂捅刺杜腹部一刀,又捅刺围逼在其身边的程学贺胸部、严建军腹部、郭彦刚背部各一刀,造成杜志浩死亡,严建军、郭彦刚重伤以及程学贺轻伤的后果。

一审法院山东省聊城市中级人民法院认定被告人于欢捅刺被害人不存在正当防卫意义上的不法侵害前提,以故意伤害罪判处于欢无期徒刑。宣判后,于欢不服提出上诉。山东省高级人民法院于2017年6月23日作出二审判决,认定于欢构成故意伤害罪,但属于防卫过当,对于欢改判有期徒刑五年。

此外,2018年5月11日,山东省聊城市东昌府区人民法院对"于欢案"背后团伙涉黑案进行了宣判,判处被告人吴学占有期徒刑25年,并处没收个人全部财产;2018年11月14日,法院对于欢母亲苏银霞等非法吸收公众存款案宣判,苏银霞被判处有期徒刑3年。

(资料来源:《于欢故意伤害案》,https://www.chinacourt.org/article/detail/2018/06/id/3373086.shtml,访问日期:2024年4月22日。)

2.案例指向

本案例指向公平正义。公平正义是执法司法工作的灵魂和生命,是法治最根本的价值追求,而公平正义观正是习近平法治思想的核心组成部分。习近平法治思想之公平正义观鲜明指出了中国共产党领导建设的社会主义法治国家是一个让人民群众都能感受到公平正义的国家。2014年1月8日,习近平总书记在中央政法工作会议上指出,促进社会公平正义是政法工作的核心价值追求,公平正义是政法工作的生命线,司法机关是维护社会公平正义的最后一道防线。

党的十八大以来,习近平总书记高度重视维护和促进社会公平正义,提出公正是法治的生命线,要求必须牢牢把握社会公平正义这一法治价值追求,努力让人民群众在每一项法律制度、每一个执法决定、每一宗司法案件中都感受到公平正义。为此,执法司法机关不仅有责任实现公平正义,而且要让人民群众切身感受到执法司法过程中的公平正义。

3.案例解析

于欢故意伤害案是近些年来受到广大群众及媒体特别关注的少数案例之一,曾引发社会广泛热议。一审法院判决后,媒体纷纷对其进行质疑。对于二审法院对被告人于欢由无期徒刑改判为有期徒刑五年,社会各界则给予了积极评价。该案涉及正当防卫、黑恶势力和非法吸收公众存款三大议题,"案中案"的复杂案情掀起了一场法律与伦理的全民性讨论,也促成了司法和舆论前所未有的良性互动,更诠释了法律不仅是冰冷的条文,必须兼顾天理人情,在各种利益中寻找到一个最佳的平衡点。

于欢的行为是"故意伤害",还是"正当防卫"或者"防卫过当",可谓众说纷纭。这里涉及对正当防卫的理解和认定问题。那么,在法律上,如何界定防卫过当与正当防卫?正当防卫的要件是什么?我国《刑法》第20条规定,对于为了使国家、公共利益、本人或者他人的人身、财产和其他权利免受正在进行的不法侵害,而采取的制止不法侵害的行为,对不法侵害人造成损害的,属于正当防卫,不负刑事责任。正当防卫明显超过必要限度造成重大损害的,应当负刑事责任,但是应当减轻或者免除处罚。该条第3款还规定,对正在进行行凶、杀人、抢劫、强奸、绑架以及其他严重危及人身安全的暴力犯罪,采取防卫行为,造成不法侵害人伤亡的,不属于防卫过当,不负刑事责任。此即关于特殊防卫的规定。①

由此可知,正当防卫是出于防卫目的针对正在进行的不法侵害者本人实施,而且这种防卫不能明显超过合理限度造成重大损害。否则,防卫人应当负刑事责任。具体来说,构成正当防卫需要符合以下几个条件:(1)正当防卫的客观条件。包括必须有不法侵害的发生、不法侵害必须正在进行、防卫行为必须针对不法侵害者本人。(2)正当防卫的主观条件。

---

① 所谓特殊防卫,是指公民在某些特定情形下采取的防卫行为,没有必要限度的限制,对其防卫行为的任何后果均不负刑事责任。

防卫人是为了制止不法侵害,保护合法权益而实施。从主客观相一致的原则来看,防卫意图是正当防卫的必要条件,要求防卫人具有防卫而不是有意加害的心理态度。(3)正当防卫的限度条件。正当防卫明显超过必要限度造成重大损害的,应当负刑事责任。如是针对严重危及人身安全的暴力犯罪则不受必要限度的限制。

就本案而言,于欢及其母亲受到多人的围攻、羞辱和限制自由,属于受到不法侵害。之后,在警告对方不要靠近的情况下,对方仍然出言挑衅并向其逼近,于欢遂持刀捅刺,进行反击,是出于保护自身安全的需要,具备防卫的前提。

二审法院之所以改判,主要是基于如下理由:一是于欢的捅刺行为是为了保护本人及其母亲的合法权益,当时对方人多势众,对于欢母子连续实施侮辱、殴打、限制人身自由的行为,而且随时面临行为升级,危害到于欢母子的生命安全,因此符合正当防卫的主观条件;二是于欢的行为是针对正在进行的不法侵害,因为对方一直在实施持续性、复合性、严重性的现实不法侵害,所以于欢的行为是针对不法侵害人本人进行的反击,符合正当防卫的客观条件。但是,于欢为了制止不法侵害,摆脱困境,使用致命性工具刺向加害人,造成一死、二重伤、一轻伤的后果,其行为结果明显属于"重大损害",在不具备实施特殊防卫前提的情况下,其所采取的防卫行为构成防卫过当。

本案是正当防卫的"教科书式经典案例",引发关于正当防卫标准的全民讨论,毫无疑问具有重大现实意义,二审的改判刷新了广大司法工作者和广大人民群众对正当防卫制度的实践认知,是众望所归,捍卫了法治,鼓舞了人心。实际上,本案的意义早已超出案件本身,深具启发后来者的法治意义。

首先,"于欢案"二审法院运用网络直播等形式进行审判,接受"全民围观"与监督,开展了一堂规模巨大又生动无比的全民法治公开课。山东省高级人民法院通过官方微博全程直播二审庭审,四十多条微博有图有文有视频,检察员、辩护人及受害方代理人轮番问答深挖案件事实,重要证人依次出庭作证,控辩双方对相关证据进行质证……每一个庭审细节,第一时间通过网络呈现出来,让人们对长期处于"认定模糊地带"的法律概念——正当防卫,有了更深刻的理解,充分发挥了审判的教育引导功能。本案之所以引起广泛关注和热议,是因为公众深深的安全焦虑:普通人在面对这种巨大威胁的时候,应该怎么办?是坐以待毙?还是私力救济？正当防卫从立法的角度来讲，就是要提倡公民同违法犯罪作斗争，及时有效地制止各种不法侵害行为，保卫国家和人民的利益，保护公民的合法权益。虽然法治社会一般情况下不允许私力救济，但在公权力机关无法及时有效保护公民安全的情况下，就应给公民留下必要的自我保护空间。此外，微博直播审判也展现了司法最大限度的公开，有助于消弭误解、打消猜忌、恪守公正。总之，庭审的公开，使得全民"陪审团"转化为全民"公开课"，一方面使公众受到了一次法治教育，另一方面也提升人民群众对公平正义的获得感，符合社会对公平正义的期待。

其次，"于欢案"很好地回应了社会关切，实现了审判与舆论的良性互动。本案引发了巨大的舆情，人们从内心朴素的正义感与常识出发，发表自己的见解。虽然舆情与法律不能混淆，但两者之间并非天然的对立，在人们基于朴素正义一边倒地同情"辱母杀人案"当事人的时候，实际上也是在期待司法机关拿出足以令人信服的正义理据，虽然法律不应也不能迁就和盲从民意，但法律管道内应该有正常的民意吸纳空间。在长达三个月时间里，媒体、舆论和司法机关密切互动，追求着同一个目标，就是还原事实真相，彰显公平正义。舆论有力地推动了"于欢案"的二审改判，二审法院的判决体现了民众有所呼、司法有所应，同时又保持了客观、理性，拒绝舆论裹挟和民意绑架，很好地维护了司法的权威。在本案中，司法与舆论都是推动法治进步的重要力量，这一点得到了很充分的体现。

再次，"于欢案"为从法律上明确正当防卫提供了契机。长期以来，正当防卫与防卫过当的界限非常模糊，以致实践中出现了防卫人"出力不讨好"，甚至"流血又流泪"的现象，因此曾有人说"正当防卫在中国是笑话"。正当防卫都是发生在危急关头，生死就在一瞬间，防卫人处在高度紧张和恐惧之中，分寸很难拿捏。此时，不能苛求人变成机器，对事情做出精准判断从而精准防卫。因此，"法律不能强人所难"，司法机关应设身处地在当事人当时所处的特殊场景中考虑问题，对正当防卫要求不应过于严苛。为此，2020年9月，最高人民法院、最高人民检察院、公安部联合发布了《关于依法适用正当防卫制度的指导意见》，进一步明确正当防卫标准，纠正了过往的错误倾向，捍卫了"法不能向不法让步"的法治精神，对于正当防卫制度的深入理解和具体适用具有重大意义。

最后，"于欢案"二审审判结果实现了法理情的有机融合。中华文明绵延五千年，人伦、天理反映了深深扎根于人们心中的朴素正义观念。天理反映的是社会普遍正义，其实质就是民心。在很多人看来，于欢的行为不仅是一个法律上的行为,更是一个伦理行为。人们关注的是于欢面对母亲被当众凌辱而遭受的精神痛苦,希望本案的判决能给人伦情理留下必要空间,能传递人伦情理的温度。"法不是冰冷的逻辑",法治社会强调良法善治,法也许是冰冷的,但治一定要有温度。二审判决是在审理查明事实的基础上,从刑法的立法本意、制度价值和法律条文本身的应有之义出发,以严密的法理,辅之以恰到好处的情理,在严格遵守法律的前提下,充分考虑天理、人情等伦理道德因素和对法治建设和公序良俗的影响,既坚守了法律底线,也理性回应了公众的期待,做到了于法有据、于理应当、于情相容,将国法和情理很好地融合在一起作出裁判,让人们感受到公平正义的存在,获得社会广泛认可。二审宣判时,人们特别注意到法院这样一段话:"案发当日,被害人杜某公然以裸露下体方式侮辱于欢母亲的行为,严重违法、亵渎人伦,应当受到惩罚和谴责。"本案的一个重要启示在于中国特色社会主义法治应当准确且合理回应人心的诉求,审视案件中的伦理情境,正视法治中的伦理命题,把握好法律与人情伦理的关系,坚持法情理统一,维护公平正义,以实现法律效果和社会效果的有机统一,从而"让人民群众在每一个司法案件中都感受到公平正义"。

"于欢案"是涉及正当防卫问题的标杆性案件,充分兼顾了对被害人和被告人合法权益的保护,为审判机关依法正确适用正当防卫制度树立了新的标杆和典范。不仅如此,本案也是一次全民共享法治的完美展示,成为中国法治道路上的新标志。为此,2018年1月6日,于欢故意伤害案入选 2017 年度人民法院十大刑事案件。同年 2 月 1 日,案件入选"2017 年推动法治进程十大案件"。

(四)《中华人民共和国民法典》的诞生

1.案例呈现

"通过!"2020 年 5 月 28 日 15:08,十三届全国人大三次会议表决通过了《中华人民共和国民法典》,宣告中国"民法典时代"正式到来。

《中华人民共和国民法典》共 7 编 1260 条,各编依次为总则、物权、合同、人格权、婚姻家庭、继承、侵权责任,以及附则,总字数达 106600 字。民法典规定的主要内容包括民事活动必须遵循的基本原则、民事主体制度、监护制度、民事权利制度、民事法律行为和代理制度、民事责任制度、诉讼时效制度、物权制度、合同制度、担保制度、人格权保护制度、婚姻家庭制度、收养制度、继承制度、侵权责任制度等,这些都是民商事法律中的基础性规范。

《中华人民共和国民法典》自2021年1月1日起施行,现行《婚姻法》《继承法》《民法通则》《收养法》《担保法》《合同法》《物权法》《侵权责任法》《民法总则》同时废止。

我国先后于1954年、1962年、1978年、1998年四次起草民法典,但是四次都因各种原因被搁置。党的十八大以后,以习近平同志为核心的党中央把全面依法治国摆在突出位置。编纂民法典是党的十八届四中全会提出的重大立法任务和重大决策,是以习近平同志为核心的党中央作出的重大法治建设部署。按照党中央的决策部署,在全国人大常委会党组领导下,全国人大常委会法制工作委员会于2015年3月正式启动民法典编纂工作。编纂民法典是对我国现行的、制定于不同时期的民法通则、物权法、合同法、担保法、婚姻法、收养法、继承法、侵权责任法和人格权方面的民事法律规范进行全面系统的编订纂修,形成一部具有中国特色、体现时代特点、反映人民意愿的民法典。为此,编纂民法典按照"两步走"的工作思路进行:第一步,专门针对民法总则进行具有统领性的一般规则的编纂,其工作内容是在《民法通则》之外重新制定新总则。《民法总则》于2017年3月由十二届全国人大五次会议审议通过。第二步,编纂民法典各分编,之后与《民法总则》"合体",成为一部完整的民法典。从2015年3月至2020年5月,编纂工作前后共历时5年,历经十次全国人大常委会会议、两次全国人民代表大会的审议,终于顺利完成。

(资料来源:《中国民法典诞生!》,http://www.npc.gov.cn/rdxwzx/xwzx/xwzx2020014/202005/t20200528_422672.html,访问日期:2024年4月22日;《孙宪忠:民法典草案符合科学民主依法立法要求》http://www.npc.gov.cn/npc/c2/c30834/202003/t20200317_305333.html,访问日期:2024年4月22日。)

2.案例指向

本案例指向"科学立法"。"科学立法、严格执法、公正司法、全民守法"是新时代法治建设的"十六字方针",是一个国家现代文明的标志,也是我们建设中国特色社会主义法治体系、建设社会主义现代化法治国家的必然要求。"科学立法"是推进全面依法治国、建设法治中国的前提。社会主义法律体系要求立法工作应当重点关注民生,必须贯彻以人民为中心的立法思想。《中华人民共和国民法典》是新中国成立以来第一部以"法典"命名的法律,坚持从我国国情和实际出发,尊重社会发展的客观规律,坚持科学立法、民主立法、依法立法相结合,是党的十八大以来我国重点领域立法的重大显著成果,是"科学立法"的重要体现。

3.案例解析

"回顾人类文明史,编纂法典是具有重要标志意义的法治建设工程,是一个国家、一个民族走向繁荣强盛的象征和标志。"[①]《中华人民共和国民法典》被视为民族精神、时代精神的立法表达,是我国全面依法治国、建设中国特色社会主义法治体系的重大标志性成果,充分体现了我国推进"四个全面"战略布局的时代要求,充分反映了人民群众的心愿和期盼,成为社会发展达到阶段性目标时具有标志性意义的丰碑。

编纂民法典不同于制定普通的民事单行法律,具有如下特点:(1)编纂式立法。编纂民法典不是制定全新的民事法律,而是对现行的民事法律规范进行科学整理,也不是简单的法律汇编,而是针对经济社会生活中的新情况新问题对法律的"废""改""立"。(2)体系化立法。法典化的最大特点是成体系、系统性强,使法律成为一个体例科学、逻辑严密、内容完整且协调一致的整体。民法典的编纂就是将各民事单行法律予以法典化整合,各部分和谐有序、相互衔接,具有更强逻辑性和体系性,更能发挥权利保障作用。(3)民事基本法立法。民法典的编纂秉持民法典是民事基础性法律的功能定位,具有基础性、普遍性、稳定性和平等自愿性的特点,并将这"四性"作为相关法律规范纳入民法典的基本依据。

《中华人民共和国民法典》(以下简称"《民法典》")是民事主体的行为准则、依法行政的基本依循、法院裁判民事案件的基本遵循,同时也是包罗万象的"社会生活百科全书"、市场经济的基本法、民事权利保护的宣言书,是新中国民事立法的集大成者,具有深远的历史意义和重大的现实意义。

第一,编纂《民法典》是坚持和完善中国特色社会主义制度、全面依法治国的战略举措。《民法典》系统整合了新中国成立70多年实践形成的民事法律规范,是中国特色社会主义法律体系中的基础性法律,集中体现了中国特色社会主义法律制度成果,为人类法治文明进步贡献了中国智慧和中国方案。它的颁布实施,对统筹推进科学立法、严格执法、公正司法、全民守法,一体建设法治国家、法治政府、法治社会必将发挥重大的积极作用。《民法典》的编纂有助于制度的科学化,为良法善治奠定基础,充

---

① 王晨:《关于〈中华人民共和国民法典(草案)〉的说明》,https://www.xinhuanet.com/politics/2020lh/2020-05/22/c_1126021017.htm,访问日期:2024年4月22日。

分体现了民主立法、科学立法和依法立法,是全面推进依法治国的重要成果。

第二,编纂《民法典》是推进国家治理体系和治理能力现代化的重大举措。法治是国家治理体系和治理能力的重要依托与有力支撑。《民法典》在国家治理体系中至关重要,与国家其他领域法律规范一起,支撑着国家制度和国家治理体系,是保证国家制度和国家治理体系正常有序运行的基础性法律规范。《民法典》的体系化有助于消弭单行民事立法之间的疏漏、重复和冲突,保证了民事规范的统一、公正、高效和权威。从内容上看,《民法典》汲取了中华民族五千年优秀法律文化,借鉴了人类法治文明建设有益成果,既有继受也有创新,是一部凝聚并闪耀着中国人首创精神与中华民族集体智慧的法典,大大提升了国家的治理能力和水平。比如,在体例上,《民法典》采用了创新的"七编制",体例独树一帜。内容包罗万象,几乎涉及民事主体一切具有法律意义的社会活动,与社会民生、市场经济发展等具有密切的联系。又如,在理念上,为贯彻习近平生态文明思想,《民法典》第9条明确将保护生态环境作为一项基本原则,并在各相关制度中体现了绿色原则,回应了生态环境保护的时代问题,落实了宪法对生态文明保护的要求,是宪法精神的具体化,体现了部门法的宪法化。

第三,编纂《民法典》是完备社会主义基本经济制度、推动经济高质量发展的客观要求。市场经济本质上是法治经济,《民法典》是市场经济的基本法。它以法典形式确立了公有制为主体、多种所有制并存,社会主义市场经济体制等社会主义基本经济制度,并将其转化为法律上和现实生活中具有操作性、执行力和强制力的具体制度,为社会主义基本经济制度的巩固和发展提供了强有力的法治支撑,确保市场经济以法治为基础,在法治轨道上运行,受法治规则调整。《民法典》要求各行为主体在市场经济交往过程中恪守公平、诚信理念,不得"以假充真、以次充好",应当"重合同、守义务",规定的各项制度,如法人制度、物权制度、合同制度等为各类民商事活动提供了基本行为准则,有利于充分调动民事主体的积极性和创造性,有利于维护交易安全,维护市场秩序,营造公平、公正、安全、稳定的法治营商环境,成为社会主义基本经济制度的压舱石。

第四,编纂《民法典》为调整各种民事关系、促进社会和谐奠定了坚实的法治基础。《民法典》确立平等、自愿的核心价值。民法是调整平等主体之间财产关系和人身关系的法律规范,主体间人格平等,均具有同等的法律地位、权利能力平等,不得恃强凌弱。因为这种平等的法律关系,则主体从事的相互间法律行为应贯彻意思自治理念,契约自由,不得强迫。《民法典》还强调对公序良俗的维护,明确规定树立优良家风,体现了社会主义核心价值观。如《民法典》第1043条规定:"家庭应当树立优良家风,弘扬家庭美德,重视家庭文明建设。"对家庭伦理的重视,在我国五千年文明及法律文化中一以贯之,《民法典》也汲取了其中的有益内容,作出了诸多倡导性和具体性规定。《民法典》通过全面、系统确认和保护民事权利并为规范民事权利义务关系提供基本准则,形成国家治理强制力与个体自律的有机结合,从而有利于提高全体社会成员的权利观念、法治意识和道德意识,有利于解决民事纠纷、化解社会矛盾,促进和谐社会建设。

第五,编纂《民法典》是增进人民福祉、维护广大人民根本利益的必然要求。"人民的福祉是最高的法律。"编纂民法典,就是顺应保障人民群众合法权益的需求,形成更加完备、更加切实的民事权利体系,完善权利保护和救济规则,形成较为有效的权利保护机制。《民法典》以人民为中心,对接人民的法治需求,把人民群众的所思所想所急所盼,实实在在写进法律条文中,镌刻在法典中,使人民群众享有更多、更直接、更实在的获得感、幸福感和安全感。《民法典》充分保障人民群众美好幸福生活,主要表现在以下几方面:(1)维护人格尊严;(2)维护人身安全;(3)维护财产安全;(4)保障安居乐业;(5)维护生态环境。《民法典》秉持全生命周期保护的系统理念,对广大人民群众的衣食住行、生老病死等从出生到死亡的所有权益提供全方位平等保护,蕴含着浓厚的人文关怀。

总之,民法典蕴含着以人民为中心的民事权利保障、法律义务强化、社会秩序稳定、社会文明进步、提升治理能力等多重意义,着眼于增强人民群众的获得感、幸福感、安全感,其编纂的全部意义最终可归结为落实社会主义核心价值观,即培育爱国、敬业、诚信、友善的现代公民,建构自由、平等、公正、和谐的美好社会,实现富强、民主、文明、法治的强大国家。

(五)于某因学位撤销诉北京大学案

1.案例呈现

于某因发表的学术论文涉嫌抄袭,其博士学位被北京大学于2015年1月9日撤销。于某不服,相继向北京大学学生申诉处理委员会、北京市教育委员会提出了申诉,均未获支持。北京大学学生申诉处理委员会于2015年3月17日发表了一份《关于于某论文抄袭事件相关处理情况的说明》，认为北京大学学位评定委员会《关于撤销于某博士学位的决定》事实清楚、适用依据准确、程序规范。经表决，学生申诉处理委员会决定维持原处理决定。于是，2015年7月，于某将北京大学告上法庭，请求法院撤销北京大学作出的《关于撤销于某博士学位的决定》，并判令恢复其博士学位证书的法律效力。

于某诉称，北京大学作出的撤销博士学位决定在实体和程序上均存在错误。实体错误主要有：(1)被告并没有发现原告博士学位论文存在舞弊作伪情况，却越权行使了撤销学位的权力。(2)涉案论文在原告申请博士学位时，处于待刊状态，并未发表。原告在校期间已正式发表论文2篇以上，符合学校有关申请博士学位的要求，涉案论文不是原告申请博士学位的必要条件。(3)被告没有关于涉案论文存在严重抄袭的具体论证。程序错误主要有：(1)被告在调查和处理过程中，未及时向原告公开调查程序、处理结论所依据的事实与理由。(2)被告始终未让原告查阅调查报告、评审意见等重要证据材料。(3)被告作出撤销博士学位决定前未让原告申辩，侵犯了原告的申辩权。

北京大学辩称，原告在北京大学读书期间严重抄袭境外学者已经发表的文章，并据此以自己名义发表涉案论文，其行为严重违反国家及北京大学的相关规定。涉案论文的成文时间、投稿时间和被使用时间均包含在原告在校期间，原告对涉案论文的发表，属于在学期间发表学术论文的行为。原告发表涉案论文抄袭幅度已超过原文的一半，已构成严重抄袭行为，影响恶劣。被告撤销原告博士学位的决定于法有据，程序合法，理由充分。根据《中华人民共和国学位条例》等相关规定，被告系有权、有据、有序作出决定。

法院经审理后认为，北京大学作为学位授予机构，依法具有撤销已授予学位的行政职权。因此，北京大学向于某作出《关于撤销于某博士学位的决定》，属于《中华人民共和国行政诉讼法》规定的行政行为；于某不服该决定而提起的诉讼，亦属于人民法院行政诉讼受案范围。

《中华人民共和国学位条例》及相关法律法规虽然未对撤销博士学位的程序作出明确规定，但撤销博士学位涉及相对人重大切身利益，是对取得博士学位人员获得的相应学术水平作出否定，对相对人合法权益产生极其重大的影响。因此，北京大学在作出决定时，应当遵循正当程序原则，在查清事实的基础上，充分听取于某的陈述和申辩，保障于某享有相应的权利。本案中，北京大学在作出决定前未充分听取于某的陈述和申辩,因此,北京大学作出的对于某不利的决定,有违正当程序原则。

此外,北京大学作出的决定未能明确其所适用的具体条款,故其所作决定没有明确的法律依据,适用法律亦存有不当之处。

综上,北京大学作出的决定违反法定程序,适用法律存有不当之处,法院应予撤销。决定被依法撤销后,由北京大学依照相关规定进行处理。此外,于某要求恢复其博士学位证书法律效力的诉讼请求,不属于本案审理范围,依法予以驳回。

北京大学不服一审判决,向北京市第一中级人民法院提起上诉。二审法院最终判决驳回上诉,维持原判。

二审判决生效后,北京大学通过官微表态,尊重法院的判决,依照相关程序处理,但也将继续严肃学术规范,对任何违反学术道德、抄袭剽窃的行为绝不姑息,切实维护学术共同体的尊严。

（资料来源:文海宣:《被指论文抄袭 博士学位遭撤销 女博士起诉要求撤销北大撤销学位决定获法院支持》,https://www.chinacourt.org/article/detail/2017/01/id/2516397.shtml,访问日期:2024年4月22日。）

2.案例指向

本案例指向教材第六章第二节"坚持全面依法治国"。全面推进依法治国,是由立法、执法、司法、守法等诸多环节组成,其中,"严格执法"是推进全面依法治国、建设法治中国的关键环节,是法治政府建设的基本要求,因为法律的生命力在于实施,法律的权威也在于实施,实施的关键在于执法。坚持严格执法,就要坚持依法行政。这是维护法律权威和尊严、促进社会公平正义、建设法治中国的必然要求。

3.案例解析

当本案中的"北大""博士""抄袭"等几个焦点词语聚在一起时很快就引起了社会的广泛关注,而且还曾引发了一场学术圈、教育圈的口水大战。本案是我国首个因涉嫌论文抄袭导致博士学位被撤销的行政诉讼案件,同时也成为确立正当程序原则的里程碑式案例。

本案的争议焦点在于:(1)北京大学作出撤销决定时是否应当适用正当程序原则;(2)北京大学作出撤销决定的程序是否符合正当程序原则;(3)北京大学作出撤销决定时适用法律是否准确。法院认为,正当程序原则①是裁决争端的基本原则及最低的公正标准。因此,通观法院的裁判理由,"正当程序"是关键词。法院认为,北大作出撤销决定所依据的《中华人民共和国学位条例》及相关法律法规,虽然没有对撤销程序作出明确规定,但这并不表示法律对所有程序均持认可态度。相反,"撤销博士学位涉及相对人重大切身利益,是对取得博士学位人员获得的相应学术水平作出否定,对相对人合法权益产生极其重大的影响",北大在作出决定时,"应当遵循正当程序原则,在查清事实的基础上,充分听取于某的陈述和申辩,保障于某享有相应的权利"。依据法院查明的事实,北大未充分听取于某的陈述和申辩,"有违正当程序原则"。

本案诉讼成败的关键在于是否依法行政。依法行政是社会主义法治建设中的重要一环,是正确行使行政权的基本准则,其核心是合法行政、合理行政、程序正当、权责统一。依法行政一方面是防止行政权的缺失,保障政府正确有效实施行政管理,另一方面是要监督规范行政权,防止行政权滥用,维护公民的合法权益。正当程序是依法行政的重要原则与表现,正当程序原则超越了具体的法律规定,为否定明显违背法律精神的行政权提供了法律基础。遵循程序正当原则就是要保证公民依法参与行政管理,保证公民的知情权、参与权,"正义不仅应得到实现,而且要以人们看得见的方式加以实现"。这种"看得见的正义"就是程序正义,它既是实现实体正义的前提和基础,也是实现实体正义的保障。每一起案件都应兼顾程序正义和实体正义,实现程序与实体之间的整体动态平衡,以保证案件处理的最优质量、最高效率和最佳效果。程序正当是法治政府建设的核心要义之一。

本案的一个典型意义在于廓清了学术自治与依法行政的界限,实践中人们经常将法律问题和学术问题混为一谈,这起案件也给高校管理者上了一课。"发展高等教育事业,实施科教兴国战略,促进社会主义物质文明和精神文明建设"是《中华人民共和国高等教育法》的立法原则。同时,《中华人民共和国高等教育法》第5条规定:"高等教育的任务是培养具有社会责任感、创新精神和实践能力的高级专门人才,发展科学技术文化,促进社会主义现代化建设。"《中华人民共和国学位条例》第3条规定

---

① 所谓正当程序原则或简称"行政正当原则",是指行政权力的运行必须符合最低限度的程序公正标准。正当程序作为行政法的一项基本原则,源于它从根本上承载了现代行政程序的基本价值追求——程序正义。

了我国高等教育学位分学士、硕士、博士三级，其中博士学位是最高级。因此，为了促进我国科学专门人才的培养和成长，促进各门学科学术水平的提高和教育、科学事业的发展，适应社会主义现代化建设的需要，高等院校在授予学位特别是博士学位过程中，应当按照科学、严谨的态度和方法，审慎进行处理；对于已授予的学位予以撤销的，亦应遵循正当程序进行，保障相关权利人的合法权益。因此，在法治的环境下，学校对剽窃等学术不端的调查和处理必须依照合法的程序进行，即使学术不端证据确凿，如果没有依照合法的程序进行也是不正当不合法的。学校在调查和处理过程中，必须尊重被调查者合法权利，如知情权、辩护权和申诉权等。至于学术评价问题，则应尊重和支持学术机构从学术伦理、学术价值的角度独立作出判断，由学术共同体自己解决，对于复杂的学术造假问题，法官很难作出判断。本案中，法院判北京大学败诉，是因为北京大学调查和处理的程序不合法，没有尊重于某的权利，没有充分听取于某的陈述和申辩，是仅对撤销决定的合法性进行审查，对于涉及学术判断的学位管理问题，包括是否存在抄袭、抄袭是否应当导致学位撤销的后果等，法院均驳回了于某的诉讼请求，维护了学术自治，尊重了专业判断，厘清了行政职权和学术自治的界限，既保护了当事人权益，也防止了行政权力的任性。这个判决不仅对以后处理类似问题提供良好范本，而且对促进依法治校、对学校进行现代治理具有非常重要的意义。

  本案的更大意义在于重申和强调了为何要依法行政以及如何依法行政的问题。依法行政是依法治国方略的关键环节，严格规范公正文明执法，事关人民群众切身利益，事关党和政府的形象。坚持依法治国、依法执政、依法行政，共同推进法治国家、法治政府、法治社会一体建设，是习近平法治思想的核心要义"十一个坚持"之一，是对全面依法治国的战略布局，是对全面依法治国的科学指引。依法治国是我国宪法确定的治理国家的基本方略，能不能做到依法治国，其中的关键环节在于各级政府能不能依法行政，因为各级政府承担着推动经济社会发展、管理社会事务、服务人民群众的重要职责，政府依法行政和治理的能力水平，是影响国家治理体系和治理能力现代化的关键因素。因此，法治政府是法治国家的主体，是重点任务和主体工程，是推进国家治理体系和治理能力现代化的重要支撑，对法治国家、法治社会建设具有示范带动引领作用。党的十八届四中全会明确将"深入推进依法行政，加快建设法治政府"列为全面推进依法治国的重大任务之一。

依法行政是政府行政活动的基本准则,其目的是要建设职能科学、权责法定、执法严明、公开公正、智能高效、廉洁诚信、人民满意的法治政府。依法行政要求各级行政机关必须依法行使行政权力,政府的权力由人民赋予,各级政府必须严格依法办事,确保行政权力在法治轨道上运行,做到法无授权不可为、法定职责必须为。同时,政府的权力必须为人民服务,自觉接受人民监督,依法保障人民群众合法权益。只有这样,才能真正体现政府权力取之于民、用之于民。依法行政一方面要求行政机关法定职责必须为,勇于负责,敢于担当,另一方面也要求行政机关应当遵循正当行政程序,在作出行政行为时应当履行正当的行政程序,履行特定的告知义务。依法行政并不只是机械地依法行政,更不是在法无明文规定时可以恣意行政,而是要在权力行使中体现出必要的法治精神与法律价值。在现代行政管理中,依法行政对行政权提出了多方面的要求,不仅要合法行政、合理行政,而且还要遵循程序正当、高效便民、诚实守信和权责一致等原则。这些都体现了依法行政的精神实质和本质要求。

四、延伸阅读

1. 习近平:《论坚持全面依法治国》,中央文献出版社 2020 年版。
2. 《习近平法治思想概论》,高等教育出版社 2021 年版。
3. 《中共中央关于全面推进依法治国若干重大问题的决定》,人民出版社 2014 年版。
4. 《法治中国建设规划(2020—2025 年):节录》,中国法制出版社 2021 年版。
5. 《法治社会建设实施纲要(2020—2025 年)》,人民出版社 2020 年版。

五、拓展研学

本章以课堂教学为主,课外实践教学为辅,充分挖掘课程资源,注重教学的启发性,积极运用情境探究式教学、议题式教学、案例教学等教学方法。课外实践教学以参观访问、社会调查、专题性活动、拍摄短视频、旁听法庭审判等为主要形式,鼓励学生将实践教学与社团活动、青年志愿者服务活动等结合起来。建议学生组成学习小组,结合以下选题,作进一步的深入探讨,并形成研学报告或拍摄成短视频展现学习成果。

1.为什么说习近平法治思想是全面依法治国的根本遵循和行动指南?

2.如何理解中国特色社会主义法治的核心要义?

3.如何理解"科学立法、严格执法、公正司法、全民守法"基本方针?

4.为什么法治国家、法治政府、法治社会需要一体建设?

第九章　学习宪法知识，维护宪法权威

一、教学主要目标

本章主要内容涉及我国宪法的形成和发展、宪法的地位和基本原则以及加强宪法的实施和监督等三个主要问题。宪法是国家的根本法，是治国安邦的总章程，是党的主张和人民意志的有机统一，在中国特色社会主义法律体系中居于统帅地位。

本章教学目标：(1)知识层面。帮助新时代大学生科学认识我国宪法形成的历史背景和现行宪法修改的主要内容和重要意义，深刻理解我国宪法在中国特色社会主义现代化建设中的重要地位和基本原则，全面了解宪法实施的主体，以及我国宪法监督的体制机制等。(2)能力层面。帮助新时代大学生在今后的生活、学习和工作中，更加自觉尊崇国家宪法，学习宪法知识，弘扬宪法精神，增强宪法意识，捍卫宪法尊严，遵守宪法规范，维护宪法权威，为推进全面依法治国，建设社会主义法治国家，实现第二个百年奋斗目标，实现中华民族伟大复兴，把我国建设成为富强民主文明和谐美丽的社会主义现代化强国而努力奋斗。(3)价值层面。引导新时代大学生坚持依法治国首先要依宪治国，坚持依法执政首先要依宪执政，进一步坚持宪法确定的中国共产党的领导地位不动摇，坚持宪法确立的国体和政体不动摇。

二、教学重难点

本章教学重点：引导新时代大学生深刻理解我国宪法形成和发展的历史背景、修改进程与主要内容。科学认识我国宪法作为国家根本法和治国理政的总章程，在社会主义法律体系中的统帅地位和中国特色社会主义现代化建设事业中的重要作用，全面掌握我国宪法制定、修改、实施和监督等各个环节的基本原则。准确把握我国宪法实施的主体以及坚持依宪执政、依法立法和严格执法的重要意义,科学理解完善宪法监督的客观必要性和我国宪法监督的体制机制、监督主体和监督内容。

本章教学难点:如何使新时代大学生能够科学理解我国宪法作为国家的根本法和治国理政的总章程,是党和人民意志的共同体现,从而自觉维护党和人民共同意志集中体现的宪法权威,捍卫党和人民共同意志集中体现的宪法尊严。科学理解我国宪法的基本原则集中反映了规范权力运行、保障公民基本权利的基本精神,体现了我国社会主义法治的根本要求。

三、教学案例

(一)我国"国家宪法日"的确立

1.案例呈现

2001年4月26日,中共中央、国务院决定将我国现行宪法通过和实施的日期,作为每年的全国法制宣传日,通过开展一系列宣传活动,进一步在广大人民群众中牢固树立宪法是国家的根本法的观念,国家一切权力属于人民的意识,坚持依法治国,建设社会主义法治国家。2014年10月23日,党的十八届四中全会审议通过《中共中央关于全面推进依法治国若干重大问题的决定》,提出每年12月4日定为国家宪法日。2014年11月1日,第十二届全国人民代表大会常务委员会第十一次会议通过《关于设立国家宪法日的决定》,以立法的形式把12月4日设立为国家宪法日,该决定明确了全国各族人民、一切国家机关和武装力量、各政党和各社会团体、各企业事业组织,都必须以宪法为根本的活动原则,并且负有维护宪法尊严、保证宪法实施的职责。任何组织或者个人都不得有超过宪法和法律的特权。一切违反宪法和法律的行为,都必须予以追究。

在2014年12月我国首个"国家宪法日"到来之际,中共中央总书记、国家主席、中央军委主席习近平作出重要指示。他强调,宪法是国家的根本法,是治国安邦的总章程,是党和人民意志的集中体现,具有最高的法律地位、法律权威、法律效力。我国宪法是符合国情、符合实际、符合时代发展要求的好宪法,是我们国家和人民经受住各种困难和风险考验、始终沿着中国特色社会主义道路前进的根本法制保证。十年来,通过开展以"弘扬宪法精神,建设法治中国"(2014年)、"弘扬宪法精神,推动创新、协调、绿色、开放、共享发展"(2015年)、"大力弘扬法治精神,协调推进'四个全面'战略布局"(2017年)、"尊崇宪法、学习宪法、遵守宪法、维护宪法、运用宪法"(2018年)、"弘扬宪法精神,推进国家治理体系和治理能力现代化"(2019年)、"深入学习宣传习近平法治思想,大力弘扬宪法精神"(2020年)、"以习近平法治思想为指引,坚定不移走中国特色社会主义法治道路"(2021年)、"学习宣传贯彻党的二十大精神,推动全面贯彻实施宪法"(2022年)、"弘扬宪法精神,建设法治中国"(2023年)为主题的"国家宪法日"宣传教育活动,广大人民群众特别是青少年学生的宪法意识得到普遍提高,弘扬宪法精神、维护宪法权威的自觉性不断增强,尊崇宪法、学习宪法、遵守宪法已经成为全社会的普遍共识和自觉行为。

2.案例指向

本案例指向教材第六章第三节"维护宪法权威"。本案例帮助新时代大学生进一步了解何为宪法、宪法是如何形成和发展起来的以及我国宪法产生的历史背景、主要内容和重要意义。

3.案例解析

从上述案例我们知道,我国确立每年的12月4日为"国家宪法日",就是以1982年12月4日我国现行宪法通过和施行的日期为标准确定的。习近平总书记指出,宪法是国家的根本法,是治国安邦的总章程。近代意义上的宪法是资产阶级民主革命和资产阶级民主政治发展的产物,是伴随着英国资产阶级民主革命、资产阶级上升为国家统治阶级而出现的。人类历史上最早建立资本主义国家政权的是英国,英国也成为近代资本主义国家宪法的发源地。英国最早的宪法性文件是1215年制定的《自由大宪章》,但是英国资产阶级到1688年才取得比较稳固的统治地位,之后陆续颁布了《权利法案》《王位继承法》等宪法性文件,形成了英国的不成文宪法。因此,资本主义国家宪法先于社会主义国家宪法产生。毛泽东曾经指出:"讲到宪法,资产阶级是先行的。英国也好,法国也好,美国也好,资产阶级都有过革命时期,宪法就是他们在那个时候开始搞起的。"[①]美国是世界上第一个制定颁布成文宪法的国家。1775年,北美英属殖民地爆发独立战争,1776年7月4日,北美13个州发表《独立宣言》,宣布脱离英国独立。以1776年的《独立宣言》为先导,以1777年的《联邦条例》为基础,1778年9月17日,北美13个州的代表在费城召开制宪会议,批准了《美利坚合众国宪法》。美国联邦宪法在形式上为统一的法典

---

① 《毛泽东文集》第6卷,人民出版社1999年版,第326页。

即成文法,在内容上为以联邦主义的国体和以三权分立为基本原则的资产阶级民主共和政体。随着资产阶级民主革命的不断发展,法国、德国、日本等国家先后制定颁布了资本主义国家宪法。1918年7月10日,全俄苏维埃第五次代表大会通过的《俄罗斯苏维埃联邦社会主义共和国宪法》(简称1918年苏俄宪法),该宪法是俄国十月革命的产物,也是人类历史上第一部社会主义国家性质的宪法,在人类宪法发展史上具有重要的地位,它第一次以国家根本法规定了社会主义的国家性质和政权组织形式,对后来其他社会主义国家宪法的制定提供了有益借鉴。当今世界,除了少数国家之外,各国都制定并颁布了各种类型的宪法或者宪法性文件。

清朝末年,各种社会矛盾空前尖锐,帝国主义的入侵造成空前的民族危机。为救亡图存,以孙中山为代表的资产阶级革命日渐高涨。以康有为、梁启超为代表的资产阶级改良派主张"变法""维新",提出"伸民权,争民主,开议院,定宪法"的政治主张。在这种形势下,清政府在1906年9月宣布所谓"预备立宪",并于1908年8月仿效日本实行君主立宪方案,颁布《钦定宪法大纲》。1911年,辛亥革命爆发,同年11月清政府公布仿效英国君主立宪的所谓《大清帝国宪法重大信条十九条》,即所谓《十九信条》。《钦定宪法大纲》和《十九信条》虽然规定设立议院、审判衙门,实行一定程序的分权,承认一定范围的臣民自由,在形式上限制了君权,具有一定的历史进步意义,但是,对人民权利只字未提,其实质仍然是为了维护清朝封建统治。1912年2月,清朝皇帝宣布退位,清朝灭亡。

辛亥革命推翻清朝政府的统治,结束了中国2000多年的封建帝制。1912年元旦,中华民国临时政府在南京成立,孙中山就任临时大总统,在孙中山的主持下,南京临时参议院召开制定约法会议,通过了《中华民国临时约法》,并于1912年3月11日颁布实施。《临时约法》共7章56条,主要内容包括规定资产阶级民主共和国的国家制度和人民享有的自由权利等,它是我国宪法史上第一部反映资产阶级意志和利益、体现资产阶级性质的宪法性文件,"在那个时期是一个比较好的东西;当然,是不完全的、有缺点的,是资产阶级性的,但它带有革命性、民主性"。[①] 辛亥革命失败以后,我国进入北洋军阀统治时期,北洋政府时期虽然也炮制或者公布所谓《中华民国宪法(草案)》《中华民国约法》《中华民国宪法》等,但是,其实质都是否定资产阶级民主共和制度,确认军阀专制,是历史的倒退。

---

① 《毛泽东文集》第6卷,人民出版社1999年版,第325、326页。

以蒋介石为首的南京国民政府时期,为了巩固其统治地位,先后于1928年10月制定《训政纲领》,于1931年5月制定《中华民国训政时期约法》,于1936年5月5日公布《中华民国宪法草案》,史称"五五宪草"。这些文件虽然在形式上规定了一些具有资产阶级共和性质的内容,但其实质是确认国民党的一党专政和蒋介石的独裁统治。抗日战争胜利之后,1946年11月,国民党在南京召开所谓"国民大会",并于当年12月通过了所谓《中华民国宪法》,共14章175条。该法于1947年元旦公布,同年12月25日生效,虽然在形式上体现了资产阶级民主共和国的国家制度和民主原则及人民的自由权利,但本质上正如毛泽东指出的:"他们的宪法也好,总统也好,都是假东西。"[①]只是代表和维护大地主、大资产阶级的利益,成为国民党一党专政和蒋介石独裁统治的挡箭牌。

1921年,中国共产党宣告成立,开创了中国革命和历史发展的新纪元。在中国共产党领导人民进行革命的历史进程中,1931年,在江西瑞金召开的第一次全国苏维埃代表大会上,通过了《中华苏维埃共和国宪法大纲》。该宪法大纲是中国共产党领导人民制定的、第一部由人民代表机关正式通过的宪法性文件,具有划时代的历史意义。抗日战争时期,中国共产党领导的抗日民主根据地在加强民主与法制建设过程中,于1941年11月,在陕甘宁边区第二届参议会上,正式通过了《陕甘宁边区施政纲领》。该施政纲领对加强抗日民主根据地的民主政治建设和动员社会各界力量共同抗日发挥了重要作用。抗战胜利之后,1946年4月,陕甘宁边区第三届参议会第一次大会通过了《陕甘宁边区宪法原则》。该宪法原则对巩固陕甘宁边区新民主主义政权和争取人民解放战争的胜利也发挥积极作用。

新中国的成立,开启了我国宪法发展新的历史时期。1949年2月,中共中央发布《关于废除国民党的六法全书与确定解放区的司法原则的指示》,为我国宪法的制定奠定了重要基础。随着辽沈、平津、淮海三大战役和渡江战役的胜利,国民党反动统治政权的灭亡和新中国的建立已成定局。1949年9月,在中国共产党的倡导下,中国共产党和各民主党派、人民团体、中国人民解放军、各地区、各民族以及海外华侨等代表组成的中国人民政治协商会议,在北京隆重召开。1949年9月29日,中国人民政治协商会议第一届全体会议正式通过《中国人民政治协商会议共同纲

---

① 《毛泽东选集》第2卷,人民出版社1991年版,第736页。

领》(以下简称"《共同纲领》"),共 7 章 60 条,主要内容包括:规定新中国的国家性质;确认人民代表大会制度为我国的国家政权组织形式;规定新中国经济、文化、民族、外交、军事等政策的基本原则;规定人民享有的民主自由和权利;国家的大政方针;等等。《共同纲领》是在全国人民代表大会召开条件还不成熟的历史背景下产生的,对新中国的建立、巩固国家政权、建立人民代表大会制度、统一全国各族人民的行动、指导当时各项工作,特别是恢复和发展国民经济,对国家的社会主义改造和社会主义建设事业的顺利开展,都具有重要意义,发挥了临时宪法的重要作用。

1953 年 1 月,中央人民政府委员会通过了《关于召开全国人民代表大会及地方各级人民代表大会的决议》,成立以毛泽东为主席的宪法起草委员会,负责宪法起草工作。宪法草案经宪法起草委员会充分讨论,广泛征求各方面意见,并进行多次修改后,1954 年 9 月提交由普选产生的第一届全国人民代表大会第一次全体会议审议,9 月 20 日会议通过了《中华人民共和国宪法》,由主席团公布后实施。1954 年宪法主要内容包括序言、总纲、国家机构、公民的基本权利和义务、国旗、国徽、首都等共 4 章 106 条,它是我国历史上第一部社会主义国家性质的宪法。"1954 年宪法的制定和实施,对于巩固人民民主专政政权、促进社会主义经济发展、团结全国各族人民进行社会主义革命和建设,发挥了积极的推动和保障作用。"①

1975 年和 1978 年,我国先后二次对 1954 年宪法进行重大修改,并形成了 1975 年宪法和 1978 年宪法。1978 年 12 月,党的十一届三中全会在北京召开,拨乱反正,恢复了党的实事求是的思想路线,把党的工作由"以阶级斗争为纲"转移到"以社会主义现代化建设为重点"上来,提出了健全社会主义民主和加强社会主义法制建设的目标,开启了改革开放的历史进程。全国人大虽然对 1978 年宪法进行过两次修改,但仍然不能满足形势发展的需要。1980 年 9 月,第五届全国人民代表大会第三次全体会议根据中共中央《关于修改宪法和成立宪法修改委员会的建议》,作出了《关于修改宪法和成立宪法修改委员会的决定》,并成立了以叶剑英为主任委员的宪法修改委员会。经过宪法修改委员会长时间的筹备和起草,形成了宪法修改草案,并经过广泛听取包括国务院、最高人民法院、最高人民检察院、各民主党派和人民团体,各省、自治区、直辖市以及社会各

---

① 《宪法学》,高等教育出版社、人民出版社 2011 年版,第 73 页。

界的意见和全国各族人民的充分讨论后,全国人民代表大会常务委员会将宪法修改草案提交第五届全国人民代表大会第五次全体会议审议,1982年12月4日,第五届全国人民代表大会表决通过《中华人民共和国宪法》,并由大会主席团公布实施,这就是我国现行宪法,也称1982年宪法,内容包括序言,总纲,公民的基本权利和义务,国家机构,国旗、国徽、首都,共4章138条。这是新中国颁布实施的第四部宪法,也是充分发扬社会主义民主、健全社会主义法制、体现党的主张和人民意志、维护国家和人民根本利益、具有广泛群众基础和社会基础的一部好的宪法。

(二)我国"宪法宣誓制度"的确立

1.案例呈现

2014年10月23日党的十八届四中全会通过的《中共中央关于全面推进依法治国若干重大问题的决定》,提出"建立宪法宣誓制度,凡经人大及其常委会选举或者决定任命的国家工作人员正式就职时公开向宪法宣誓"。2015年7月,十二届全国人大常委会十五次会议,以153票赞成、0票反对、2票弃权,表决通过了《全国人民代表大会常务委员会关于宪法宣誓制度的决定》。2018年2月,第十二届全国人民代表大会常务委员会第三十三次会议修订了《全国人民代表大会常务委员会关于宪法宣誓制度的决定》。2018年3月,第十三届全国人民代表大会审议通过的宪法修正案中规定,"国家工作人员就职时应当依照法律规定公开进行宪法宣誓"。各级人民代表大会及县级以上人民代表大会常务委员会选举或者决定任命的国家工作人员,以及各级人民政府、监察委员会、人民法院、人民检察院任命的国家工作人员,在就职时应当公开进行宪法宣誓。

2023年3月10日,十四届全国人大一次会议在北京人民大会堂举行第三次全体会议。习近平全票当选国家主席和中央军委主席。这是历史的选择、人民的期盼、时代的重托,也是14亿多各族人民的共同选择,表达了全国各族人民对领袖发自内心的拥护和爱戴。选举结果充分反映了全党全军全国各族人民的共同心愿,充分体现了党的意志、人民意志和国家意志的高度统一。让我们更加紧密团结在以习近平同志为核心的党中央周围,坚定信心、同心同德,向着第二个百年奋斗目标,为把我国建设成为社会主义现代化强国、全面推进中华民族伟大复兴的战略目标奋勇前进!

之后,根据宪法规定,习近平进行了宪法宣誓。庄严时刻,礼兵护送《中华人民共和国宪法》入场,伴随着主席出场号角,国家主席、中央军委主席习近平迈着坚定的步伐走到宣誓台,左手抚按宪法,右手举拳,面对全国人大代表,用洪亮的声音郑重宣誓:"我宣誓:忠于中华人民共和国宪法,维护宪法权威,履行法定职责,忠于祖国、忠于人民,恪尽职守、廉洁奉公,接受人民监督,为建设富强民主文明和谐美丽的社会主义现代化强国努力奋斗!宣誓人习近平。"庄重雄浑的声音在人民大会堂久久回荡,人大代表响起长时间雷鸣般的掌声。铮铮誓言,不仅响彻人民大会堂,也回荡在祖国大地上,澎湃在亿万中华儿女的心中。

(资料来源:《人民的重托 庄严的承诺——记习近平当选国家主席中央军委主席并进行宪法宣誓》,https://www.gov.cn/xinwen/2023-03/11/content_5745985.htm,访问日期:2024年4月22日。)

2.案例指向

本案例指向教材第六章第三节"维护宪法权威"。本案例帮助新时代大学生进一步深刻理解宪法宣誓制度的重要意义和我国现行宪法制定实施以来,全国人大修改宪法的历史背景、主要内容和重要意义,进一步科学理解我国宪法的重要地位和基本原则。

3.案例解析

举行宪法宣誓具有重要的意义。第一,宪法是国家的根本大法,是治国安邦的总章程,是国家权力运行的依据和基础。经过选举和决定任命产生的国家工作人员,在就职时进行宪法宣誓是一个庄严而神圣的政治活动,进行宪法宣誓是加强宪法实施、维护宪法权威的重要体现。它既是新当选的国家领导人依法履行宪法宣誓制度的规定、自觉遵守宪法规定的具体体现,也是依法接受人民监督、向人民作出庄严承诺的过程。对于新当选的国家领导人来说,依宪执政、依法履职,自觉遵守国家宪法,树立宪法意识,恪守宪法原则,弘扬宪法精神,履行宪法职责,维护宪法权威,忠于国家、忠于人民,恪尽职守、廉洁奉公,接受人民监督,非常重要。国家工作人员进行宪法宣誓,不仅是法定义务,更是使命责任,是新时代保证公权力正确行使的具体方式之一。第二,每一次宪法宣誓都是一次生动的宪法宣传教育课堂,是对广大人民群众进行的非常重要的宪法宣传教育的过程,也是传递坚持依法治国首先要坚持依宪治国,坚持依法执政首先要坚持依宪执政的重要举措。习近平总书记指出,宪法的根基在于人民发自内心的拥护,宪法的伟力在于人民出自真诚的信仰。举行宪法宣誓,可以在广大人民群众心中留下深刻记忆,形成良好的示范作用和模范效应,使广大人民群众感受到宪法至上和伟力,激发广大人民群众对国家、对宪法的思想认同,对宪法规定的中国共产党领导地位的认同。举行宪法宣誓对普及宪法知识,在广大人民群众心中树立宪法信仰,尊崇宪法、学习宪法、遵守宪法、维护宪法、运用宪法,大力弘扬宪法精神,不断增强宪法意识,用宪法维护合法权益,依法行使宪法法律规定的各项权利,自觉履行宪法法律规定的各种义务,对推进全面依法治国、建设社会主义法治国家都具有重要作用。第三,宪法宣誓制度的相关规定也是一种国际惯例,很多国家宪法法律都有相关规定。习近平总书记在《关于〈中共中央关于全面推进依法治国若干重大问题的决定〉的说明》中指出,这是世界上大多数有成文宪法的国家所采取的一种制度。在142个有成文宪法的国家中,规定相关国家公职人员必须宣誓拥护或效忠宪法的有97个。在宪法的发展过程中,宪法宣誓制度逐渐被许多国家采用,它是促进人类社会政治文明、法治文明发展的重要体现。建立和完善符合中国国情的宪法宣誓制度,是与法治中国建设目标高度一致的制度安排,对全面推进中国式现代化建设,实现第二个百年奋斗目标,把我国建设成为富强民主文明和谐美丽的社会主义现代化强国,实现中华民族伟大复兴的中国梦,具有非常重要的价值。

宣誓是我国现行宪法规定的一项重要制度,国家工作人员就职时进行宪法宣誓既有国家根本法依据,也是国家工作人员履行宪法义务与职责的具体体现。2018年3月11日,第十三届全国人民代表大会第一次会议审议通过了《中华人民共和国宪法修正案》,修正案第40条规定,宪法第27条增加一款,作为第三款:"国家工作人员就职时应当依照法律规定公开进行宪法宣誓。"这为我国国家工作人员就职时进行宣誓提供了国家根本法依据。2018年3月,全国人大对我国现行宪法的修改,是1982年现行宪法实施以来的第五次修改,也是修改内容最多、影响最深远的一次宪法修改。宪法修改是指一国宪法公布实施之后,随着国内或者国际形势的变化,产生了宪法规范与社会现实不相适应的情况,而由拥有宪法修改权力的国家机关,依照法定权限和程序对宪法条文给予调整、补充、增加、改变或者废除等的专门活动。宪法修改,学术界通常认为有狭义和广义之分:狭义的宪法修改是指对现行宪法条文的调整、补充、增加、改变和废除,宪法的总体内容和框架基本不变;广义上的宪法修改包括对现行宪法条文的调整、补充、增加、改变、废除和制定新宪法。我国的宪法修正案,属于狭义的宪法修改,对保持我国宪法的稳定、维护社会主义法制的统一和宪法权威,具有重要意义。

自1982年我国现行宪法实施以来,改革开放特别是中国特色社会主义现代化建设取得举世瞩目的伟大成绩,国内国际情势也发生了重大变化,为了适应中国国情的变化,宪法法律也要与时俱进,不断修改完善。在党中央领导下,全国人大分别于1988年、1993年、1999年、2004年和2018年先后五次对现行宪法的个别条款和部分内容作出必要的也是十分重要的修改,其中,1988年七届全国人大一次会议表决通过修正案2条,包括第10条和第11条,明确了土地使用权可以依法转让,确立了私营经济的法律地位,这有利于土地的合理利用、发展,保护私营经济的合法权利和利益,促进私营经济的健康发展。1993年八届全国人大一次会议表决通过的宪法修正案共9条,主要内容包括:明确中国正处在社会主义初级阶段;规定逐步实现工业、农业、国防、科学技术现代化,把我国建设成为富强、民主、文明的社会主义国家;确认中国共产党领导的多党合作和政治协商制度将长期存在和发展;规定国家实行社会主义市场经济;国家加强经济立法、完善宏观调控等。1999年1月22日,中共中央向全国人大常委会提出修改宪法的建议,第九届全国人大常委会第七次会议讨论中共中央建议后,提出宪法修正案(草案)。1999年3月15日,九届全国人大二次会议表决通过《中华人民共和国宪法修正案》,该修正案共6条,主要内容包括:确认邓小平理论的指导地位;我国将长期处于社会主义初级阶段;确认"依法治国,建设社会主义法治国家"的战略目标和规定在社会主义初级阶段坚持以公有制为主体、多种所有制共同发展的基本经济制度,坚持按劳分配、多种分配方式并存的分配制度等。2003年,党中央根据新形势新经验,向全国人大常委会提出宪法修改建议,全国人大常委会依法提出宪法修正案(草案)。2004年3月14日,十届全国人大二次会议表决通过《中华人民共和国宪法修正案》,该修正案共14条,主要内容包括:确认"三个代表"重要思想的指导地位;明确物质文明、政治文明、精神文明协调发展;国家为了公共利益的需要,可以依照法律规定对公民的私有财产实行征收或者征用并给予补偿;明确国家鼓励、支持和引导非公有制经济的发展;保护公民的合法的私有财产不受侵犯;规定国家建立社会保障制度;国家尊重和保障人权;明确全国人民代表大会由省、自治区、直辖市、特别行政区和军队选出的代表组成;规定国家主席可以进行国事活动;将乡、民族乡、镇的人民代表大会的任期统一改为5年;将《义勇军进行曲》明确规定为中华人民共和国国歌。

自2004年修改宪法至2018年,又过去十多年,党和国家事业又有许多重要的、深刻的发展变化。特别是党的十八大以来,以习近平同志为核心的党中央团结带领全国各族人民毫不动摇坚持和发展中国特色社会主义,统筹推进"五位一体"总体布局,协调推进"四个全面"战略布局,在坚持和完善中国特色社会主义制度,推进国家治理体系和治理能力现代化,推进党的建设新的伟大工程中,形成一系列治国理政的新思想新观点新战略新举措,推动党和国家事业取得历史性成就、发生历史性变革,中国特色社会主义进入了新时代。2017年10月,中国共产党第十九次全国代表大会在北京召开。党的十九大作出"中国特色社会主义进入新时代"的重大判断,在新的历史起点上对新时代坚持和发展中国特色社会主义作出重大战略部署,确立了习近平新时代中国特色社会主义思想在全党的指导地位,提出一系列重大政治论断,确定了新的奋斗目标,对党和国家事业发展具有重大指导和引领意义。2018年2月,中国共产党中央委员会向全国人大常务委员会提出关于修改宪法部分内容的建议。2018年3月11日,第十三届全国人民代表大会第一次会议表决通过了《中华人民共和国宪法修正案》。这次通过的宪法修正案,反映了党的十九大精神以及党的重要理论创新观点和重大战略方针政策,也充分反映党和国家事业发展的新成就新经验新要求。2018年的宪法修改是我国现行宪法实施以来,修改涉及内容最多、影响最深远、意义最重大的一次,也是完善中国特色社会主义法律制度、推进我国社会主义民主政治发展的重要创新,充分体现了新时代坚持和发展中国特色社会主义制度的根本要求,是实现两个一百年战略目标,把我国建设成为富强民主文明和谐美丽的社会主义现代化强国的重要法治保障。这次宪法修正案的主要内容包括:将"科学发展观、习近平新时代中国特色社会主义思想"写入宪法,确立其在我们国家政治和社会生活中的指导地位,进一步巩固全党和全国各族人民团结奋斗的共同思想基础;将"推动构建人类命运共同体""中国共产党领导是中国特色社会主义最本质的特征""国家倡导社会主义核心价值观""国家工作人员就职时应当依照法律规定公开进行宪法宣誓"写入宪法;修改国家主席、副主席的任期;在国家机构中增加"监察机关"并相应增加了国家监察机关的组成、权力和义务等。通过宪法修改将党和国家在改革开放实践中取得的重大理论创新、制度创新和实践创新成果上升为宪法规定,把党的主张上升为国家意志,既有利于更好地发挥宪法作为国家根本法、治国理政的总章程的作用,也有利于坚定不移走中国特色社会主义法治道路,完善以宪法为核心的中国特色社会主义法律体系,建设中国特色社会主义法治体系,建设社会主义法治国家,发展中国特色社会主义法治理论,坚持依法治国、依法执政、依法行政共同推进,坚持法治国家、法治政府、法治社会一体建设,坚持依法治国和以德治国相结合。这次宪法修改是以习近平同志为核心的党中央站在党和国家发展的战略高度,从健全和完善国家治理体系和治理能力现代化、完善党的国家领导制度的战略目标出发所作出的顶层设计,是一次重要的制度创新。全国人大始终坚持党对宪法修改的领导,严格依照法定程序进行宪法修改,贯彻科学立法、民主立法、依法立法的要求,充分发扬民主,广泛凝聚共识,是发扬社会主义民主、健全社会主义法治的生动体现。

(三)山东齐玉苓、陈春秀受教育权、姓名权被侵害案

1.案例呈现

1990年,同为山东滕州第八中学的初中学生齐玉苓和陈晓琪,都参加了当年中专学校的招生预选考试。陈晓琪的成绩不合格,齐玉苓通过了预选考试,取得了参加报考统招委培生的资格,并在统一招生考试中达到了委培生录取分数线。同年,山东省济宁市商业学校录取齐玉苓为1990级财会专业委培生,并将录取通知书寄到滕州第八中学。但是,录取通知书被陈晓琪父亲陈克政领取,在陈克政的策划运作下,陈晓琪以齐玉苓的姓名到济宁商校报到并就读直至毕业。1993年毕业后,陈晓琪仍然使用齐玉苓的姓名,在中国银行滕州支行工作。

1999年,齐玉苓发现当年自己考试成绩和被陈晓琪冒名顶替上学且陈晓琪已在中国银行滕州支行工作后,向山东省枣庄市中级人民法院提起民事诉讼,起诉陈晓琪、陈克政、济宁商校、滕州八中和山东省滕州市教育委员会侵犯姓名权、受教育权以及其他相关权益,请求人民法院判令被告停止侵害、赔礼道歉,赔偿原告经济损失共计16万元,精神损失40万元。枣庄市中级人民法院经审理后作出一审判决:被告陈晓琪停止对原告齐玉苓姓名权的侵害;被告陈晓琪、陈克政、济宁商校、滕州八中和山东省滕州市教育委员会向齐玉苓赔礼道歉;被告赔偿原告齐玉苓精神损失人民币3.5万元。但是,对于原告提出的受教育权受到侵害问题,人民法院认为,受教育权属于一般人格权范畴,齐玉苓已经实际放弃了受教育权,因此,法院不支持其诉讼请求。

一审判决后,原告齐玉苓不服,并向山东省高级人民法院提起上诉,请求二审法院判令陈晓琪赔偿因侵害姓名权而给她造成的精神损失5万

元,各被上诉人赔偿因共同侵犯其受教育权而造成的经济损失16万元和精神损失35万元。山东省高级人民法院在审理过程中,将此案报请最高人民法院进行解释,提出了《关于齐玉苓与陈晓琪、陈克政、山东省济宁市商业学校、山东省滕州市第八中学、山东省滕州市教育委员会姓名权纠纷一案的请示》。2001年7月,最高人民法院经研究后作出了《关于以侵犯姓名权的手段侵犯宪法保护的公民受教育的基本权利是否承担民事责任的批复》,批复认为,根据本案事实,陈晓琪等以侵犯姓名权的手段,侵犯了齐玉苓依据宪法规定所享有的受教育的基本权利,并造成了具体的后果,应承担相应的民事责任。山东省高级人民法院依照最高人民法院的批复和相关法律规定,作出二审判决:陈晓琪停止对齐玉苓姓名权的侵害,并赔偿齐玉苓因受教育权被侵犯而造成的经济损失共计4.8045万元,赔偿精神损失5万元,陈晓琪、陈克政、山东省济宁市商业学校、山东省滕州市第八中学、山东省滕州市教育委员会承担连带责任。

陈春秀,女,汉族,1984年3月生,2004年6月毕业于山东省聊城市冠县武训高中,高考成绩为理科546分,高于当年专科一批录取分数线27分。她填报了三个志愿,包括上海的二所学校和山东理工大学。同年,陈艳萍高考成绩为文科303分,未达到专科一批录取分数线。陈艳萍父亲陈巨鹏,时任冠县冠洲福星商贸有限责任公司法定代表人,和陈艳萍舅舅张峰,时任冠县烟庄乡党委副书记、乡长,托请时任冠县招生办主任冯秀振,帮助陈艳萍顶替他人上大学。7月26日,冯秀振与陈巨鹏商定以陈春秀作为冒名顶替对象,并安排县招生办工作人员王新英打印出陈春秀的准考证交给陈巨鹏。之后,陈巨鹏找到时任冠县邮政局副局长李成涛,从县邮政局截取了陈春秀的录取通知书。陈巨鹏取得陈春秀录取通知书后,冯秀振利用县招生办统一发放考生档案的便利,将陈春秀档案交给陈巨鹏。为使档案相关信息与陈艳萍一致,张峰找到时任武训高级中学校长崔吉会,崔吉会安排副校长兼办公室主任李建民和学生处主任郭兰忠,在贴有陈艳萍照片的空白高中毕业生登记表上加盖了武训高级中学公章,张峰加盖了烟庄乡政府公章,伪造了姓名为陈春秀、照片及相关信息为陈艳萍的高中毕业生登记表,并替换到陈春秀的考生档案中。为了能够违规进入山东理工大学就读,陈巨鹏、张峰还通过关系违规为陈艳萍出具虚假的户口迁移证明,伪造名为陈春秀的新户籍。2004年8月31日,陈艳萍持伪造的材料到山东理工大学报到,冒名顶替陈春秀上了学,2007年毕业,同年10月,冠县统一招聘事业单位工作人员,时任冠县人事局人事争议仲裁办公室副主任冯桂秋把关不严，未发现陈艳萍相关信息不一致的问题，导致其通过审核，参加了此次招聘考试并被聘用。

陈春秀当年因为没有收到录取通知书，去了山东省烟台市打工。她做过食品厂、电子厂工人，拉面馆的服务员，幼儿园幼师，工作任务重，收入却微薄。即使结婚成家之后，她仍经常想起自己的"大学梦"。2019年10月，她参加成人高考，并报考了山东省曲阜师范大学的小学教育专业。她在查询自己的学籍信息时，意外地发现自己竟已经"上过一次大学"。此时距离自己被冒名顶替，失去上山东理工大学的机会，已经整整过去了16年时间，最后虽然相关违法失职失责人员受到处理，但是，自己的人生完全无法改变回来了。

（资料来源：胡锦光：《合宪性审查》，江苏人民出版社2018年版，第3～7页。董和平等主编：《宪法案例》，中国人民大学出版社2006年版，第191～192页。姚国建、秦奥蕾编著：《宪法学案例研习》，中国政法大学出版社2013年版。《16年前，"陈春秀"被富家女顶替上大学，顶替者受到了哪些惩罚？》，https://baijiahao.baidu.com/s?id=17856946193836879466&wfr=spider&for=pc，访问日期：2024年4月22日。）

2.案例指向

本案例指向教材第六章第三节"维护宪法权威"。本案例帮助新时代大学生进一步全面了解我国宪法规定的公民权利，以及依法行使宪法法律规定的权利、自觉履行宪法法律规定的义务的重要意义。

3.案例解析

这两起案件中，行为人都是侵犯了我国宪法法律规定的公民的受教育权、姓名权，并给当事人造成了经济损失和精神损失。我国宪法第46条规定，公民有受教育的权利和义务。"受教育权是公民在教育领域享有的基本权利，是公民接受文化、科学等方面教育训练的权利。受教育权包括每个人按照其能力平等地接受教育的权利，同时也包括要求提供教育机会的请求权。""公民通过接受教育，获得生存和发展的基本能力，这是公民享有的基本权利。同时，接受教育是人格形成和发展的基本途径，是获得生存能力的基本方式，是创造社会价值、推动国家发展的条件。"[①]受教育权是我国宪法规定的公民的基本权利之一，它不仅指公民有接受小学、初中九年义务教育的权利，也包括接受中等教育、职业教育、高等教育和继续教育的权利。接受教育，特别是接受高等教育，是提升个人科学文

---

① 《宪法学》，高等教育出版社、人民出版社2011年版，第229页。

化知识和社会活动技能以适应社会需要、服务国家的重要途径。同时,根据《经济、社会和文化权利的国际公约》的规定,受教育权对于所有公民来说应当是平等的,不得对任何公民实行歧视,尤其是高等教育应根据成绩,以一切适当方法,对一切人平等开放。我国《教育法》也明确规定,公民不分民族、种族、性别、职业、财产状况、宗教信仰等,依法享有平等的受教育机会。

这两起案件中,行为人冒名顶替他人上学,不仅侵犯了受害人的受教育权,而且侵犯了公民的姓名权。我国《民法典》规定,自然人享有姓名权,有权依法决定、使用、变更或者许可他人使用自己的姓名。任何组织或者个人不得以干涉、盗用、假冒等方式侵害他人的姓名权。陈晓琪、陈艳萍在未经齐玉苓、陈春秀同意的情况下,冒名顶替去上学和工作,当然侵犯了齐玉苓、陈春秀依法享有的姓名权。可见,侵犯公民受教育权、姓名权等我国宪法法律规定的公民权利,特别是侵犯他人接受高等教育的权利和机会,客观上就使被侵权人失去了上学接受教育的平等机会,这种上学的机会一旦失去,通常是无法补救的。对受害人而言,因失去接受教育的权利和机会而造成间接经济损失和直接精神损失是巨大的。

这两起案件再次告诉我们,每一个公民都享有我国宪法法律规定的权利,但是,也必须依法行使权利,自觉遵守法律,不得侵犯他人依法享有的权利,否则,任何人侵犯他人受教育权、姓名权的,都应当依法承担相应的法律责任。同时,公民认为自己的受教育权、姓名权等合法权利受到侵犯的,可以通过诉讼程序来维护自己的权利。

(四)涉诈重点人员亲属"连坐"案

1.案例呈现

2023年12月26日,全国人大常委会法工委主任向十四届全国人大常委会七次会议报告2023年备案审查工作情况,报告中还公布了多起备案审查典型案例。报告称,有的市辖区议事协调机构发布通告,对涉某类犯罪重点人员采取惩戒措施,其中对涉罪重点人员的配偶、子女、父母和其他近亲属在受教育、就业、社保等方面的权利进行限制。

2023年5月,某地区打击治理电信网络新型违法犯罪专项工作领导小组发布通告称:为了依法严惩跨境违法犯罪行为,敦促境外涉诈重点人员尽快回国投案自首,结合本区实际情况,特制定惩戒本区涉诈重点人员措施。该通告内容包括:涉诈重点人员的配偶、父母、子女暂停享受大病保险补助政策和医保财政补贴,取消所有政策性优惠补贴(助);列入金融联合惩戒失信人员名单,限制其子女就读私立学校等高消费行为;严审其子女就学资格,子女在幼儿园、小学、初中新生录取和开学时,父母双方没有共同当面申请入学就读手续或面谈注册报名的,一律不得就读城区学校;其直系亲属在入党、参军、考录公务员、考聘事业单位工作人员、就业等函询调查时从严把关,原则上不予通过;对其亲属暂停新批宅基地,对于未批先建及超面积建房的依法拆除;对境外涉诈重点人员一律曝光公示震慑,在其个人的朋友、同学、亲属微信群等进行精准曝光,在城乡、闹区城区和学校张贴确定为境外涉诈重点人员通告,在电视、公众号等媒介上进行公开。

某地关于电信网络新型违法犯罪综合措施"十个一律"中也指出:凡是参与电信网络新型违法犯罪嫌疑人的子女,在城区学校就读时一律予以招生入学限制;凡是参与电信网络新型违法犯罪嫌疑人的子女,在入团、入党、参军、考录公务员、就业等函询调查中一律从严把关审核;凡是公职人员的子女、配偶参与电信网络新型违法犯罪,一律取消3年内绩效奖、平安奖、文明奖发放资格。

(资料来源:《多地限制涉电诈人员子女上学、就业等,人大法工委:废止地方涉罪人员近亲"连坐"规定!》,https://baijiahao.baidu.com/s?id=17865007909167495128&wfr=spider&for=pc,访问日期:2024年4月22日。)

2.案例指向

本案例指向教材第六章第三节"维护宪法权威"。本案例帮助新时代大学生进一步科学理解我国宪法规定的备案审查制度、合宪性审查制度,以及我国宪法监督的体制机制,深刻理解加强宪法实施、完善宪法监督的重要意义。

3.案例解析

涉诈重点人员亲属"连坐",违反我国宪法法律的有关规定。我国宪法规定,公民依法享有宪法和法律规定的权利,同时,应当依法履行宪法和法律规定的义务。本案对于涉诈重点人员亲属在入学、就业、社保等方面的权利限制,即"连坐",违反我国宪法法律的相关规定。我国宪法在第二章公民的基本权利和义务中规定,国家尊重和保障人权。中华人民共和国公民劳动权和受教育的权利是宪法赋予的权利,任何非法限制剥夺公民享有的教育、就业、社保等权利都是违反宪法的。同时,这种"连坐"还违反我国《就业促进法》《劳动法》《教育法》等法律的规定、原则和精神。

另外,《刑法》中也没有可以对罪犯的近亲属施加惩戒措施的规定。任何违法犯罪行为的法律责任都应当由违法犯罪行为人本人自己承担,而不能株连或者及于他人,罪刑法定、罪责自负是现代法治的一项基本原则。无论父母等亲属是否犯罪,都不应当剥夺孩子公平接受教育的权利。如果家长已经接受法律的制裁,就更不应该对其孩子进行二次惩罚,否则,就违反我国《刑法》规定的罪责相适应原则。对涉罪人员近亲属实行"连坐",扩大打击面,不仅可能造成不必要的社会对立,产生更多的负面影响,而且也违背罪责自负原则。

备案审查是具有中国特色的宪法监督制度。维护社会主义法治的统一和尊严,保证国家根本制度和各项基本制度的全面实施,保障公民基本权利,保障宪法法律实施,对推进全面依法治国、建设社会主义法治国家,都具有重要作用。我国现行《宪法》《全国人大组织法》《立法法》《监督法》以及行政法规、地方性法规、自治条例和单行条例、经济特区法规备案审查工作程序、司法解释备案审查工作程序等规范性法律文件,是我国宪法监督的重要依据。宪法是国家的根本法,是治国理政的总章程,具有最高法律效力,这决定了一切国家法律、行政法规和地方性法规都不得同宪法相抵触,否则无效。我国《立法法》也规定,宪法具有最高的法律效力,一切法律、行政法规、地方性法规、自治条例和单行条例、规章都不得同宪法相抵触。法律的效力高于行政法规、地方性法规、规章。行政法规的效力高于地方性法规、规章。地方性法规的效力高于本级和下级地方政府规章。省、自治区的人民政府制定的规章的效力高于本行政区域内的设区的市、自治州的人民政府制定的规章。根据我国宪法和有关法律的规定,有权对宪法法律进行监督的国家机关包括全国人大及其常委会、全国人大各专门委员会等。有权进行宪法监督的国家机关应当依法将宪法监督的要求或者建议,交给全国人大常委会工作机构的法制委员会进行研究,再分别送有关的专门委员会审查。全国人大各专门委员会和全国人大常委会法制工作委员会协助全国人大和全国人大常委会,对被认为是违宪的规范性文件进行初步审查,并提出审查意见。我国宪法监督的对象包括法律、行政法规、地方性法规、自治条例、单行条例、经济特区法规、司法解释等。经过宪法监督程序,最终被认定为违宪违法的规范性文件,依法确认为无效,并给予撤销或者责令修改。中国特色社会主义进入新时代以来,我国宪法法律制度、监督体制机制得到不断健全和完善,也存在一些不足和问题。建议全国人大尽快制定《全国人大宪法和法律委员会工作程序规定》,规范合宪性审查机构的职权、程序、方式等,为合宪性审查工作提供程序性法律制度。同时,要加强宪法知识的宣传教育,提升全民宪法意识,维护宪法权威,为合宪性审查工作奠定坚实的思想基础。

宪法法律的生命在于实施,宪法法律的权威也在于实施,任何打击违法犯罪行为的措施都不能违背宪法法律的原则和规定。全国人大常委会法工委与有关主管部门督促有关机关对通告予以废止,支持有关主管部门在全国范围内部署开展自查自纠,防止、避免出现类似情况,确保执法司法工作在法治轨道上规范推进。叫停"连坐"通告,维护宪法权威、法治的统一和尊严是全国人大常委会法工委依法行使审查监督职责的具体体现,也充分说明我国备案审查制度在保障宪法法律实施、保护公民合法权益、维护国家法治统一方面,发挥着十分重要的作用。通过备案审查,全国人大常委会法工委为各种地方性法规、规范性文件"把脉体检",有利于全面推进依法治国,依法保护我国公民享有的宪法法律规定的各项权利,统一行政执法和司法标准,维护宪法权威。

(五)孙志刚被收容遣送案

1.案例呈现

孙志刚,男,2001年毕业于武汉科技学院。2003年2月,他应聘进入广州某服装公司工作,月工资2000元。2003年3月17日晚上,他前往某网吧上网。因为刚来广州不久,还没办理暂住证,而且出门时也没随身携带身份证。走到天河区黄村大街上时,孙志刚被广州市公安局天河区公安分局黄村街派出所的警察拦住。由于孙志刚没有带任何证件,当时他穿着又比较随便,有点"不修边幅",就被警察带到黄村街派出所,并作了笔录。当晚11:00左右,与他同住的成先生(化名)接到了一个手机打来的电话,孙志刚在电话中说,他因为没有暂住证而被带到了黄村街派出所。在一份《城市收容"三无"人员询问登记表》中,孙志刚是这样填写的:"我在东圃黄村街上逛街,被治安人员盘问后发现没有办理暂住证,后被带到黄村街派出所。"孙志刚在电话中让成先生"带着身份证和钱"去保释他,于是,成先生和另一个同事立刻赶往黄村街派出所。但到达后成先生被警察告知,"孙志刚有身份证也不能保释"。在那里,成先生亲眼看到许多人被陆续保了出来,他先后找了两名警察希望保人,但警察都说不行,而且没解释原因。第二天,孙志刚的另一个朋友也接到孙志刚打来的电话,据这个朋友说,孙志刚在电话中说话有些结巴,语速很快,感觉他非常恐惧。于是,他还通知孙志刚所在公司老板去收容所保人。孙志刚的一个同事去了一次,但是被告知保人手续不全,没有成功。等到各种证明开完后,尽管孙志刚所在公司老板也亲自去了收容所,收容所工作人员却表示要下班了,保人要等第二天。

2003年3月19日,孙志刚的朋友打电话询问收容站,得知孙志刚已经被送到医院。医院的记录显示,孙志刚是3月18日晚上11:30被送到医院的。3月20日,孙志刚的朋友再次打电话询问时,得知孙志刚已经死亡,死因是心脏病。据值班医生介绍,孙志刚入院时曾说自己有心脏病史,据此推断孙志刚死于心脏病。但是这个说法孙志刚亲属并不认同。法医的尸检结果也推翻了医院方面的诊断。中山大学中山医学院法医鉴定中心出具的检验鉴定书明确指出:"综合分析,孙志刚符合大面积软组织损伤致创伤性休克死亡。"鉴定结果表明:孙志刚受到殴打并最终因此死亡。

孙志刚被殴打致死事件经媒体报道曝光之后,引起广泛关注,在中央和广东省领导的督促下,该案件得到快速侦破,多名参与殴打孙志刚的人员构成犯罪被逮捕,案件经广东省广州市中级人民法院审理,多名参与殴打孙志刚的违法犯罪行为人分别被判处死刑、无期徒刑、有期徒刑等不同的刑罚。

(资料来源:胡锦光:《合宪性审查》,江苏人民出版社2018年版,第9~10页。董和平等主编:《宪法案例》,中国人民大学出版社2006年版,第211~212页。张蔚玲、张严超主编:《立志养德 明纪守法》,光明日报出版社2022年版,第202~203页。姚国建、秦奥蕾编著:《宪法学案例研习》,中国政法大学出版社2013年版。)

2.案例指向

本案例指向教材第六章第三节"维护宪法权威"。本案例帮助新时代大学生进一步科学理解我国宪法规定的备案审查制度、合宪性审查制度以及我国宪法监督的体制机制,深刻理解加强宪法实施、完善宪法监督的重要意义。

3.案例解析

关于收容审查违宪问题。孙志刚案件经媒体报道后,在社会上引起了广泛关注和强烈反响,也引起了人们对收容审查制度的关注和反思。2003年5月14日,俞江等3位法学博士根据我国《立法法》的相关规定,向全国人民代表大会常务委员会提出建议书,建议全国人大常委会对1982年国务院制定的《城市流浪乞讨人员收容遣送办法》进行审查。因为以行政法规的形式，即国务院《城市流浪乞讨人员收容遣送办法》，限制公民的人身自由，违反我国《宪法》第37条的规定，同时也与我国《立法法》的相关规定相违背。我国《宪法》规定，公民的人身自由不受侵犯。任何公民，非经人民检察院批准或者决定或者人民法院决定，并由公安机关执行，不受逮捕。禁止非法拘禁和以其他方法非法剥夺或者限制公民的人身自由，禁止非法搜查公民的身体。"只有法律才可以设定限制公民人身自由的强制性措施或者法律制裁措施。"[1]其他任何人都不得非法剥夺或者限制公民的人身自由。我国《立法法》也规定，犯罪和刑罚，以及对公民政治权利的剥夺、限制人身自由的强制措施和处罚，只能由国家法律予以规定。

在孙志刚案件中，广州市公安局天河区分局黄村派出所收容孙志刚并送至广州市民政局收容遣送中转站的行为，属于限制和剥夺受害人的人身自由，与我国《宪法》和《立法法》的规定相抵触，是违法行为。而孙志刚被错误收容遣送，人身自由被错误剥夺，是之后被故意伤害致死的重要原因之一。可见，依法保护公民人身自由是非常重要的。人身自由是我国《宪法》规定的公民最基本的自由，是公民参加各种社会活动、参加国家政治生活和国家管理、依法享有宪法法律规定的其他自由权利的重要前提，没有人身自由，其他权利自由就无从谈起。公民的行为只要不违法，没有妨碍他人权益和社会公共利益，应当就是合法的。随后，贺卫方等5位学者也向全国人民代表大会常务委员会建议组织特定问题审查组，调查孙志刚被害事件。全国人民代表大会代表陈舒向全国人民代表大会常务委员会提出建议，要求国务院建立对错误收容的赔偿机制。2003年6月，国务院总理签署国务院令，公布《城市生活无着的流浪乞讨人员救助管理办法》，并于2003年8月1日起实施，1982年5月国务院发布的《城市流浪乞讨人员收容遣送办法》同时废止。

关于合宪性审查问题。"合宪性审查，又称违宪审查，是指具有合宪性审查权的国家机关通过法定程序，以特定方式审查和裁决某项立法行为是否合宪的制度。它是宪法监督的重要手段，其目的在于保证宪法实施，维护宪法秩序。"[2]合宪性审查制度的实施，对保证宪法的根本法地位，维护法治统一、宪法尊严和宪法权威，保障公民的基本权利和自由，巩

---

[1] 董和平等主编：《宪法案例》，中国人民大学出版社2006年版，第211～212页。
[2] 周叶中主编：《宪法》，高等教育出版社2020年版，第379页。

固人民民主专政的国体和人民代表大会的政权组织形式的政体等,都具有重要意义。根据我国《宪法》,全国人民代表大会及其常务委员会,依法享有合宪性审查权,有权组织关于特定问题的调查委员会,有权批准规范性法律文件,有权对报备的规范文件进行合宪性审查。协助全国人大及其常委会进行合宪性审查的机构是全国人大各专门委员会。

合宪性审查的对象包括一切法律、行政法规和地方性法规、自治条例和单行条例等。从世界范围的宪法性审查来看,部分国家的合宪性审查对象还包括国家机关、政党、社会团体、企事业单位和公民的行为等。根据我国现行《宪法》和《立法法》的规定:国务院制定的行政法规应当在公布后30天内报全国人大常委会备案;省、直辖市人大及其常委会制定的地方性法规,应当在公布后30天内报全国人大常委会和国务院备案;较大的市的人大及其常委会制定的地方性法规,应当在公布后30天内由省级人大常委会报全国人大常委会和国务院备案;根据授权制定的法规,应当在公布后30天内报授权决定机关备案;最高人民法院和最高人民检察院制定的司法解释,应当在公布后30天内报全国人大常委会备案。根据《立法法》、行政法规、地方性法规、自治条例和单行条例、经济特区法规备案审查工作程序和《司法解释备案审查工作程序》的规定,国务院、中央军委、最高人民法院、最高人民检察院和各省、自治区、直辖市的人大常委会,认为行政法规、地方性法规、自治条例、单行条例、经济特区法规、司法解释等规范性法律文件同宪法或者法律相抵触的,可以向全国人大常委会书面提出审查要求,全国人大常委会办公厅接收登记后,报秘书长批转有关专门委员会和法制委员会进行审查,并提出意见。专门委员会认为备案的法规同宪法或者法律相抵触的,应当主动进行审查,并会同法制工作委员会提出书面审查意见;法制工作委员会认为备案的法规同宪法或者法律相抵触的,需要主动进行审查,可以书面提出建议,报秘书长同意后,由专门委员会审查。其他国家机关、社会团体、企事业单位、公民认为以上规范性文件同宪法或者法律相抵触的,可以向全国人大常委会书面提出审查的建议,由全国人大常委会决定是否进行审查。

党的十八大以来,以习近平同志为核心的党中央高度重视宪法实施,坚持依法执政首先要依宪执政,坚持依法行政首先要依宪行政。从推进全面依法治国的战略高度,提出"全面贯彻实施宪法,是建设社会主义法治国家的首要任务和基础性工作"①。党的十八届四中全会通过的《中共中央关于全面推进依法治国若干重大问题的决定》，首次提出"完善全国人大及其常委会宪法监督制度，健全宪法解释程序机制"。党的十九大报告进一步提出"推进合宪性审查工作，维护宪法权威"。2018 年 3 月通过的宪法修正案，将全国人大的"法律委员会"修改为"宪法和法律委员会"，为健全中国特色宪法审查制度，依法开展合宪性审查工作，提供了组织保障。全国人大及其常委会通过合宪性审查，依法履行监督权，加强对"一府一委两院"的监督，依法纠正违宪行为或者规定，确保有关法律法规、规范性文件和有关国家机关履职行为符合宪法规定、宪法原则和宪法精神，维护法治统一和宪法权威，是我国宪法赋予的神圣职责。

关于公民建议权问题。在我国，合宪性审查，可以由国务院、中央军委、最高人民法院、最高人民检察院和各省、自治区、直辖市的人大常委会，向全国人大常委会书面提出进行审查的要求，由全国人大常委会办公厅有关部门接收登记后，报秘书长批转有关专门委员会同法制委员会进行审查、提出意见。其他国家机关和社会团体、企事业组织以及公民认为相关规范性法律文件同宪法或者法律相抵触的，可以向全国人大常委会书面提出进行审查的建议。公民向全国人民代表大会常务委员会提出对行政法规进行审查是有宪法依据的。《宪法》第 41 条规定："中华人民共和国公民对于任何国家机关和国家工作人员，有提出批评和建议的权利；对于任何国家机关和国家工作人员的违法失职行为，有向有关国家机关提出申诉、控告或者检举的权利，但是不得捏造或者歪曲事实进行诬告陷害。"根据我国《立法法》，公民认为行政法规同宪法或者法律相抵触的，可以向全国人大常委会书面提出进行审查的建议，由全国人大常委会工作机构进行研究，必要时，送有关的专门委员会进行审查、提出意见。公民依法行使建议权，既有助于全国人民代表大会常务委员会及其他国家机关对规范性法律文件审查工作的开展，也是扩大公民有序参与国家政治生活的一个重要标志，是公民参与国家管理的重要形式。当然，公民向全国人大常委会提出的违宪审查建议与有关国家机关提出的违宪审查要求，在性质上是有区别的。公民向全国人大常委会提出的违宪审查建议，属于公民行使宪法规定的建议权，建议权是宪法规定的公民基本权利，而

---

① 习近平：《在首都各界纪念现行宪法公布施行 30 周年大会上的讲话》，人民出版社 2012 年版，第 5 页。

有关国家机关提出的违宪审查要求,属于国家机关行使宪法监督权,监督权是宪法规定的国家机关的一种法定职权。两者的行使的主体、程序和法律效力也存在不同。

四、延伸阅读

1.习近平:《论坚持全面依法治国》,中央文献出版社 2020 年版。

2.中共中央宣传部、中央全面依法治国委员会办公室:《习近平法治思想学习纲要》,人民出版社 2021 年版。

3.《习近平著作选读》第 2 卷,人民出版社 2023 年版。

4.《习近平法治思想概论》,高等教育出版社 2021 年版。

5.《中共中央关于全面推进依法治国若干重大问题的决定》,人民出版社 2014 年版。

6.习近平:《在首都各界纪念现行宪法公布施行 30 周年大会上的讲话》,人民出版社 2012 年版。

五、拓展研学

结合本章的教学内容和社会关注的热点问题,建议大学生组成学习小组,就以下选题,通过收集资料、互动讨论等方式,理清观点,形成学习心得或者研习报告。

1.结合社会上流传的关于"宪法规定的大多是一些原则性内容,而且司法判决通常也不引用宪法条文,因此宪法通常与普通公民关系不大"的观点,请同学们研讨宪法与新时代青年学生之间的密切关系。

2.我国宪法是如何形成的?现行宪法实施以来,我国宪法修改的时代背景、主要内容和重要意义是什么?

3.如何理解宪法是国家的根本法,是治国安邦的总章程?新时代青年大学生应当如何自觉学习宪法知识,共同维护宪法权威?

第十章　自觉守法用法，培养法治思维

一、教学主要目标

本章引导和促进大学生养成将法律作为判断是非和处理事务的准绳，把对法治的尊崇、对法律的敬畏转化成良好的法治思维方式和行为方式，不断提升法治素养，想问题、做决策、办事情都能联想到法律，提高运用法治思维发现、分析和解决问题的能力。

二、教学重难点

本章教学重点：引导和帮助大学生积极培养法治思维，正确理解法律权利与义务及其关系，树立正确的权利义务观，掌握行使权利的界限，明确违反法律上的义务应当承担的法律责任，培养依法行使权利和履行义务的能力，努力成长为具有优秀的法治素养、自觉担当民族复兴大任的时代新人。

本章教学难点有以下几方面：

首先，法治思维的内涵和养成。法治思维具备哪些特征？如何发展而来的？该如何做才能养成法治思维？法治与人治是各国和地区实现现代化过程中必须面对并解决的一个重大问题。法治不彰，经济社会易出现停滞甚至倒退。在全面依法治国的社会环境中，每个公民都应当具备自觉守法的意识和责任。

其次，如何依法行使权利和履行义务？法律权利和义务的内涵是什么？如何正确理解法律权利与义务之间的关系？滥用权利或者违反义务，都将应承担相应的法律责任。大学生应当学习妥善处理学习、生活和社会服务中遇到的社会关系，包括其中产生或者存在的各种矛盾、问题和困难。

再次，如何不断提高法治素养？法治素养是指人们通过学习法律知识、理解法律本质、运用法治思维、依法行使权利和履行义务的素质与能力。大学生应当通过学习、实践等多种途径，养成自觉守法、遇事找法、办事依法、解决问题靠法的良好习惯，做法治的忠实崇尚者、实践者和推动者。

三、教学案例

(一)醉酒骑行共享电动车时意外身亡，保险公司该不该赔偿

1.案例呈现

某日深夜，苏女士饮酒后，扫码骑行一辆共享助力电动车，同时通过网络平台成为某保险公司所承保的"共享助力车综合险"的被保险人。苏女士骑行过程中，与路边临时停放的车辆相撞而倒地，致使颈椎、颅脑损伤，当场死亡。经检验鉴定，苏女士血液中乙醇含量为 200.6mg/100ml，交警部门认定，苏女士驾驶非机动车时处于醉酒状态，系本次交通事故的主要原因。

事故发生后，苏女士的法定继承人依据"共享助力车综合险"中的意外伤害保险条款，申请某保险公司理赔。某保险公司认为，苏女士是在醉酒期间，遭受伤害导致身故，违反了法律法规的禁止性规定，亦属于保险条款中加粗加黑列明的免赔条款范围，故拒绝了苏女士继承人的理赔申请。

对于理赔事宜，双方多次协商未果。苏女士的继承人将某保险公司诉至法院，要求被告某保险公司按约支付保险金 10 万元。

法院经审理认为：醉酒驾驶非机动车是法律法规明令禁止的行为，保险公司也已通过加粗、加黑等方式在保险条款中向投保人进行明示，醉酒驾驶致损、致死均属于免责事由，还向投保人披露了免责事由的适用范围和法律后果。苏女士作为完全民事行为能力人，应当知晓醉酒驾驶的含义、危害及禁止性规定。故保险公司对于醉酒驾驶的免责条款，已尽到提示说明义务。苏女士自身醉酒驾驶非机动车导致事故身故，属于保险公司不给付保险金的免责事由。据此，一审法院作出判决，驳回苏女士继承人的全部诉讼请求。原告不服一审判决，提起上诉。二审法院驳回上诉，维持原判。

(资料来源：王嫣然：《醉酒骑行共享电动车意外身亡，保险赔不赔？》，https://mp.weixin.qq.com/s/9NyleCcNR87pLDWTZZ5W_w，访问日期：2023 年 12 月 20 日。)

2.案例指向

本案例指向教材第六章第四节"自觉尊法学法守法用法"。

3.案例解析

(1)消费者、服务接受者应具备法律意识,当参加具有一定风险的活动或者实施具有一定风险的行为时,必要时,依法投保商业保险,有利于减轻风险带来的损失。

(2)当本人或者亲人遭遇伤害或者意外时,行为人或者近亲属或者继承人应通过协商解决纷争;协商不成时,有权通过诉讼依法维权。

(3)重点阐释。保险因具有风险管理和损失补偿等功用而日益普及,保险产品的数量、种类越来越多,各类保险理赔纠纷也日渐增多。共享单车骑行是有风险的,所以,保险公司会提供相应保险服务。保险只为合法行为提供"保障",不为违法行为"买单"。本案是投保人违反法律法规禁止性规定导致损害的情形下,如何认定保险责任的纠纷,它合理厘清保险人的提示说明义务,准确认定免责条款的法律效力,有利于规范保险关系各方主体的行为,对社会公众具有引导、示范作用。

首先,每个人都应严格遵守法律法规,杜绝侥幸心理。醉酒驾驶机动车及非机动车均属于《中华人民共和国道路交通安全法》及其实施条例明确禁止的妨害交通安全行为。其次,投保人应充分理解保险机制,权利不可滥用。在投保前,应当对保险的功能及目的有明确的认知和合理预期。保险是以合法合规、诚实信用为基础成立的合同关系,无法为规避法律的行为提供风险保障,也无法为事先已经产生的情形提供事后补偿。再次,投保人或者被保险人买保险前应认真阅读保险单和保险条款等文件内容,特别是有关自身权益、保险责任、免责条款等重要内容。如无法获取或约定不明,应及时向保险公司人员索取或询问。对于其中采用加粗、加黑等方式标明或要求签字确认的部分,应在充分理解后作出决定。为最大程度保障自身保险权益,应避免因听信口头推销或盲目签约造成保费损失、保险目的无法实现等不利后果。最后,保险人应积极进行提示说明,保障保险权益。

(二)牟林翰犯虐待罪,被判刑并赔偿受害人的家人

1.案例呈现

2023年6月15日,北京市海淀区人民法院依法公开宣判被告人牟林翰涉嫌犯虐待罪刑事附带民事诉讼一案,被告人牟林翰犯虐待罪,判处

有期徒刑三年二个月,同时判决被告人牟林翰赔偿附带民事诉讼原告蔡某某(被害人之母)各项经济损失共计人民币73万余元。

法院经审理查明:2018年8月,被告人牟林翰与被害人陈某某(女,殁年24岁)确立恋爱关系。同年9月16日至2019年10月9日,二人曾在北京市某学生公寓以及陈某某的家中、牟林翰的家中共同居住。2019年初,牟林翰、陈某某先后到广东、山东面见双方的父母。

2019年1月起,牟林翰因纠结于陈某某以往的性经历,心生不满,多次追问陈某某性经历细节,与陈某某发生争吵,高频次、长时间、持续性地辱骂陈某某,并作出让陈某某通过"打胎"等方式以换取其心理平衡等激烈表示。同年6月13日,陈某某与牟林翰争吵后,割腕自残。8月30日,陈某某与牟林翰争吵后吞食药物,被牟林翰送至医院,医院采取洗胃等救治措施,并下发了病危病重通知书。2019年10月9日中午,陈某某与牟林翰再次发生争吵。当日下午,陈某某独自外出后,入住某宾馆的房间,服用网购的药物自杀。当日16时19分至22时30分,被告人牟林翰通过多种方式联系、寻找陈某某,找到后于当日22时55分将陈某某送至医院救治。2020年4月11日,陈某某经救治无效而死亡。经鉴定,陈某某系口服药物中毒导致呼吸循环衰竭死亡。

2020年6月9日,公安机关将被告人牟林翰抓获归案。

经审查,附带民事诉讼原告蔡某某因被害人陈某某死亡而遭受到的经济损失为医疗费和丧葬费,共计人民币73万余元。

法院经审理认为:被告人牟林翰符合虐待罪中的犯罪主体要件。牟林翰与被害人不但主观上有共同生活的意愿,而且面见家长的时点,双方家长的言行,共同居住的地点、频次、时长以及双方经济往来支出的情况反映出客观上二人已形成了较稳定的共同生活事实,且精神上相互依赖,经济上相互帮助,牟林翰与被害人之间的共同居住等行为构成了具有实质性家庭成员关系的共同生活基础事实,婚前同居关系的二人应认定为虐待罪中的家庭成员关系。从辱骂言语的内容,辱骂行为发生的频次、时长、持续性以及所造成后果而言,被告人牟林翰对被害人的辱骂行为已经构成虐待罪中的虐待行为,且情节恶劣。在被害人精神状态不断恶化,不断实施极端行为并最终自杀的进程中,被告人牟林翰反复实施的高频次、长时间、持续性辱骂行为是导致陈某某出现自杀风险并不断强化、升高风险的决定性因素,因此与被害人自杀身亡这一危害后果之间具有刑法上的因果关系。综上,法院认为,被告人牟林翰虐待与其同居共同生活的女友,情节恶劣,且致使被害人死亡,其行为已构成虐待罪,应予惩处。综合考虑牟林翰犯罪的性质、情节、社会危害程度及其认罪态度等因素,法院对其依法量刑。

对于附带民事诉讼原告蔡某某所提诉讼请求,法院认为:被告人牟林翰一方已支付的 20 万余元医疗费应予以扣减;丧葬费中过高部分,不予支持;死亡赔偿金、被扶养人生活费等不属于刑事附带民事诉讼的赔偿范围。最终,根据实际医疗费,以及丧葬费计算标准,法院依法作出上述判决。

一审宣判后,蔡某某和牟林翰均不服,提起上诉。2023 年 7 月 25 日,北京市第一中级人民法院依法公开宣判牟林翰虐待刑事附带民事上诉一案,裁定驳回上诉,维持原判。至此,一审判决生效。

(资料来源:《被告人牟林翰虐待案一审宣判》,https://mp.weixin.qq.com/s/PeAV-eNBMBPs5dK9yBwPdnw,访问日期:2024 年 1 月 20 日。《北京市第一中级人民法院依法公开宣判牟林翰虐待刑事附带民事上诉一案》,https://mp.weixin.qq.com/s/83BF0IA7K9pgkwSgUDBkIw,访问日期:2024 年 12 月 4 日。)

2.案例指向

本案例指向教材第六章第四节"自觉尊法学法守法用法"。

3.案例解析

这个案件受到社会较大关注。陈某某和牟林翰都是北京大学在读学生。关于男方的一系列行为是否是导致陈某某死亡的直接原因,在法学法律界存在一定争议。这是我国法院罕见认定恋爱关系中精神虐待导致对方死亡而定罪量刑的司法案例,被外界称作"国内 PUA 第一案"。恋爱当事人双方的矛盾、冲突及其处理,值得研究,更应引以为戒。

(1)什么是家庭成员关系?家庭成员是指具有特定的亲属关系并共同生活的亲属。根据《民法典》第 1045 条第 3 款规定,"配偶、父母、子女和其他共同生活的近亲属为家庭成员"。近亲属包括配偶、父母、子女、兄弟姐妹、祖父母、外祖父母、孙子女、外孙子女。

(2)当亲密关系中出现精神暴力,该怎么办?精神暴力是家庭暴力中的一种类型。本案例中,陈某某因遭受到男友长期辱骂等而精神痛苦到窒息并数度实施自残自杀,却没有向外界求助,没有向专业的心理咨询服务机构求救,这令人非常遗憾。她没有意识到 PUA(Pick-up Artist,一种系统化的情感操控术)是一种亲密关系中的暴力,是以爱为名实施的控制。"我打你、骂你、不让你同朋友来往、查看你的手机,都是因为爱你",这种说辞和控制手段具有极强的迷惑性,难以被另一方当事人正确加以识别。

精神暴力是指一方对另一方的精神控制、精神虐待。《中华人民共和国反家庭暴力法》于2016年3月1日起实施。该法第2条规定:"本法所称家庭暴力,是指家庭成员之间以殴打、捆绑、残害、限制人身自由以及经常性谩骂、恐吓等方式实施的身体、精神等侵害行为。"2022年最高人民法院《关于办理人身安全保护令案件适用法律若干问题的规定》第3条规定:"家庭成员之间以冻饿或者经常性侮辱、诽谤、威胁、跟踪、骚扰等方式实施的身体或者精神侵害行为,应当认定为反家庭暴力法第二条规定的'家庭暴力'。"换言之,经常性的恐吓、谩骂等构成精神暴力。与身体暴力不同,恐吓、谩骂构成法律意义上的"家暴",有个前提条件即"经常性"的恐吓谩骂,即有明确的频次要求。

在亲密关系中,有些人控制欲较强,很自我,希望对方时刻遵从其意愿,有些人通过虚构事实吹嘘自我,在对方面前打造人设,让对方形成"仰慕""信服"的心理,还有些人为了控制对方,往往伴随语言威胁、肢体惩罚、身体攻击,例如,不断威胁对方说"你信不信我会掐死你?""如果离婚,就把你家人全杀了",为了让对方信服,施害者甚至还会通过残忍地杀害家禽或者小动物、摔碗、打骂孩子、打砸家具等方式威逼对方,逐渐"洗脑"对方,使得对方相信该方"说得出做得到",心生恐惧而屈服于该方。很多施暴者会根据对方的具体情况实施精准控制,经过长期PUA,受害人渐渐丧失了正常的思维能力,无法客观地看待对方和自己,也无法客观看待这个世界。精神暴力可以全方位地摧毁受害人的精神。

如何判断自己的恋爱关系或者其他亲密关系是否正常或者偏离常态呢?如果确实存在家庭暴力,应当采取哪些措施防范?其一,评估你是不是被尊重,双方关系是否平等,相处是否舒服。如果答案是否定的,无论对方表示多么爱你,都不可全信。其二,对于家庭暴力,应该"零容忍"。第一次遇到家庭暴力,如何应对是非常重要的,绝大多数陷入暴力循环的受害人,第一次被家暴时往往"稀里糊涂"就过去了。其三,要有策略性地收集和保留证据。其四,积极寻求外界帮助,及时报警。当发现自己无法阻止家暴发生或者再发生时,一定要勇于向外救助,比如自己的亲人、周围邻居、可靠的朋友、同事等;如果私力救助不能解决的,则应及时向居民委员会、村民委员会、用人单位等基层社会组织求助。特别要强调,应当及时报警,警察介入是制止家庭暴力最有效的途径。其五,必要时,可以向法院申请人身安全保护令。恋爱关系当事人或者是夫妻或者是父母子女关系或者其他亲属关系,一方遭到另一方家庭暴力或者存在发生家庭暴力的很大可能性的,都可以向法院申请人身安全保护令。

(三)员工不能胜任工作但拒绝调岗,公司解雇是否合法

1.案例呈现

丛某主张甲公司无故解雇自己,双方解除劳动关系的全部责任在于甲公司。甲公司则认为,在劳动合同期内,丛某的工作技能无法达到甲公司相关岗位的任职要求,为此,甲公司依法调整其岗位。丛某知道考核结果后,一直未主动提出异议,直到甲公司对其进行岗位调整,丛某拒绝履行劳动合同规定的义务。甲公司据此解雇丛某,并且没有支付经济补偿金。

二审法院认为,综合双方的诉辩主张与本案的事实证据,要判断甲公司是否违法解除与丛某的劳动关系,首先,应查明甲公司的调岗是否合理、合法。双方签订的劳动合同明确约定:甲公司可以根据业务发展需要、丛某的工作能力与绩效考核结果,对丛某的工作岗位与职责进行调整;确实不能胜任工作的,终止劳动关系。故双方签订的劳动合同已经明确了甲公司依据丛某的工作能力和考核结果可以对其调岗。2011年4月6日,甲公司员工第一季度绩效考核结果公示,丛某的绩效等级为"C.培训改进"。2011年7月8日,甲公司员工第二季度绩效考核结果公示,丛某的绩效等级为"D.考察优化"。甲公司规定,个人或部门若对考核结果有异议,可在公布后3日内提出书面申诉,逾期视为同意。丛某没有在规定的3日内提出书面申诉。2011年7月12日,甲公司依据考核结果调整了丛某的工作岗位。丛某于2011年7月14日向甲公司提交书面申诉,因其书面申诉已经超过了通知规定的期间,应视为其同意考核结果。一审时,丛某提供了一份录音,欲证明甲公司的考核结果具有人为因素,不是以客观工作业绩为标准评定的。经过原审法院与本院的审查,丛某提供录音中的人物对象不明,无法证明其真实性,原审法院与本院对该证据均不予采信。故现有证据表明,甲公司调整丛某工作岗位的程序合法。就调岗后丛某的工资待遇看,《调岗通知》明确说明调岗后的工资继续按照双方签订的劳动合同约定的金额发放,其调岗后的工资待遇没有实质上降低。综上,甲公司调整丛某工作岗位的行为合法、合理,本院予以确认。其次,甲公司是否应向丛某支付赔偿金,还要查明甲公司解除劳动合同关系的合法性。甲公司的《人事管理制度》第8章第7条规定,连续旷

工三日或一个月累计旷工五日的,甲公司可以解除劳动合同。同时《中华人民共和国劳动合同法》(以下简称《劳动合同法》)第39条第2款规定,劳动者严重违反用人单位规章制度的,用人单位可以解除劳动合同。丛某在2011年7月12日岗位调整后没有到新岗位报到,当月18日,甲公司以丛某不到新岗位报到、不开展工作为由书面通知其解除劳动合同,符合甲公司的《人事管理制度》和《劳动合同法》第39条第2款规定。综上,甲公司调整丛某的岗位及解除丛某劳动合同关系均符合相关法律规定,甲公司无须向丛某支付解除劳动合同的赔偿金。

在再审程序中,广东省高级人民法院认同二审法院对事实的认定和适用的相关法律法规及规定,认为事实认定清楚,证据确实充分,适用法律适当,甲公司解除丛某劳动合同关系,符合相关法律规定,无须向丛某支付解除劳动合同的赔偿金。

(资料来源:广东省高级人民法院(2013)粤高法民申字第1179、1180号,广东省佛山市中级人民法院(2012)佛中法民四终字第968、969号,广东省佛山市南海区人民法院(2012)佛南法民一初字第417、473号。)

2.案例指向

本案例指向教材第六章第四节"自觉尊法学法守法用法"。

3.案例解析

首先,劳动合同是调整劳动关系当事人双方权利和义务的重要依据。劳动合同是用人单位和劳动者双方在平等自愿前提下,经过协商达成的明确约定劳动合同双方当事人的权利和义务的协议。应当认真阅读、正确理解合同中每个条款约定的内容,并妥善保管劳动合同文件。根据《劳动合同法》规定,用人单位应当与招用的劳动者就劳动合同的内容协商一致,并且自用工之日起一个月内依法订立书面劳动合同。用人单位应当如实告知劳动者工作内容、工作条件、工作地点、职业危害、安全生产状况、劳动报酬以及劳动者要求了解的其他情况;用人单位有权了解劳动者与劳动合同直接相关的基本情况,劳动者应当如实说明。依法签订的劳动合同具有法律效力,双方应按照劳动合同约定全面履行。劳动合同的内容,通常应当包括下列事项:(1)劳动合同期限;(2)工作内容和工作地点;(3)工作时间和休息休假;(4)劳动报酬;(5)社会保险和福利待遇;(6)职业培训和劳动保护;(7)劳动合同的变更、解除、终止;(8)双方约定其他事项;(9)劳动争议处理;(10)其他。依法订立的劳动合同具有约束力,用人单位、劳动者均应当自觉遵守。

其次，劳动合同的变更应当由劳动关系双方协商一致。劳动合同的变更是指劳动合同依法订立后，在合同尚未履行或者尚未履行完毕之前，经用人单位和劳动者双方协商同意，对劳动合同的部分内容进行修改、补充或者删减的法律行为。这种变更会导致原劳动合同的内容发生变化。《劳动合同法》第35条规定："用人单位与劳动者协商一致，可以变更劳动合同约定的内容。变更劳动合同，应当采用书面形式。变更后的劳动合同文本由用人单位和劳动者各执一份。"变更劳动合同的流程，依次包括下列三个步骤：一是提出变更的要约，同时应当说明变更的理由、内容以及条件，请求对方在一定期限内给予答复；二是双方协商，看受要约一方是否同意变更，同意的，则视为作出了承诺；三是双方就变更劳动合同的内容进行平等协商，达成一致意见后，签订书面变更协议或者补充劳动合同，协议应载明变更的具体内容，并经双方签字盖章后生效。

再次，用人单位享有用工管理自主权。用工管理自主权，也称用工自主权，是指用人单位在国家法律法规规定允许范围内，根据经营管理的需要和劳动者各方面表现情况，自主地决定用工形式、用工办法、用工数量、用工时间、用工条件、工作地点、工作岗位、工资报酬等一系列权利。为保障用工自主权，用人单位应当依照《劳动法》《劳动合同法》有关规定，建立和完善规章制度，并依法保障劳动者的合法权益。用人单位可以根据《劳动法》第47条规定自主地确定本单位的工资分配方式和工资水平。通常，劳动合同明确约定劳动者的工作岗位、工作职责、工作任务、劳动报酬、奖励和福利等，同时会规定劳动者有遵守用人单位规章制度的义务。用人单位和劳动者双方都应当充分了解劳动合同条款的内容，明白各自的合法权益和义务。如果法律法规有强制性规定的，即使劳动合同中没有约定，不影响劳动者享有该项权利或者待遇。

(四)著名歌手未经授权翻唱他人歌曲，被判侵权成立，应赔偿对方损失

1.案例呈现

2020年8月，北京啊呀啦嗦音乐文化发展有限公司（以下简称啊嗦公司）向河北省承德市中级人民法院起诉，指称艺人降拥卓玛（艺名：降央卓玛）、承德避暑山庄企业集团股份有限公司（以下简称避暑山庄公司）以及第三人北京逸骏文化传媒有限公司（以下简称逸骏公司）未经授权，却在商业性质的"某酒文化之夜"演唱会营利活动中演唱原告享有权利的歌

曲,侵害了原告的著作权,要求被告赔偿经济损失人民币10万元,为制止侵权发生的律师费5万元、差旅费2000元等合理费用,以上合计152000元,降拥卓玛承担连带赔偿责任。二被告答辩均主张该案已经超过诉讼时效,且涉案演唱会是公益演出,不具有商业性质,原告的要求应当予以驳回。避暑山庄公司认为其不存在侵权行为,第三人逸骏公司是本次演唱会组织者,有义务审查相关演艺人员演出节目的权属问题,并承担相应法律责任;降拥卓玛作为表演者应当承担侵权责任。逸骏公司述称,该公司不是演出的组织者,演出曲目由演出者自行提供,第三人无过错,不应当承担责任。

2017年6月22日,避暑山庄公司(甲方、投资方)与第三人逸骏公司(乙方、承办方)签订"演唱会承办合同",合同约定:由甲方独资主办、乙方承办"某酒文化之夜";演出规模15000人次;活动举办时间及地点为2017年9月1日19时30分至22时,在承德市奥体中心举行;乙方负责安排本次活动演出所需艺人降拥卓玛等,并负责所需艺人此次演出的个人所得税代扣代缴及其他一切费用。2017年9月1日,降拥卓玛在"某酒文化之夜"活动中演唱了涉案音乐作品《西海情歌》。

2014年12月17日,罗林(艺名刀郎)向国家版权局申请办理了"国作登字-2014-B-00167541"作品登记证书。该证书载明:"作品名称:西海情歌。作品类别:音乐作品。创作完成时间:2005年12月31日。首次发表时间为2006年9月21日。著作权人:罗林。"罗林出具《授权确认暨声明书》,确认啊嗦公司依法获得授权,在授权期限内独家享有或管理授权作品《西海情歌》的全部著作权,包括但不限于复制权、表演权、发行权、信息网络传播权。针对侵害授权作品著作权之行为,被授权人得以自己的名义发起任何适当的法律程序追究侵权人的侵权责任。同时,被授权人有权转授权第三方行使授权作品的著作权。授权期限为2010年4月1日起至2060年12月31日止。罗林声明,从未授权降拥卓玛演唱上述音乐作品,降拥卓玛未经授权擅自使用音乐作品已构成对其本人及被授权方合法权益的侵犯,本人同意被授权方维权。落款载明:"授权确认人:罗林,签字:罗林、刀郎,2019年1月1日。"

法院认为,首先,案涉作品《西海情歌》的著作权人清晰明确,著作权人罗林授权啊嗦公司代表其行使权利,啊嗦公司依授权取得案涉作品的著作权,原告主体适格。避暑山庄公司和降拥卓玛未经著作权人同意,在活动中表演案涉作品,侵权事实清楚。《中华人民共和国著作权法》(以下简称《著作权法》）规定：使用他人作品演出，表演者（演员、演出单位）应当取得著作权人的许可，并支付报酬；演出组织者组织演出，由该组织者取得著作权人许可，并支付报酬。该案中，避暑山庄公司是"某酒文化之夜"活动的组织者，降拥卓玛是案涉音乐作品的表演者。避暑山庄公司未就案涉音乐作品取得权利人的许可并支付报酬，降拥卓玛作为表演者在其自身和演出组织者均未经权利人许可并支付报酬的情况下，表演案涉音乐作品，避暑山庄公司和降拥卓玛的行为均侵犯了啊嗓公司对案涉作品的表演权，应对原告的经济损失及为制止侵权支出的合理费用承担连带赔偿责任。

其次，本案中的侵权行为发生时间为2017年9月1日，至本案立案之日为止，未超过诉讼时效。啊嗓公司主张其知道侵权行为的时间是2020年5月，由于案涉演出地点在河北省承德，其宣传和影响范围未必能及时到达啊嗓公司，降拥卓玛也未提供证据证明啊嗓公司在此日期前已经知道侵权行为的存在，啊嗓公司于2020年8月起诉，并未超过诉讼时效。

再次，根据证据和双方陈述，案涉晚会的观众需要购买山庄的某窖藏酒，因此客观上起到了商业推广的作用，具有商业性质，且从避暑山庄公司与逸骏公司签订的演唱会承包合同看，演出艺人降拥卓玛需要缴纳个人所得税，也可以佐证其并非免费表演。关于降拥卓玛主张其在有组织者组织的演出中进行表演，无须再自行获得著作权人许可并支付报酬，法院认为，我国《著作权法》规定，表演者使用他人作品进行表演，应当取得著作权人的许可并支付报酬。在有组织者组织的演出中，为了避免表演者个体分别寻求许可带来的不经济和便利著作权人主张权利，法律规定由演出组织者寻求著作权人许可并支付报酬，但该规定未免除表演者对其演出作品获得授权的注意义务。本案中，降拥卓玛演唱的歌曲系自行选定，在演唱会组织者和降拥卓玛本人均未获得著作权人授权的情况下，双方的行为存在共同过错，其应共同承担连带责任。降拥卓玛主张此次演出属于公益性质，但未提供相应证据予以证明，故法院对其该抗辩意见不予采信。本案中，啊嗓公司未主张第三人逸骏公司承担责任，避暑山庄公司要求第三人逸骏公司承担赔偿责任，可另案主张权利。

最后，关于赔偿数额。由于啊嗓公司未能提供证据证明其因侵权所受损失的金额或侵权人因侵权行为所获收益，一审法院综合考虑案涉音乐作品的知名度、避暑山庄公司与降拥卓玛的主观过错程度、演员知名度、演唱会地点、演唱会规模、被告降拥卓玛收益等因素,酌定避暑山庄公司、降拥卓玛共同赔偿啊嗦公司经济损失及律师费、差旅费等合理费用总计10万元。

(资料来源:河北省高级人民法院民事判决书(2021)冀知民终51号。)

2.案例指向

本案例指向教材第六章第四节"自觉尊法学法守法用法"。

3.案例解析

从2015年以来,围绕《西海情歌》等音乐作品的使用和表演权争议,已发生数起民事纠纷案件。在事先未取得案涉音乐作品《西海情歌》权利人的许可并支付报酬,演唱会的组织者和演唱者均未审查拟演唱的歌曲事先是否已取得著作权人的许可并支付报酬的情况下,即组织并举办演唱会,组织者和表演者均有过错,法院判定两者的行为均侵犯了原告对涉案作品享有的著作权,应赔偿权利人的损失。

《西海情歌》是由刀郎作词、作曲并演唱的作品,收录于2006年发行的刀郎个人专辑《刀郎Ⅲ》中。降央卓玛、刀郎二人均来自四川。2010年,降央卓玛凭借翻唱刀郎的《西海情歌》走红,被誉为"最美女中音"。在后来的各种商业活动中,降央卓玛多次演唱《西海情歌》,甚至很多观众误认为这首歌是降央卓玛本人的作品。登录"中国裁判文书网"查询,可以发现罗林(艺名:刀郎)与降拥卓玛(艺名:降央卓玛)因《西海情歌》的表演权已发生多起诉讼案件。

著作权是知识产权的一种。知识产权,也称为智力成果权、智慧财产权或智力财产权,是指基于创造成果和工商标记依法产生的权利。最主要的知识产权是著作权、专利权和商标权,其中专利权与商标权又被统称为工业产权。《民法典》第123条规定:"民事主体依法享有知识产权。知识产权是权利人依法就下列客体享有的专有的权利:(一)作品;(二)发明、实用新型、外观设计;(三)商标;(四)地理标志;(五)商业秘密;(六)集成电路布图设计;(七)植物新品种;(八)法律规定的其他客体。"

著作权是指自然人、法人或者其他组织对文学、艺术和科学作品享有的财产权利和精神权利的总称。在我国,著作权即指版权。广义的著作权还包括"与著作权有关的权利"(也称邻接权)。保护著作权是为了保护文学、艺术和科学作品作者的创作劳动以及由此产生的正当利益,鼓励有益于社会主义精神文明、物质文明建设的作品的创作和传播,促进社会主义文化和科学事业的发展与繁荣。著作权法所称的作品,是指文学、艺术和科学领域内具有独创性并能以一定形式表现的智力成果。根据2020年修正的《著作权法》第3条规定,受著作权保护的作品包括下列九大类:(1)文字作品;(2)口述作品;(3)音乐、戏剧、曲艺、舞蹈、杂技艺术作品;(4)美术、建筑作品;(5)摄影作品;(6)视听作品;(7)工程设计图、产品设计图、地图、示意图等图形作品和模型作品;(8)计算机软件;(9)符合作品特征的其他智力成果。

著作权人包括两类:作者;其他依照《著作权法》享有著作权的自然人、法人或者非法人组织。创作作品的自然人是作者。由法人或者非法人组织主持,代表法人或者非法人组织意志创作,并由法人或者非法人组织承担责任的作品,法人或者非法人组织视为作者。著作权包括下列人身权和财产权:(1)发表权;(2)署名权;(3)修改权;(4)保护作品完整权;(5)复制权;(6)发行权;(7)出租权;(8)展览权;(9)表演权;(10)放映权;(11)广播权;(12)信息网络传播权;(13)摄制权;(14)改编权;(15)翻译权;(16)汇编权;(17)应当由著作权人享有的其他权利。作者等著作权人可以向国家著作权主管部门认定的登记机构办理作品登记。

自然人的作品,其发表权等权利的保护期为作者终生及其死亡后五十年。法人或者非法人组织的作品、著作权(署名权除外)由法人或者非法人组织享有的职务作品,其发表权的保护期为五十年。但是,在为个人学习、研究或者欣赏而使用他人已经发表的作品等十三类法定情形下使用作品,可以不经著作权人许可,不向其支付报酬,但应当指明作者姓名或者名称、作品名称,并且不得影响该作品的正常使用,也不得不合理地损害著作权人的合法权益。

(五)"北雁云依"诉济南市公安局历下区分局燕山派出所公安行政登记案[①]

1.案例呈现

原告"北雁云依"的法定代理人吕某峰诉称:其妻子张某峥在医院产下一女,夫妻决定为爱女取名"北雁云依",其主张"北雁"是女儿的姓,"云依"是名;其办理了出生证明和计划生育服务手册新生儿落户备查登记。为女儿办理户口登记时,被告济南市公安局历下区分局燕山派出所(以下

[①] 特别说明:本案中援引的《婚姻法》《民法通则》两部法律已于2021年1月1日废止,其内容已被编入了《民法典》。

简称燕山派出所)不准予上户口,理由是孩子姓氏必须随父姓或母姓,即姓"吕"或姓"张"。根据《中华人民共和国婚姻法》(以下简称《婚姻法》)和《中华人民共和国民法通则》(以下简称《民法通则》)关于姓名权的规定,请求法院判令确认被告拒绝以"北雁云依"为原告姓名办理户口登记的行为违法。

被告燕山派出所辩称:依据法律和上级文件规定,不予"北雁云依"进行户口登记的行为是正确的。《民法通则》规定公民享有姓名权,但没有具体规定。2009年12月23日,最高人民法院在关于夫妻离异后子女更改姓氏问题的答复中称,《婚姻法》第22条规定"子女可以随父姓,可以随母姓"。该条是我国法律关于子女姓氏问题的专门规定,其中没有规定可以随第三姓。行政机关应当依法行政,法律没有明确规定的行为,行政机关不能实施,原告和行政机关都无权对法律作出扩大化解释,这就意味着子女只有随父姓或者随母姓两种选择。法律确认姓名权是为了使公民能以文字符号即姓名明确区别于他人,实现自己的人格和权利。新生儿随父姓、随母姓是中华民族的传统习俗,这种习俗标志着血缘关系传承,也可以在很大程度上避免近亲结婚,但是,姓第三姓,与这种传统习俗、与姓的本意相违背。全国各地公安机关在执行《婚姻法》第22条关于子女姓氏的问题上,标准都一致,即子女应当随父姓或者随母姓。拒绝原告法定代理人以"北雁云依"为姓名为原告申报户口登记的行为是正确的,恳请人民法院依法驳回原告的诉讼请求。

法院经审理查明:原告"北雁云依"出生于2009年1月25日,其父亲姓名为吕某峰,母亲姓名为张某峥。因酷爱诗词歌赋和中国传统文化,吕某峰、张某峥夫妇决定为爱女起名为"北雁云依",并以"北雁云依"为名办理了新生儿出生证明和计划生育服务手册新生儿落户备查登记。2009年2月,吕某峰前往燕山派出所为女儿申请办理户口登记,被民警告知拟被登记人员的姓氏应当随父姓或者母姓,即姓"吕"或者"张",否则,不符合办理出生登记条件。因吕某峰坚持以"北雁云依"为女儿姓名申请户口登记,被告燕山派出所遂依照《婚姻法》第22条规定,于当日作出拒绝办理户口登记的具体行政行为。

法院认为,2014年11月1日,第十二届全国人民代表大会常务委员会第十一次会议通过了《全国人民代表大会常务委员会关于〈中华人民共和国民法通则〉第九十九条第一款、〈中华人民共和国婚姻法〉第二十二条的解释》。其中规定:"公民依法享有姓名权。公民行使姓名权,还应当尊重社会公德,不得损害社会公共利益。公民原则上应当随父姓或者母姓。有下列情形之一的,可以在父姓和母姓之外选取姓氏:(一)选取其他直系长辈血亲的姓氏;(二)因由法定扶养人以外的人扶养而选取扶养人姓氏;(三)有不违反公序良俗的其他正当理由。少数民族公民的姓氏可以顺从本民族的文化传统和风俗习惯。"

在该案中,不存在选取其他直系长辈血亲姓氏或者选取法定扶养人以外的扶养人姓氏的情形,案件的焦点就在于原告法定代理人吕某峰提出的理由是否符合上述立法解释第2款第3项规定的"有不违反公序良俗的其他正当理由"。首先,从社会管理和发展的角度,子女承袭父母姓氏有利于提高社会管理效率,便于管理机关和其他社会成员对姓氏使用人的主要社会关系进行初步判断。倘若允许随意选取姓氏甚至恣意创造姓氏,则会增加社会管理成本,不利于社会和他人,不利于维护社会秩序和实现社会的良性管理,而且极易使社会管理出现混乱,增加社会管理的风险性和不确定性。其次,公民选取姓氏涉及公序良俗。在中华传统文化中,"姓名"中的"姓",即姓氏,主要来源于客观上的承袭,系先祖所传,承载了对先祖的敬重、对家庭的热爱等,体现着血缘传承、伦理秩序和文化传统。而"名"则源于主观创造,为父母所授,承载了个人喜好、人格特征、长辈愿望等。公民对姓氏传承的重视和尊崇,不仅仅体现了血缘关系、亲属关系,更承载着丰富的文化传统、伦理观念、人文情怀,符合主流价值观念,是中华民族向心力、凝聚力的载体和镜像。公民原则上随父姓或者母姓,符合中华传统文化和伦理观念,符合绝大多数公民的意愿和实际做法。反之,如果任由公民仅凭个人意愿喜好,随意选取姓氏甚至自创姓氏,则会造成对文化传统和伦理观念的冲击,违背社会善良风俗和一般道德要求。再次,公民依法享有姓名权,公民行使姓名权属于民事活动,既应当依照《民法通则》第99条第1款和《婚姻法》第22条的规定,还应当遵守《民法通则》第7条规定,即应当尊重社会公德,不得损害社会公共利益。通常情况下,在父姓和母姓之外选取姓氏的行为,主要存在于实际抚养关系发生变动、有利于未成年人身心健康、维护个人人格尊严等情形。本案中,原告"北雁云依"的父母自创"北雁"为姓氏、选取"北雁云依"为姓名给女儿办理户口登记的理由是"我女儿姓名'北雁云依'四字,取自四首著名的中国古典诗词,寓意父母对女儿的美好祝愿"。此理由仅凭个人喜好愿望便创设姓氏,具有明显的随意性,不符合立法解释第2款第3项的情形,不应给予支持。

2015年4月25日,济南市历下区人民法院作出(2010)历行初字第4号行政判决:驳回原告"北雁云依"要求确认被告燕山派出所拒绝以"北雁云依"为姓名办理户口登记行为违法的诉讼请求。

一审宣判并送达后,原被告双方均未提出上诉。该判决已发生法律效力。

(资料来源:《最高人民法院发布第17批指导性案例》,https://www.court.gov.cn/zixun-xiangqing-70242.html,访问日期:2024年4月22日。《山东省济南市历下区人民法院行政判决书(2010)历行初字第4号》,https://wenshu.court.gov.cn/,访问日期:2024年4月22日。本案例发生和审理均在《中华人民共和国民法典》于2021年1月1日生效之前。故援引的法律是《中华人民共和国婚姻法》《中华人民共和国民法通则》,该两部法律在民法典生效日失效。)

2.案例指向

本案例指向教材第六章第四节"自觉尊法学法守法用法"。

3.案例解析

本案例是著名的行政案件。姓名是自然人的第一社会身份,是用以确定和代表单个自然人并将其与其他人区别开来的文字符号和标记。广义上,姓名既包括本名,即户籍登记和居民身份证上显示的正式姓名,又包括艺名、笔名、网名等非正式姓名。狭义上,姓名仅指本名和曾用名。他人将对拥有某姓名的主体的认知统摄于其姓名之下。姓名对于一个自然人非常重要,所以,立法赋予自然人享有姓名权。姓名权,是自然人决定、使用和依法改变自己姓和名的权利。自然人的姓名具有人身专属性。同时,法律明确规定自然人有许可他人使用其姓名的权利。

本案件发生在《民法典》于2021年1月1日生效之前,受当时生效的法律调整。2001年修正的《婚姻法》第22条规定"子女可以随父姓,可以随母姓"。《民法通则》第99条第1款规定"公民享有姓名权,有权决定、使用和依照规定改变自己的姓名,禁止他人干涉、盗用、假冒"。公民选取或创设姓氏应当符合中华传统文化和伦理观念。仅凭个人喜好和愿望在父姓、母姓之外选取其他姓氏或者创设新的姓氏,不属于全国人民代表大会常务委员会关于《中华人民共和国民法通则》第99条第1款、《中华人民共和国婚姻法》第22条的解释规定的"有不违反公序良俗的其他正当理由"。全国人大就该案涉及法条的理解作出的立法解释,已被2021年施行的《民法典》吸收。《民法典》第1015条规定,"自然人应当随父姓或者母姓,但是有下列情形之一的,可以在父姓和母姓之外选取姓氏:(一)选取其他直系长辈血亲的姓氏;(二)因由法定扶养人以外的人扶养而选取扶养人姓氏;(三)有不违背公序良俗的其他正当理由。少数民族自然人的姓氏可以遵从本民族的文化传统和风俗习惯"。《民法典》第1016条还规定,"自然人决定、变更姓名,或者法人、非法人组织决定、变更、转让名称的,应当依法向有关机关办理登记手续,但是法律另有规定的除外。民事主体变更姓名、名称的,变更前实施的民事法律行为对其具有法律约束力"。该案件作为行政案件,涉及公安行政登记、自然人姓名权、公序良俗、正当理由。

姓名权是具体人格权之一。人格权是重要的民事权利,是指与人身有密切联系的生命、健康、身体、名誉、姓名、肖像、隐私等不容侵犯的利益。《中华人民共和国宪法》第38条规定:"中华人民共和国公民的人格尊严不受侵犯。禁止用任何方法对公民进行侮辱、诽谤和诬告陷害。"《民法典》明文规定的具体人格权包括自然人享有的生命权、身体权、健康权、姓名权、肖像权、名誉权、荣誉权、隐私权等权利。公民享有姓名权,公民有权决定、使用和依照法律规定改变自己的姓名,禁止他人干涉、盗用、假冒。姓名符号应当使用规范的汉字,自然人行使姓名权不得违反公序良俗。人格权受到侵害的,受害人有权依法请求行为人承担民事责任,包括停止侵害、排除妨碍、消除危险、消除影响、恢复名誉、赔偿道歉;如果因不法侵害造成损失的,受害人有权要求行为人赔偿损失,该损失包括因人身损害而引起的财产损失,也包括受害人遭受的精神损害。

(六)电影《我不是药神》("陆勇案")

1.案例呈现

电影《我不是药神》是2018年非常火的一部电影,讲述了主人公从一个交不起房租的小商贩逐渐成为印度仿制药"格列宁"(治疗白血病的特效药)代理商的故事。影片中情与法的冲突令人深思,而原型"陆勇案"也再度引起关注。

陆勇是无锡市一名私营企业主。沅江市检察院依法审查查明:2002年,陆勇被查出患有慢粒性白血病,需要长期服用抗癌药品。我国国内对症治疗白血病的正规抗癌药品"格列卫"系列系瑞士进口,每盒需人民币2.35万元,陆勇曾服用该药品。为了与同病患者之间交流,相互传递寻医问药信息,通过增加购买同一药品的人数而降低药品价格,陆勇从2004年4月开始建立了白血病患者病友网络QQ群。

2004年9月,陆勇通过他人从日本购买由印度生产的同类药品,价格每盒约为人民币 4000 元,服用效果与瑞士进口的"格列卫"相同。之后,陆勇开始直接从印度购买抗癌药物,并通过 QQ 群等方式向病友推荐。随着病友间的传播,从印度购买该抗癌药品的国内白血病患者逐渐增多,药品价格逐渐降低,直至每盒为人民币 200 余元。

为方便给印度公司汇款,陆勇网购了 3 张信用卡,用于帮病友代购药品,其中一张卡给印度公司作收款账户,另外两张因无法激活被他丢弃。

2013 年,湖南省沅江市公安局在查办一个网络银行卡贩卖团伙时,将陆勇抓获。2013 年 11 月 23 日,因涉嫌妨害信用卡管理罪,陆勇被沅江市公安局刑事拘留。

2014 年 7 月 22 日,沅江市检察院以涉嫌妨害信用卡管理罪和涉嫌销售假药罪对陆勇提起公诉。此后,上百名白血病患者联名写信,请求司法机关对陆勇免予刑事处罚。

2015 年 1 月 27 日,沅江市人民检察院向沅江市人民法院撤回起诉。

(资料来源:《现象级的电影〈我不是药神〉——原型陆勇案的不起诉决定书及法律解析》,https://www.sohu.com/a/239603620_309281,访问日期:2024 年 4 月 22 日。)

2.案例指向

本案例指向教材第六章"学习法治思想 提升法治素养"第四节"自觉尊法学法守法用法"第一目"培养社会主义法治思维"的"法治思维及其内涵"。

3.案例解析

陆勇作为一名白血病患者,在高药价的逼迫下,不得不购买价格相对低廉的国外仿制药并帮助其他病友代购,被称为抗癌药"代购第一人"。2014 年,他涉嫌"妨害信用卡管理罪"和"销售假药罪"被提起公诉。2015 年 1 月,湖南省沅江市检察院依法审查后,向沅江市人民法院撤回起诉并决定不起诉。在检察院提供的《对陆勇决定不起诉的释法说理书》中,给出了三点不起诉理由:

第一,检察院全面系统分析了"陆勇案"的全部事实,认为陆勇的行为是买方行为,并且是白血病患者群体购买药品整体行为中的组成行为,寻求的是印度赛诺公司抗癌药品的使用价值。陆勇有违反国家药品管理法的行为,如违反了《药品管理法》第 39 条第 2 款有关个人自用进口的药品,应按照国家规定办理进口手续的规定等,但陆勇的行为因不是销售行为而不构成销售假药罪。

第二,陆勇通过淘宝网购买 3 张以他人身份信息开设的借记卡,并使用其中户名为"夏维雨"的借记卡的行为,属于购买使用虚假的身份证明骗领信用卡的行为,但情节显著轻微,危害不大,根据《刑法》第13条的规定,不认为是犯罪。而且,陆勇购买借记卡的动机、目的和用途是方便白血病患者购买抗癌药品。除了用于为病友购买抗癌药品支付药款外,陆勇没有将该借记卡账号用于任何营利活动,更没有实施其他危害金融秩序的行为,也没有导致任何方面的经济损失。

第三,检察院认为,"综观全案事实,呈现四个基本点:陆勇的行为源起于自己是白血病患者而寻求维持生命的药品;陆勇所帮助买药的群体是白血病患者,没有为营利而从事销售或中介等经营药品的人员;陆勇对白血病病友群体提供的帮助是无偿的;在国内市场合法的抗癌药品昂贵的情形下,陆勇的行为客观上惠及了白血病患者"。因此,陆勇的行为虽然在一定程度上触及了国家对药品的管理秩序和对信用卡的管理秩序,但其行为对这些方面的实际危害程度,相对于白血病患者群体的生命权和健康权来讲,是难以相提并论的。如果不顾及后者而片面地将陆勇在主观上、客观上都惠及白血病患者的行为认定为犯罪,显然有悖于司法为民的价值观。释法说理书还认为,在此案中,陆勇及其病友作为白血病患者群体,也是弱势群体,陆勇的上述违反药品管理法和妨害信用卡管理的行为发生在自己和同病患者为维持生命而进行的寻医求药过程中,一方面,这些行为发生在其难以购买合法药品的情形下,另一方面这些行为给相关方面并未带来多少实际危害,如果对这种弱势群体自救行为中的轻微违法行为以犯罪对待,显然有悖于刑事司法应有的人文关怀。

运用法律原则、法律规则、法律方法思考和处理问题的法治思维,必然是一种正当性思维、规范性思维、逻辑思维、科学思维。法治思维不仅强调对法律原则和规则的认知与运用,更强调对法治精神和价值的认同与信守。这个案例就充分体现了法治思维。首先,陆勇的行为虽然在一定程度上触及了国家对药品和对信用卡的管理秩序,但行为"实际危害程度,相对于白血病患者群体的生命权和健康权而言,是难以相提并论的,将他无论主观还是客观都无偿惠及白血病患者的行为认定为犯罪,显然有悖于司法为民的价值观"。依法决定"不起诉"体现了刑事司法捍卫人的价值与权利的法治理念,揭示了司法的本质不仅在于惩恶,还有扬善,这正体现了法治思维是一种正当性思维。其次,沅江市检察院向法院请求撤回起诉是审查查明事实后依法作出的决定,并不是被"情"所惑,被舆论左右,在"情"与"法"的冲突中坚守了法律至上的原则,体现了法治思维是一种规范性思维。再次,沅江市检察院以法律手段与法律方法为依托对"陆勇案"进行依法审查后,认为陆勇不构成犯罪、不承担刑事责任,体现了法治思维是一种可靠的逻辑思维。最后,"陆勇案"的审理和判决是以事实为依据,以法律为准绳,也充分体现了法治思维是一种符合规律、尊重事实的科学思维。

值得注意的是,2014年11月,最高人民法院、最高人民检察院出台了《关于办理危害药品安全刑事案件适用法律若干问题的解释》,该解释规定:"销售少量根据民间传统配方私自加工的药品,或者销售少量未经批准进口的国外、境外药品,没有造成他人伤害后果或者延误诊治,情节显著轻微危害不大的,不认为是犯罪。"

这个条款就是为了软化刚性的法律规定。《关于办理危害药品安全刑事案件适用法律若干问题的解释》的起草人指出:利用民间偏方、土方、秘方私自加工的"土药",虽未经管理部门批准,但当地群众已普遍认可其疗效;未经批准擅自进口的"洋药",尽管违反了我国药品管理制度,但并不会实际危害人体健康,相反对治疗有关疾病确有效果,很多情况下行为人还是应患者或者患者家属要求代为购买后转售。对此类案件,如不论数量多少、有否造成实际危害,一律定罪处罚,不符合实事求是精神,也难以为社会公众所理解。

2019年12月1日实施的《中华人民共和国药品管理法》也修改了"假药"的定义,该法第98条规定:"……有下列情形之一的,为假药:(一)药品所含成分与国家药品标准规定的成分不符;(二)以非药品冒充药品或者以他种药品冒充此种药品;(三)变质的药品;(四)药品所标明的适应症或者功能主治超出规定范围……"因此,未经批准生产、进口的仿制药品、代购药品都不再属于假药。(根据2015年修正的《药品管理法》第48条的规定,"依照本法必须批准而未经批准生产、进口,或者依照本法必须检验而未经检验即销售的"以假药论处。)

(七)乘客进站"被刷脸"引发诉讼

1.案例呈现

2021年11月25日,汪某某通过12306购票系统购买了一张从贵阳东站至贵阳北站的C6368次高铁二等座客票。同日,汪某某于贵阳东站进站乘车时,有人工验票通道和自助验票通道,车站广播提示乘客需要手持身份证、摘掉口罩刷脸进站。汪某某购票后通过自助闸机刷脸验票后进站乘车。汪某某认为铁路部门在采集其人脸信息时,未依法作出明确告知,也未取得其授权或同意,侵害了她的合法权益,遂向法院提起诉讼。

2023年4月27日,成都铁路运输中级法院依法在线开庭审理了汪某某与中国铁路成都局集团有限公司个人信息保护纠纷案,这也是全国首例公共交通领域使用人脸识别技术引发的个人信息侵权案件。原告汪某某认为,在她持票证刷脸进站的过程中,成都铁路局采集并存储了她的敏感人脸信息。原告委托代理人指出,被告在采集和识别人脸信息以后,并没有向原告告知有没有存储原告的个人信息,也没有向原告告知有没有删除原告的个人信息。在庭审中,成都铁路局出具了中国铁道科学研究院对核验闸机人脸比对流程的说明,其中载明"核验过程中,通过比对二代身份证识读设备读取的证件照片和刷证时采集的乘客现场照片,确认是否为本人过闸,整个比对流程均离线完成,不保存任何照片"。被告委托代理人辩称,本案中的自助实名制核验闸机只是利用人脸识别技术比对人证是否一致,而被告的闸机仅仅使用的是比对的结果,有别于公众所熟悉的动物园刷脸入园、小区刷脸进门,闸机不具备储存功能。

车站在处理个人信息过程中是否存在存储传输等行为?为了查清这一事实,案件合议庭走访了相关的技术专家,并到自助闸机程序设计方中国铁道科学研究院电子所取证。通过相关证据证实,在乘客通过铁路自助闸机进站过程中,虽然闸机采集了乘客的人脸信息,但并未进行存储传输及其他处理行为,并未对个人信息安全构成重大威胁。最终,法院经审理认为,被告有基于维护公共安全对乘客进行"票、人、证"一致核对查验的法定义务,也为乘客提供人工通道选择权、多方广告告示,并未过度使用人脸信息且告知义务缺陷不足以单独构成侵权,故对原告请求判令被告停止违法采集人脸信息、赔偿损失800元等诉讼请求不予支持。宣判后,当事人未上诉。

(资料来源:《全国首例!进火车站被刷脸,她把铁路公司告了》,https://www.163.com/dy/article/INUISERQ0556348O.html,访问日期:2024年3月20日。)

2. 案例指向

本案例指向教材第六章"学习法治思想 提升法治素养"第四节"自觉尊法学法守法用法"第二目"依法行使权利与履行义务"的"依法行使法律权利"。

3. 案例解析

刷脸支付、刷脸打卡、刷脸门禁,近年来"人脸识别"作为一项新的信息技术,因其识别的精准性、便捷性,在各类领域得到广泛应用,铁路运输企业等公共交通领域也广泛将其应用于旅客身份识别。在公共交通领域处理人脸等敏感个人信息是否需要取得乘客单独同意？运输部门有哪些告知义务？

《民法典》《个人信息保护法》等相关法律法规以告知同意规则为基础，构建了个人信息较为完整的保护体系，但就敏感个人信息如人脸识别信息在公共交通场景下的保护规则并没有明确的规定。在没有先例可依的情况下，如何在公共交通领域对乘客个人信息保护规则进行准确适用和认定，是摆在法官面前的一道"难题"。本案争议的焦点在于，被告成都铁路局在处理个人信息过程中不存在存储传输的行为，那么被告采集原告汪某某人脸信息是否违法？

原告汪某某认为，人脸信息属于敏感个人信息，根据《民法典》及《个人信息保护法》的相关规定，处理敏感个人信息应当取得个人的单独同意。成都铁路局并未就进站自助闸机人脸识别取得原告个人单独同意，侵害了其合法权益。

成都铁路局认为，通过自助实名制核验闸机刷脸进站，已经在公共交通领域被大量使用，是广为知晓的常识。汪某某于贵阳东站进站乘车时，有人工验票通道和自助验票通道，江某某选择自助验票通道进站乘车，可以视为对成都铁路局采集人脸信息的默示同意。

法院经审理认为，依据《反恐怖主义法》《铁路安全管理条例》《铁路旅客车票实名制管理办法》等有关规定，铁路运输企业有基于维护公共安全对乘客进行"票、人、证"一致核对查验的法定义务，成都铁路局使用自助实名制核验闸机，便于提高查验的精准性和便民性，并通过网站、App、车站语音提示等渠道对刷脸查验进站方式进行了介绍，已为群众所周知。但法院同时认为，取得同意义务的免除并不免除告知义务，成都铁路局未对采集乘客人脸信息的目的、方式、信息处理等事项履行告知义务，存在告知缺陷。

敏感个人信息，是该案涉及的第一个关键词。

我国《个人信息保护法》第28条规定，敏感个人信息是一旦泄露或者非法使用，容易导致自然人的人格尊严受到侵害或者人身、财产安全受到危害的个人信息，具体包括生物识别、特定身份、医疗健康、金融账户、行踪轨迹等信息。很显然，人脸信息可归入上述生物识别的范畴，属于敏感个人信息。

对于敏感个人信息的处理，《个人信息保护法》第29条规定，处理敏感个人信息应当取得个人的单独同意;同时,该法第 13 条规定,为履行法定义务而处理个人信息的,不需经个人同意。那么,这两个法条之间究竟是特别规定与一般规定的关系(特别规定优先适用),还是针对不同情形分别作出的规定?也就是说,高铁站在验票时收集人脸信息,到底应不应该取得每个乘客的单独同意?对此法院予以明确:铁路部门基于履行维护公共安全的法定义务处理乘客人脸信息,符合《个人信息保护法》中不需取得乘客个人同意的情形。由此可见,法院认为第 29 条仅是针对该法中"应取得个人同意"的情况作出的,并不能覆盖"因履行法定义务"而处理个人信息的情形。应该说,这个认定符合高铁运营的实际状况,也充分考虑了维护公共安全的客观需求。

告知义务,是该案所涉的第二个关键词。

公共安全与个人信息保护应该如何兼顾与平衡?法院指出:取得同意义务的免除并不意味着告知义务的免除,铁路局未对采集乘客人脸信息的目的、方式、信息处理等事项履行告知义务,存在告知缺陷。根据《个人信息保护法》第 17 条规定,个人信息处理者在处理个人信息前,应当以显著方式、清晰易懂的语言真实、准确、完整地向个人告知个人信息的处理目的、处理方式、处理的个人信息的种类、保存期限等事项。在进站乘车时,很多人也许对上述事项并不清楚也没想多问,就习以为常地刷脸进去了。该案中被告的答辩内容让我们清楚知晓:进站刷脸,车站只是检验人、票、证的一致性,并不实施人脸信息的存储、传输和其他处理行为。

信息、传播技术的飞速发展和广泛应用,很容易让人们对新的生活、交易方式迅速适应并习以为常。但就在这种"习以为常"之下,公民的人脸信息、行踪轨迹、就诊病历等信息被非法获取、扩散的侵权事件也层出不穷。这就提醒我们,无论公民个人还是信息处理者、行政监管部门,对个人信息,尤其是敏感个人信息,都应当时刻保持足够的"敏感度"。此外,科技的应用是为了给人们带来方便,而不应让"路"越走越窄。正如该案中铁路部门所称,除了刷脸进站,车站还保留着人工检票口。必须承认,这是一种很值得肯定的做法。

案件宣判后,成都铁路运输中级法院向中国国家铁路集团有限公司发送司法建议,建议在互联网以及车站进站口以多种方式对个人信息处理进行明确告知。中国国家铁路集团有限公司于 2023 年 8 月就司法建议的整改情况正式复函,立即推动全国铁路运输企业及时采取更新网站、优化设备等措施,履行人脸信息采集告知义务。比如,通过更新 12306 网站上的隐私政策、设置提示标志、提供人工通道等方式,满足人民群众的知情权和选择权。铁路方面的相关改革可以说是此案带给广大乘客的"实在收获"。

2020年,杭州的郭兵开启的"人脸识别纠纷第一案"[①]堪称个人信息司法保护的典范,被评为2021年度人民法院十大案件。在国内,人脸识别技术已经被广泛推广运用在社会的很多层面,例如金融、电商、安防、娱乐等领域,中国也是世界上人脸识别技术发展和运用最快的国家。人脸信息属于敏感个人信息中的生物识别信息,是生物识别信息中社交属性最强、最易采集的个人信息,具有唯一性和不可更改性,一旦泄露将对个人的人身和财产安全造成极大危害,容易导致"被贷款""被诈骗"和隐私权、名誉权被侵害等问题,甚至还可能威胁公共安全。相比"郭兵案",本案更凸显了兼顾并平衡公共安全和个人信息保护的重要性。

(八)西安奔驰女车主坐引擎盖维权

1.案例呈现

2019年3月22日,薛春艳在西安利之星奔驰4S店购买了一辆进口奔驰CLS300,打算给自己当30岁的生日礼物。可当她打算提车时,工作人员告诉她车还不能提,要先送去做新车检测。薛春艳于是先回去等答复,直到5天过后,3月27日,工作人员告诉她可以来提车了。这天,薛春艳精心打扮一番,怀着期待与喜悦的心情,来到4S店提新车。再过十多天就是她的生日了,她打算开着新车回家与父母庆祝生日。一切手续办妥后,薛春艳终于喜提新车。她激动地开启新车,驶离4S店。可薛春艳还没开出4S店的大门,车上就发出警报:"下一次加油时,加注1L发动机油"。薛春艳纳闷了,怎么这新车才刚开就没油了?不会是车有什么问题吧?于是,翌日她就把车开回4S店。技术人员经过检查,告诉她这

[①] 2020年,郭兵购买杭州野生动物世界双人年卡,留存相关个人身份信息,并录入指纹和拍照。后野生动物世界将年卡入园方式由指纹识别调整为人脸识别,并要求郭兵进行人脸激活,双方协商未果,遂引发纠纷。杭州市富阳区法院一审判决,野生动物世界赔偿郭兵合同利益损失及交通费,删除郭兵办理年卡时提交的包括照片在内的面部特征信息;驳回郭兵其他诉讼请求。杭州中院认为,鉴于其指纹识别闸机停止使用,原约定入园方式无法实现,亦应删除郭兵的指纹识别信息。二审在原判决的基础上增判野生动物世界删除郭兵的指纹识别信息。参见《人脸识别纠纷第一案:个人信息司法保护的典范》,《人民法院报》2022年3月8日第3版。

部车存在漏油情况。技术人员提议先拆下引擎来做进一步检测，但薛春艳不依，她要求直接退款或换新车。双方协商未果，薛春艳只能把车先留下，打算继续跟4S店谈判。接下来数日，薛春艳每天致电给4S店，然而4S店内部各个部门却相互推诿，销售推给售后，售后推给厂家，厂家再推给4S店……谈到解决方案时，他们也是毫无诚意，一开始是换车加补偿，接着又改为换发动机加补偿，最后变成只能按照"三包"售后条款，给她换发动机。

其间，薛春艳又得知4S店销售人员为了赚提成，鼓动原本想全款购车的她分期付款，收了她1.5万元金融服务费。薛春艳越想越气，她再也绷不住了，4月9日，她直奔西安利之星奔驰4S店，要跟他们的领导当面对质，然而，销售人员依旧继续对她"打太极"。连日来积压的怨气让薛春艳心理破防，她只觉一股热血往脑门冲，随即怒气冲冲地走到展厅，爬上一辆奔驰车，盘腿坐在引擎上，开始哭诉4S店侵权。很快，一群4S店工作人员围上来，要跟她商讨解决方案，可他们绕来绕去，还是离不开走"三包"售后流程，这根本不是薛春艳想要的答案。薛春艳跟他们据理力争："没开一公里，发动机就漏油，从退车到换车，到补偿，步步退让，到头来跟我说只换发动机。换了发动机变成二手车，到时卖不出去怎么办？"薛春艳虽然情绪激动，但表达逻辑清晰，有理有据，让一众销售人员都无力反驳。

很快，有人将拍下来的视频放上网，瞬间一石激起千层浪，围绕奔驰侵权的舆情炸裂。

薛春艳坐在奔驰引擎盖维权的视频霸占了各大热搜榜，网友们纷纷指责奔驰店大欺客的同时，又为薛春艳的勇气点赞。一夜之间，薛春艳身上多了许多标签：奔驰维权女、维权斗士、女英雄等。当地政府多个部门也成立联合调查组，开始对西安利之星奔驰4S店侵权一事展开调查。

（资料来源：《奔驰维权女车主：我是合理合法维权，不是按闹分配》，https://baijiahao.baidu.com/s?id=1630878428988750144&wfr=spider&for=pc，访问日期：2024年4月22日。）

2.案例指向

本案例指向教材第六章"学习法治思想 提升法治素养"第四节"自觉尊法学法守法用法"第二目"依法行使权利与履行义务"的"依法行使法律权利"和第三目"不断提升法治素养"的"提高用法能力"。

3.案例解析

随着国民经济的快速增长,我国汽车消费急剧增长,而汽车消费领域的投诉也随之增加。如何在遇到汽车质量问题时正确行使作为消费者的权利,是广大汽车消费者最为关注的问题。

汽车消费者的权利保护可以通过有关的消费者权益保护的基本法律加以实现,这方面我国的主要法律是《中华人民共和国消费者权益保护法》(以下简称"《消费者权益保护法》")和《中华人民共和国产品质量法》(以下简称"《产品质量法》")。首先,《消费者权益保护法》规定了消费者的基本权利,这些权利同样可以适用于汽车消费者。其中,安全权、知情权和赔偿权更是消费者在权益受到侵害后的直接法律依据。《产品质量法》所规定的产品质量责任也同样适用于汽车。其次,《消费者权益保护法》《产品质量法》都规定了生产者和经营者的基本责任。汽车生产者和经营者要履行相应的法律义务,比如接受监督、提供真实信息等。经营者销售汽车或者提供维修服务,应按照国家规定或者与消费者的约定,承担包修、包换、包退或者其他责任的,不得故意拖延或者无理拒绝。最后,《消费者权益保护法》还规定了出现纠纷时的解决责任,包括协商解决、请求消费者协会进行调解、申诉、仲裁或起诉。

长期以来消费者对缺陷汽车维权的主要法律依据为《产品质量法》《消费者权益保护法》两部法律,但这两部法律仅对消费者购买缺陷产品确立了维权依据,缺乏具体可操作性。并且,这两部法律主要侧重于缺陷产品造成人身伤害及其他损害结果发生后的法律处理方式,而对现实的具有潜在危险隐患的缺陷产品如何处理未予以提及。在相关制度缺失的环境下,汽车制造商及销售商往往漠视潜在的产品缺陷,消费者的合法权益难以得到有效保障。此外,《消费者权益保护法》所规定的几种纠纷解决方式对于汽车消费者来说往往显得不够经济,耗费时间长,耗费金钱多,现实中比较常用的就是向消费者协会投诉。

西安奔驰女车主坐引擎盖维权这一事件之所以引起社会的广泛关注,是因为每个人都有可能成为消费者,都可能会遇到这样的情况——对购买的商品或服务不那么满意。假如有一天遇到类似的产品质量问题,是不是也必须坐在汽车引擎盖上哭才能解决?如果一些商家真的奉行"大闹大解决,小闹小解决,不闹不解决"的处事之道,老实人岂不就要吃亏?值得注意的是,此后多地发生"坐引擎盖维权"事件,效仿本案女车主的做法。① 这就给消费者造成一种误导,就是遇上此类问题,坐引擎盖哭诉才能解决纠纷。

从商家角度说,在一台漏油的发动机面前,在消费者的合理诉求面前,没有一个商家是局外人,没有一个品牌是旁观者。为消费者创造价值,维护其合法权益,企业责无旁贷。

作为消费者,首先要增强权利意识,用法处理纠纷,依法维权护权。当自身的合法权益受到侵害或者威胁时,既要有遇事找法、解决问题用法、化解矛盾靠法的意识,又要掌握维护权利的途径和手段,善于留存法律证据。当然,消费者在选择维权时,也要基于合情合理的诉求,维权过度只会被认为是"车闹"。当自身的合法权益遭受不法侵害时,应当学会拿起法律的武器来维权,不是忍气吞声自认倒霉,也不是采用非理智的方法自行解决。一个法治社会,不能够总是让弱势群体跪着哭着去乞求自己的合法权益。坐车盖维权、坐车顶维权仅是无奈之举,今后还是少用、慎用为佳。理性维权,才是正确的选择。

(九)王洁莹诉上海迪士尼乐园案

1. 案例呈现

2019 年 1 月 30 日,上海华东政法大学大三女生王洁莹前往上海迪士尼乐园游玩,并携带部分即食食品以备游玩时食用,在乐园安检时,被告知根据《上海迪士尼乐园游客须知》游客不得携带食品进入乐园,经交涉未果,王洁莹自行处置食品后入园。3 月 15 日,王洁莹将上海国际主题乐园有限公司(上海迪士尼乐园)诉至上海浦东法院,请求判令:(1)确认被告《上海迪士尼乐园游客须知》中"不得携带以下物品入园"部分的"食品、酒精饮料、超过 600 毫升的非酒精饮料"条款内容无效;(2)被告赔偿原告因上述入园规则被迫丢弃的食品损失 46.30 元。

上海浦东法院于 2019 年 3 月 15 日立案受理该案,于 4 月 23 日公开开庭审理,审理期间多次组织双方调解。

2019 年 9 月 12 日,本案经上海浦东法院主持调解结案,被告上海国际主题乐园有限公司补偿原告人民币 50 元。这期间,迪士尼方对入园规

---

① 《多地发生"坐引擎盖维权"西安奔驰女车主陷舆论漩涡》,https://baijiahao.baidu.com/s?id=16312940689969171463&wfr=spider&for=pc,访问日期:2024 年 4 月 20 日。

则进行修改:除少数特殊食品仍禁止携带外,游客可携带供本人食用的食品及饮料进入上海迪士尼乐园。

(资料来源:《大学生诉上海迪士尼禁带饮食案达成调解 迪士尼补偿50元》,https://baijiahao.baidu.com/s?id=1644451925184871173&wfr=spider&for=pc,访问日期:2024年9月12日。)

2.案例指向

本案例指向教材第六章"学习法治思想 提升法治素养"第四节"自觉尊法学法守法用法"第二目"依法行使权利与履行义务"的"依法行使法律权利"和第三目"不断提升法治素养"的"提高用法能力"。

3.案例解析

在生活中,总有一些霸王条款:特价商品概不退换;所交定金,不予退还;本店对此次活动具有最终解释权;劳动合同中,出现工作伤亡与我公司无关……所有这些,都是一些常见的霸王条款,无法律效力,我们皆可以严词拒绝。

法律提倡的是公平,即在交易过程中,甲乙双方处于同等地位,享受同等权利,有些公司仗着自己的绝对优势地位,随意制定一些有利于自己的条款,最大限度地保障自己的权利,而把消费者置于不利地位,这不仅违反法律,而且是极其不道德的。

遇到这种情况,只要你坚决说"不",并勇敢地拿起法律武器维护自己的合法权益,就会减少不公,为自己和他人带来便利。大学生王洁莹就是这个敢于对全球知名公司迪士尼的霸王条款说"不"的人。

迪士尼是全球知名公司,而王洁莹只是一个普通的游客,禁带零食的规定由来已久,进入园中的游客千千万万,都按照园方规定,接受检查并且不带零食入园,这样就要去买园中高价的饮食,大家习以为常,并没有人对此提出异议。或许有些人就算是心中有异议,也在怕麻烦的心态下,抱着多一事不如少一事的态度,接受规则,不了了之。唯独王洁莹站了出来,公开质疑:不让我带零食,而且还要翻我的包,迪士尼这样做是否侵犯了我的权益?于是她勇敢地拿起法律的武器,要为自己和广大游客讨一个说法。

《消费者权益保护法》第24条规定:"经营者不得以格式条款、通知、说明、店堂告示等方式,作出排除或者限制消费者权利、减轻或者免除经营者责任、加重消费者责任等对消费者不公平、不合理的规定,不得利用格式条款并借助技术手段强制交易。格式条款、通知、声明、店堂告示等含有前款所列内容的,其内容无效。"显然,上海迪士尼禁带零食入园的规定属于"霸王条款"。王洁莹最终取得了胜利,倒逼迪士尼改变霸王条款,允许游客携带自己食用的食物进园,并划定专门的野餐区域,同时表示将进一步优化安检流程,尽可能降低安全检查对游客体验的影响。

王洁莹说:"维权不桎梏于你的身份和职业,只要合法权益受到侵害,都可以通过合理合法的方式进行维权!"如果每位大学生都能有这样的维权意识,法治社会还会远吗?

王洁莹诉上海迪士尼案引起社会反响,人们认为当今社会就需要有这样的"较真"精神,依靠法律武器维护自身的合法权益。中消协表示,为鼓励消费者主动行使监督权、勇于揭露行业乱象,2019 年首次设立并颁发"啄木鸟奖"。2020 年,中消协公布 2020 年"啄木鸟奖"获得者为起诉上海迪士尼的大学生王洁莹。中消协表示:"华东政法大学学生王洁莹,作为新一代年轻消费者的代表,不向消费侵权行为妥协,不畏经营者强势,依法依规理性维权,为广大消费者争取合法权益。"中消协颁发这一奖项,旨在鼓励出现更多可爱的"啄木鸟",使广大消费者能够更加积极主动地参与到建设和守护美好消费环境的工作中。

近几年,大学生运用法律武器维护自己合法权益的案例时有发生。如 2017 年大学生吴某因地铁卡余额不足无法进站状告苏州市轨道交通公司,经法院组织调解,苏州市轨道交通公司最终与吴某达成调解协议,于 2019 年 12 月 31 日前按最低票价进站的原则对《苏州市轨道交通票务规则》第 13 条进行修订并同步施行。① 2022 年,大学生罗雨洁在乘坐完地铁扫码走出闸机后,发现该地铁口距离自己的目的地较远,便重新扫码进入地铁,在站内穿行前往距离目的地较近的出口"借道通行",并未乘车却被自动扣除了 3 元乘车费。罗雨洁遂将上海申通地铁集团有限公司(以下简称"地铁公司")诉至上海铁路运输法院,请求法院判决确认地铁公司制定的"上海轨道交通 0 公里票价为 3 元"格式条款无效,并判令地铁公司返还车费 3 元。最终,上海地铁修改了票务处理规则,规定乘客进站十分钟内取消乘车,可以在出站前主动至服务中心办理免费出站。罗雨洁遂撤诉。②

有人认为,以上案例都是为了几元钱打官司,这样的官司打起来得不

---

① 《大学生地铁卡余额不足无法进站 状告轨交公司》,https://baijiahao.baidu.com/s?id=16199049438917706l3&wfr=spider&for=pc,访问日期:2024 年 2 月 15 日。
② 《上海大学生维权引地铁新规出台》,《北京青年报》2023 年 12 月 10 日第 A05 版。

偿失。那么,为几元钱打官司是否斤斤计较呢?宪法和法律赋予公民各种权利,但权利不是高高悬挂的铭文,它需要我们去捍卫、守护。每一个公民都应该为自己的权利据理力争。为权利而斗争,也是公民的一种责任。如果在权益受到侵害时,每个人都抱着"多一事不如少一事"的心态,逆来顺受、放弃维权,那久而久之,权利的疆土必将不断受到挤压,不断萎缩,最终不仅个人的权利无法实现,群体的权利也将沦为一纸空文。"一元钱"官司的经济效益也许是得不偿失的,但"一元钱"也代表着自己的权益,通过"一元钱"官司向全社会宣布了这类权利的存在及其神圣不可侵犯。正是有了这些"爱较真"的人,权利以及尊重他人权利的意识才会逐步被唤醒,违法的行为才能被纠正。早些年,有一位律师,因在火车站候车时上了一趟洗手间,被收取了5角钱。该律师认为这种收费违法,状告当地铁路部门,要求退还这5角钱。对于这起5角钱官司,也有的人认为这是小题大做。殊不知,官司胜诉了,这位律师不仅讨回来他个人的5角钱,更重要的是讨回了作为旅客的正当权利。如今,整个铁路部门已经全部取消这种不合理的收费,旅客权益不再受损。为正义主张权利,绝不是斤斤计较。

(十)二次入伍后拒服兵役被处罚

1.案例呈现

2024年1月3日,据"安徽警方"公众号消息,安徽省萧县征兵领导小组日前公布了关于青年董科君拒服兵役行为处罚决定。通报如下:

董科君,男,身份证号34132220××××××××17,非全日制专科毕业,萧县杜楼镇人。该青年自愿报名应征,经体格检查、政治考核和役前教育合格后,自愿签订了"入伍承诺书",符合服役各项条件,2023年9月1日再次被萧县征兵办批准入伍。

入伍后不久,董科君不能接受二次入伍新兵同样需要经历义务兵阶段才能转为军士的现实,不愿继续服役,提出离队申请。所在部队和县、镇两级征兵工作人员及家长反复教育引导,并告知其拒服兵役的严重后果,其仍然坚决拒服兵役,最终被部队按照拒服兵役规定作除名处理。

董科君严重违反《中华人民共和国兵役法》《征兵工作条例》等有关规定,经安徽省萧县征兵领导小组研究决定,对董科君实施共7项惩戒措施。

(1)将其纳入履行国防义务严重失信主体名单实施联合惩戒;

(2)两年内不得为其办理出国(境)、户籍信息"兵役状况"栏注明"拒服兵役"字样；

（3）两年内不得为其办理入（升）学手续；

（4）不得为其办理兵役相关优抚优待及信贷等优惠业务；

（5）两年内不得录用其为国家公务员或参照公务员法管理的工作人员、录（聘）为事业单位工作人员及国有企业工作人员；

（6）取消其义务兵相关优待，并处以不低于萧县2023年义务兵家庭优待金标准（优待金15338元/年）2倍的罚款3.1万元；

（7）将董科君处罚结果，通过新闻媒体向社会通报。

（资料来源：《二次入伍后拒服兵役，他受7项处罚》，https://baijiahao.baidu.com/s?id=1787211721122993188&wfr=spider&for=pc，访问日期：2024年3月5日。）

2.案例指向

本案例指向教材第六章"学习法治思想 提升法治素养"第四节"自觉尊法学法守法用法"第二目"依法行使权利与履行义务"的"依法履行法律义务"。

3.案例解析

我国实行义务兵与志愿兵相结合、民兵与预备役相结合的兵役制度。我国公民都有义务依法服兵役。我国《兵役法》规定，每年12月31日以前，年满18周岁的男性公民，应当被征集服兵役。

《中华人民共和国兵役法》第20条规定："年满十八周岁的男性公民，应当被征集服现役；当年未被征集的，在二十二周岁以前仍可以被征集服现役。普通高等学校毕业生的征集年龄可以放宽至二十四周岁，研究生的征集年龄可以放宽至二十六周岁。根据军队需要，可以按照前款规定征集女性公民服现役。根据军队需要和本人自愿，可以征集年满十七周岁未满十八周岁的公民服现役。"

然而近几年，大学生拒服兵役的事件日益增多。2015年，微信公众号"虞城县征兵办公室"发布《虞城县人民政府关于对丁军华等5人拒服兵役行为的处理公告》。公告显示，丁军华等5人以种种理由逃避服兵役，违反了《中华人民共和国兵役法》，被处以经济处罚、公务员及参照公务员法管理的工作人员单位禁招、两年内禁止出国（境）和升学等6项严肃处理。[①] 2016年，杭州市萧山区一名"95后"小伙子孔某因受不了训练

---

① 《河南商丘5名"90后"新兵逃避服兵役被禁升学出国》，http://www.xinhuanet.com/politics/2015-12/28/c_128572040.htm，访问日期：2024年2月28日。

苦、管理严等,拒绝履行兵役义务,被部队退回原籍。依据《兵役法》及相关法律规定,孔某被处以5万元罚款,并取消其大学复学资格。此外,2年内不得被国家机关、国有企业录用、录取,不得办理工商营业执照或其他专业技术证书,不得办理出国出境、升学等。① 2017年,海丰县人民政府对颜健城等5名"95后"小伙子以种种理由逃避服兵役,甚至以自杀等极端行为进行要挟的行为进行了处罚。② 2023年,湖北沙洋县"00后"大学生张佳豪拒服兵役,被处两年内不得升学等9项处罚。③

参军服役是件光荣的事,更是件严肃的事,不能把当兵当作儿戏。对于很多人来说,军人是一个非常崇高的职业,保家卫国是每个人应尽的责任。如果一开始抱着满腔热情加入征兵,在部队中又因吃不了苦而当逃兵,拒服兵役,那么就会面临非常严重的惩罚,甚至毁掉自己的前途。"拒服兵役"这四个字就会一辈子钉在耻辱柱上。

《中华人民共和国兵役法》第57条规定:"有服兵役义务的公民有下列行为之一的,由县级人民政府责令限期改正;逾期不改正的,由县级人民政府强制其履行兵役义务,并处以罚款:(一)拒绝、逃避兵役登记的;(二)应征公民拒绝、逃避征集服现役的;(三)预备役人员拒绝、逃避参加军事训练、担负战备勤务、执行非战争军事行动任务和征召的。有前款第二项行为,拒不改正的,不得录用为公务员或者参照《中华人民共和国公务员法》管理的工作人员,不得招录、聘用为国有企业和事业单位工作人员,两年内不准出境或者升学复学,纳入履行国防义务严重失信主体名单实施联合惩戒。"

《中华人民共和国兵役法》第58条规定:"军人以逃避服兵役为目的,拒绝履行职责或者逃离部队的,按照中央军事委员会的规定给予处分。军人有前款行为被军队除名、开除军籍或者被依法追究刑事责任的,按照本法第五十七条第二款的规定处罚;其中,被军队除名的,并处以罚款。明知是逃离部队的军人而招录、雇用的,由县级人民政府责令改正,并处以罚款。"

---

① 《杭州一小伙拒服兵役被罚款5万 取消大学复学资格》,https://www.rmzxb.com.cn/c/2016-12-21/1231538.shtml,访问日期:2024年2月21日。
② 《潮汕5名"95后"拒服兵役并以死相要挟,结果遭四项处罚!》,https://www.sohu.com/a/207809713_736515,访问日期:2024年1月30日。
③ 《"00后"拒服兵役,被处两年内不得升学等9项处罚》,https://society.huanqiu.com/article/4BdtnYA0u6Q,访问日期:2024年2月10日。

参军入伍是每个适龄青年应尽的法定义务,当兵是人一生的荣耀时刻,更是一种责任和使命感。无故拒服兵役必将受到法律的严惩。只有通过有力的法规制度,才能确保每个公民平等地承担服兵役的责任,在严惩拒服兵役者的同时,也能让每个现役军人和符合兵役条件的公民都能引以为戒,不存有任何逃避法律惩罚的侥幸心理。

四、延伸阅读

1.《中华人民共和国反家庭暴力法》,人民出版社 2016 年版。

2.《最高人民法院发布劳动争议典型案例》,https://www.court.gov.cn/zixun/xiangqing/431252.html,访问日期:2024 年 4 月 22 日。

3.《姚明与武汉云鹤大鲨鱼体育用品有限公司侵犯人格权及不正当竞争纠纷上诉案(〔2012〕鄂民三终字第 137 号)》,《人民法院报》2012 年 11 月 29 日第 6 版。

4.程龙:《再评陆勇案:在法定不起诉与酌定不起诉之间——兼与劳东燕教授商榷》,《河北法学》2019 年第 1 期。

5.罗翔:《刑法学讲义》,云南人民出版社 2020 年版。

五、拓展研学

1.从 2023 年 12 月 28 日开始,对于醉酒驾驶行为,司法干预强度有所减轻。最高人民法院于 2013 年发布的《关于办理醉酒驾驶机动车刑事案件适用法律若干问题的意见》(已于 2023 年 12 月 28 日废止)第 1 条规定,"在道路上驾驶机动车,血液酒精含量达到 80 毫克/100 毫升以上的,属于醉酒驾驶机动车",应适用《刑法》有关规定,以危险驾驶罪处罚。但是,2023 年 12 月 28 日起施行的最高人民法院、最高人民检察院、公安部、司法部《关于办理醉酒危险驾驶刑事案件的意见》第 4 条规定:"在道路上驾驶机动车,经呼气酒精含量检测,显示血液酒精含量达到 80 毫克/100 毫升以上的,公安机关应当依照刑事诉讼法和本意见的规定决定是否立案。对情节显著轻微、危害不大,不认为是犯罪的,不予立案。"很明显,对酒后驾驶机动车的行为的处罚从宽从轻了。你怎么看司法解释规则的这一变化?

2.如果遇到家庭暴力,该怎么办?如果有同学或者亲友告诉你他/她遭遇到家庭暴力,你会建议他/她怎么做?

3.你了解你的姓名是如何得来的吗?结合你所学知识,在你所在班级、学校、街道、家族等范围内调查自然人的姓名命名情况,分析评议姓名传统和男女平等之间关系。如果具备一定调查样本数量,你可以尝试撰写一份调查报告。

4.知名影视演员吴京曾与战狼品牌管理有限公司(以下简称"战狼公司")发生网络侵权责任纠纷。战狼公司在其淘宝店铺中销售"战狼"牌槟榔,且该槟榔产品的外包装、兑奖卡上印有吴京的肖像,肖像旁均标注有"电影《杀破狼》主演吴京助力战狼品牌"字样,但是,该公司与吴京及《战狼》电影的出品方均无特殊关联。吴京对战狼公司提起肖像权、姓名权侵权之诉。请你查阅姓名权、肖像权保护的法律规定,尝试对该案件的结果作出你的判断。然后,可以查找该案件的两份民事判决书:北京互联网法院民事判决书(〔2020〕京 0491 民初 36113 号)和北京市第四中级人民法院〔2021〕京 04 民终 283 号民事判决书,来验证你的分析判断与法院生效判决是否一致。你得出判断结论时思考的要点在多大程度上与法院判决阐述的理由相一致?

5.在观看《我不是药神》时,你觉得主人公程勇构成犯罪吗?请从法律与道德的关系的角度进行评述。

后　记

"思想道德与法治"课是全国高等学校本科生必修的思想政治理论课之一。

经过多年来的探索，本课程积极推进厦门大学马克思主义学院"专题教学＋网络教学＋实践教学""三位一体"的教学体系和教学模式，推动思政课建设高质量发展，先后获评福建省精品在线开放课程建设项目、校一流本科课程建设项目和"课程思政"建设计划项目等。

本书是思想政治教育教研部全体教师集体智慧的结晶，是课程教学改革和课程建设的一项重要成果。

根据学院整体部署，本书从2023年11月确定分工后经过多轮的讨论、修改。各章执笔人如下：导论曾炜琴，第一章王圣宠，第二章吕微平，第三章周天庆，第四章苗瑞丹，第五章王奇琦，第六章罗文，第七章池骋（案例一至案例五）、吕微平（案例六），第八章陈晓明，第九章章舜钦，第十章蒋月（案例一至案例五）、郑雁（案例六至案例十）。最后由曾炜琴负责统稿。

本书从写作的酝酿、撰写的过程和案例的选择等都受到中共福建省委宣传部、中共福建省委教育工作委员会、福建省教育厅有关领导的关心和指导，在此表示诚挚的感谢。本书写作过程中，厦门大学校领导、党委宣传部、教务处等有关领导给予悉心指导和帮助支持，学校党委书记张荣院士亲自为丛书作序，这些关怀都是这本书能够出版的重要保障和强大动力。本书写作还得到了马克思主义学院党委书记石红梅教授、常务副院长张有奎教授与福建农林大学刘新玲教授等悉心指导，在此对他们的辛苦付出表示诚挚感谢。当然，本书的出版也离不开厦门大学出版社的大力支持，在此一并致谢。

习近平强调，"思政课是落实立德树人根本任务的关键课程"，"守正创新推动思政课建设内涵式发展"。思政课教学改革永远在路上，我们将不断探索，不断开创新时代思政教育新局面，努力培养更多让党放心、爱国奉献、担当民族复兴重任的时代新人。

曾炜琴

2025年3月1日